ŒUVRES COMPLÈTES

DE

EUGÈNE SCRIBE

DE L'ACADÉMIE FRANÇAISE

RÉSERVE DE TOUS DROITS

DE PROPRIÉTÉ LITTÉRAIRE

En France et à l'Étranger

ŒUVRES COMPLÈTES
DE
EUGÈNE SCRIBE

DE L'ACADÉMIE FRANÇAISE

COMÉDIES

VAUDEVILLES

LES SURPRISES
BABIOLE ET JOBLOT — REBECCA — L'IMAGE
JEANNE ET JEANNETON

PARIS
E. DENTU, LIBRAIRE-ÉDITEUR
PALAIS-ROYAL, 15-17-19, GALERIE D'ORLÉANS

1884

Paris. — Soc. d'imp. PAUL DUPONT, 41, rue J.-J.-Rousseau. (Cl.) 346.2.84.

LES SURPRISES

COMÉDIE-VAUDEVILLE EN UN ACTE

EN SOCIÉTÉ AVEC M. ROGER.

THÉATRE DU GYMNASE. — 31 Juillet 1844.

PERSONNAGES.	ACTEURS.
M. DE GOURNAY............	MM. Numa.
GASTON, jeune artiste.........	Julien Deschamps.
Mme DE SALBRIS...........	Mmes Lambquin.
MATHILDE, sa petite-fille.......	Désirée.
JULIE, femme de chambre de Mme de Salbris................	Fernand.

Au château de Mme de Salbris.

LES SURPRISES

Un salon donnant sur des jardins. — Deux portes latérales. — Une croisée avec balcon, au fond. — A droite et à gauche de la croisée, une porte. — A gauche, sur un guéridon, une guitare. — A droite, sur le premier plan, une table.

SCÈNE PREMIÈRE.
M. DE GOURNAY, JULIE.

(M. de Gournay paraît à la porte du fond et avance seulement sa tête dans l'appartement, au moment où Julie sort, sur la pointe du pied, de la chambre à droite, dont elle referme tout doucement la porte.)

M. DE GOURNAY.
Eh bien! quelles nouvelles?...

JULIE.
Ma jeune maîtresse dormait encore.

M. DE GOURNAY.
Et mes ordres?...

JULIE.
Ont été exécutés. Il y a de quoi lui faire perdre la tête, et, cette fois, elle va croire à la magie!...

M. DE GOURNAY.

Tu crois?...

JULIE.

Il n'y a pas moyen de s'en rendre compte autrement. Nous avons bien quelques personnes dans ce château, quelques amis qui viennent y passer la belle saison; vous, par exemple; mais enfin mademoiselle était seule hier avec sa grand'mère quand elle lui parlait des superbes points de vue que l'on découvre de sa chambre à coucher, et elle disait : « Ce matin, j'avais envie de me mettre à ma fenêtre et de peindre, mais je n'ai rien ici : ni toile, ni pinceaux, ni palette... » Et aujourd'hui en s'éveillant, elle va trouver au pied de son lit une superbe boîte à couleurs en vermeil!... tout cela d'un goût exquis! C'est à confondre! et moi-même qui suis dans le secret, je suis tentée de vous croire un peu sorcier.

M. DE GOURNAY, froidement.

Peut-être bien !

JULIE.

C'est hier soir seulement que je vous ai rendu compte de la conversation que je venais d'entendre du cabinet de toilette de mademoiselle... et comment se peut-il qu'en quelques heures?...

M. DE GOURNAY, froidement.

C'est grâce à un talisman que j'ai.

JULIE, avec curiosité.

Vous avez un talisman?

M. DE GOURNAY.

Que je porte toujours sur moi, renfermé dans un petit filet de soie.

JULIE.

En vérité !

M. DE GOURNAY, le lui donnant.

Vois plutôt...

JULIE.

Ah!... une bourse... de l'or...

M. DE GOURNAY.

Muni d'un talisman semblable, Picard, mon valet de chambre, garçon intelligent et discret, est parti hier soir en poste. Il faut trois heures et demie pour aller de Meaux à Paris... rue du Coq-Saint-Honoré, chez Alphonse Giroux... autant pour revenir... et de grand matin, la voiture était sous la remise, Picard dans son lit, et notre présent dans la chambre de ta maîtresse... Voilà toute ma sorcellerie.

JULIE, lui rendant la bourse.

Je comprends...

M. DE GOURNAY.

Non... garde le talisman, pour que tu puisses juger par toi-même de sa vertu.

JULIE.

Cette vertu-là me fait trembler pour la mienne... Mais enfin, monsieur, à quoi bon vous donner tant de peines? Vous êtes libre, garçon... vous avez... (Regardant la bourse.) d'excellentes qualités et des biens immenses...

M. DE GOURNAY.

Ancien administrateur des messageries, c'est tout dire!

JULIE.

Eh bien! monsieur, quand on a été administrateur des messageries, on va plus vite que cela! on va au fait et l'on dit : Je vous aime, voici ma main et ma fortune; acceptez-vous? Et si j'étais de ma maîtresse, j'accepterais tout de suite.

M. DE GOURNAY.

Toi, peut-être... parce que tu es une fille de sens et de jugement.

JULIE.

Monsieur est bien bon.

M. DE GOURNAY.

Mais Mlle Mathilde, ta maîtresse, est une fille qui ne ressemble à aucune autre. Elle est riche et ne dépend que de sa grand'mère, ou plutôt elle ne dépend que d'elle-même, attendu qu'elle aura bientôt vingt-un ans, et, malgré cela, elle n'est pas encore mariée... elle refuse tous les partis.

JULIE.

Cela doit vous donner de l'espoir.

M. DE GOURNAY.

C'est selon!... Elle a une tête vive, ardente et romanesque qui la jette toujours dans le monde idéal et lui fait détester le monde réel et positif. Or, il n'y a rien de plus positif au monde que mes quarante ans. Je les ai!

JULIE.

On disait trente-neuf.

M. DE GOURNAY.

Des flatteurs!... Picard, mon valet de chambre, qui, au jour de l'an, me rajeunit toujours pour avoir ses étrennes... Enfin, à la rigueur, on peut cacher son âge, mais on ne cache pas sa figure; elle est là!...

JULIE.

Et elle est bien!

M. DE GOURNAY.

Certainement... pour toi et pour moi, pour ce que j'en fais... Mais pour ta maîtresse, c'est différent... Elle m'a souvent confié, car elle m'aime beaucoup, que, dans ses idées de jeune fille, elle rêvait toujours d'un ange gardien qui sans cesse veillait sur elle... un être invisible... aérien... une espèce de sylphe... Tu comprends alors qu'en me proposant pour mari... je n'étais pas en harmonie avec ses illusions. C'était tout perdre!... Il fallait, par des transitions adroites, arriver peu à peu à son cœur en parlant à son imagination; et en l'entourant chaque jour de mystérieuses et galantes surprises, je lui donne l'envie de voir et de connaître cet amant anonyme...

JULIE.

Dont elle s'occupe sans cesse.

M. DE GOURNAY.

Tant mieux! pendant ce temps-là, elle ne s'occupe pas d'un autre! (A demi-voix.) C'est là ce qui lui a fait refuser jusqu'ici tous les prétendants. L'inconnu les tient tous en échec, et quand le moment sera venu...

AIR du vaudeville de l'Apothicaire.

Quand elle saura que c'est moi
Qui, depuis une année entière,
M'impose ainsi l'unique loi
De la servir et de lui plaire,
Son cœur noble et reconnaissant,
Touché d'une flamme aussi pure,
En pensant à mon dévoûment,
Peut-être oublira ma figure.

JULIE, avec émotion.

Oui!... monsieur... oui, vous êtes un aimable homme... qui méritez d'être aimé. Mais, en attendant, cela vous donne bien du mal.

M. DE GOURNAY.

Du tout! j'adore les surprises. J'ai passé ma vie à en faire; j'aime à jouir de la curiosité ou de l'étonnement général. Il y a une espèce de supériorité qui vous flatte, à posséder seul le mot d'une énigme ou d'un secret, à diriger à volonté les événements, pour arriver tout à coup à un dénoûment à effet... C'est mon bonheur, c'est ma passion, et ça m'a toujours réussi... excepté une fois... il y a un an. Imagine-toi qu'en ma qualité de vieux garçon, j'ai des parents qui m'adorent, et, pendant mon dernier voyage aux Pyrénées, voilà qu'un beau matin...

AIR de Ma Tante Aurore.

Tous les journaux viennent m'apprendre
Que depuis huit jours je suis mort!
Je me tais! heureux de surprendre

De bons parents qui m'aiment fort,
Je pars!... j'arrive à ma campagne,
Et je trouve ces chers amis
Qui, gaîment, sablaient mon champagne;
De douleur ils étaient tous gris...
Et c'est moi... moi, qui fus surpris,
Oui, c'est moi qui fus bien surpris,
Oui, je fus surpris!

JULIE.

Je le crois bien...

M. DE GOURNAY.

C'est même là... ce qui m'a décidé à me marier, et m'a fait penser à Mlle Mathilde, que j'espère bien, grâce à toi, enlever à tous mes rivaux! Qu'y a-t-il de nouveau pour aujourd'hui?

JULIE.

Que mademoiselle est désolée! Vous savez que nous devions avoir tantôt un concert...

M. DE GOURNAY, soupirant.

Oui vraiment!... des dilettanti, des cantatrices de salon!...

JULIE.

Ah! ce n'est pas le plus terrible... ce qui manque à ces dames, et ce qu'on a cherché vainement, c'est un accompagnateur pour tenir le piano.

M. DE GOURNAY.

Comment! dans le département de Seine-et-Marne, il n'y a pas...

JULIE.

Non, monsieur, et mademoiselle disait : — « Ah! si mon inconnu était là... il viendrait à mon aide! »

M. DE GOURNAY.

Diable! diable! voilà qui est difficile!...

(On entend le bruit d'une sonnette.)

JULIE.

On sonne chez mademoiselle.

M. DE GOURNAY, avec joie.

C'est l'effet qui commence... va vite!...

(Julie sort.)

GASTON, à part, en entrant.

On m'a dit que je le trouverais ici...

M. DE GOURNAY, regardant vers le fond.

Qui vient là ? quel est ce jeune homme ? Eh mais !... en croirai-je mes yeux ?

SCÈNE II.

M. DE GOURNAY, GASTON.

GASTON, poussant un cri de surprise.

Ah! monsieur de Gournay... c'est vous que je cherchais.

M. DE GOURNAY.

Mon cher ami, mon cher Gaston, sois le bienvenu ! Par quel bon hasard es-tu venu me relancer jusqu'ici ?

GASTON.

Deux fois, je me suis présenté à votre hôtel, à Paris ; on ignorait où vous étiez.

M. DE GOURNAY, d'un air mystérieux.

Je ne dis jamais ce que je fais, ni ce que je deviens !

GASTON.

Je ne savais où vous rejoindre, lorsqu'hier soir, très-tard, passant près du Louvre, j'aperçois votre valet de chambre qui sortait de chez Alphonse Giroux.

M. DE GOURNAY.

Veux-tu te taire !... Ne parle pas de cela ici !

GASTON, vivement.

Je n'en dirai pas un mot ! mais je l'ai tant supplié, qu'il m'a avoué que vous étiez à quelques lieues de Meaux, au château de Salbris.

1.

M. DE GOURNAY.

Chez une vieille dame de mes amies qui est ici avec sa petite-fille... une charmante personne... Mais toi, mon garçon, pourquoi désirais-tu me voir ?

GASTON.

Pour vous faire mes adieux.

M. DE GOURNAY.

Tu quittes Paris ? toi, un peintre, un artiste ?

GASTON.

Oui, monsieur.

M. DE GOURNAY.

Quand déjà tu étais lancé ?

GASTON.

Grâce à vous... à votre amitié !... mais je sens que maintenant je ne ferais plus rien.

M. DE GOURNAY.

Et pourquoi cela ?

GASTON.

J'aimerais mieux ne pas vous le dire.

M. DE GOURNAY, vivement.

Allons donc !

GASTON.

Eh bien ! monsieur, eh bien ! mon cher bienfaiteur, je ne peux pas y tenir... j'en perds la tête, je suis amoureux...

M. DE GOURNAY.

Il n'y a pas de mal ! tu n'es pas le seul... Nous pourrons arranger cela ! T'es-tu déclaré ?

GASTON.

A peine si j'ai osé lui parler... car je n'ai dansé qu'une fois avec elle.

M. DE GOURNAY.

Qu'une fois !... c'est bien peu...

GASTON, timidement.

Oui... mais c'était la polka.

M. DE GOURNAY.

C'est différent... cela compte double.

GASTON.

Aussi, depuis... je l'ai suivie au bal, au spectacle... j'ai passé des heures entières à la regarder, et puis, quand l'hiver a été passé, ne la rencontrant plus à Paris, et ne sachant où la retrouver, le désespoir et le découragement se sont emparés de moi... je voulais me tuer...

M. DE GOURNAY, avec colère.

Il ne manquait plus que cela!

GASTON.

Mais j'ai pensé à vous, monsieur, vous à qui je devais tant... votre souvenir m'a arrêté...

M. DE GOURNAY.

Voilà qui est mieux!

GASTON.

Je me suis dit : Je m'en irai; je quitterai la France.

M. DE GOURNAY.

Je t'en empêcherai bien.

GASTON.

Impossible, monsieur, impossible... Songez donc qu'elle a de la fortune, un nom, de la naissance... et moi rien!...

M. DE GOURNAY.

Ecoute-moi : te rappelles-tu, il y a deux ans, à Enghien, cette fête sur l'eau, ces barques pavoisées, cette surprise que je voulais faire à des dames et où je manquai de me noyer?... C'était une affaire faite, moi et ma fortune, nous allions au fond sans toi... oui, morbleu! toi qui étais là à dessiner en artiste... toi qui ne me connaissais pas, toi qui ne savais pas même nager...

GASTON.

Permettez...

M. DE GOURNAY.

Pas mieux que moi... car tu étais sans connaissance quand je t'ai fait transporter dans la maison de mon fermier...

GASTON.

Et ce qui est arrivé depuis, croyez-vous que je l'aie oublié?... Quel cœur généreux et bizarre!... ne pas me dire qui vous étiez... vivre avec moi en ami, en camarade, en artiste... et un jour, au bord du lac...

M. DE GOURNAY.

A l'endroit même où tu m'avais sauvé!...

GASTON.

Cette jolie maison où nous entrons et que j'admirais!... « A qui est-elle?... A toi, » m'avez-vous dit... Et, à l'instant, mes amis qui m'entourent... un dîner qui nous attendait, un orchestre dans les jardins... c'était féerique, c'était magique... c'était un conte des Mille et une Nuits...

M. DE GOURNAY, se frottant les mains.

N'est-il pas vrai?... le sultan Haroun-al-Raschild! Eh bien! monsieur, eh bien! ingrat que vous êtes, pourquoi désespérer du ciel et ne pas attendre de lui un nouveau miracle? Moi, d'abord, si je peux trouver, pour t'unir à ta passion, quelque coup imprévu, quelque dénouement qui tombe des nues, je suis là!

GASTON.

Ah! c'est trop de bontés!

M. DE GOURNAY.

Ce n'est pas pour toi... c'est pour moi... pour mon agrément personnel et pour ma santé... ça m'est nécessaire... Quant à ta fortune, je m'en charge, parce que tu es un brave garçon que j'estime et dont je suis sûr... Je n'en dirais pas autant de tous mes amis!... j'en ai beaucoup... qui ne m'aiment guère... et j'ai, de plus, beaucoup de parents qui ne m'aiment pas... ils n'aiment que mon vin de Champagne... Aussi, les gaillards, je vais leur donner l'occasion d'en boire... j'ai l'idée de me marier !

GASTON, souriant.

Vraiment !

M. DE GOURNAY.

Première surprise... tu vois... toi-même !... J'aurai ensuite trois, quatre, cinq enfants... autant de surprises que je leur ménage... Et comme je ne veux pas en avoir le démenti, si ce mariage n'a pas lieu... je t'adopte !

GASTON.

Moi !...

M. DE GOURNAY.

AIR d'*Aristippe*.

Pour te laisser après moi l'opulence,
C'est le moyen de tout régler.

GASTON.

Y pensez-vous ?

M. DE GOURNAY.

Ah ! c'est une imprudence !
J'aurais dû ne pas t'en parler,
Pour te causer encor une surprise...
Mais celle-là... j'espère, est encor loin...
Et le seul point dont je me formalise,
C'est de ne pas en être le témoin...
De ne pouvoir en être le témoin !

GASTON.

Ah ! monsieur...

M. DE GOURNAY.

Ainsi, tu ne pars pas... j'ai besoin de toi et de tes talents... Tu excelles dans tous les arts... tu es bien heureux ! Peintre et musicien !

GASTON.

Musicien !... qui est-ce qui ne l'est pas maintenant ?

M. DE GOURNAY.

Moi, d'abord ! mais, grâce à toi, nous allons produire à nous deux des effets étonnants. Tu me feras des dessins, des transparents, des devises... Et puis, je t'ai entendu accompagner sur le piano à livre ouvert.

GASTON.

Des romances... des cavatines...

M. DE GOURNAY.

C'est ce qu'il nous faut. Écoute-moi bien, tu vas te présenter à ces dames comme un accompagnateur qui arrive de Paris... envoyé...

GASTON.

Par qui ?

M. DE GOURNAY.

Par un inconnu.

GASTON.

Un inconnu ! J'entends... Fidèle à votre habitude... encore quelque surprise que vous préparez à ces dames.

M. DE GOURNAY.

Oui, mon garçon ! cela ne t'oblige à rien qu'à voir de jolies femmes et à passer une soirée agréable. A propos, tu n'as pas rencontré en route un feu d'artifice que je fais venir de Paris ?

GASTON.

Non, monsieur !

M. DE GOURNAY.

Ce sera pour ce soir... dans ces bosquets... Pif ! paf ! des fusées, des pétards...

AIR : L'amour emporte sur ses ailes. (*Le Puits d'amour*.)

Si je n'inventai pas la poudre,
Du moins je sais bien m'en servir ;
D'autres lancent avec la foudre
Le trépas... et moi le plaisir !

Dans l'air je veux qu'elle jaillisse
Pour charmer et tromper les yeux!

GASTON, souriant.

Et vous n'employez l'artifice
Que pour rendre les gens heureux!

M. DE GOURNAY et GASTON.

On peut employer l'artifice...
Quand c'est pour faire des heureux.

M. DE GOURNAY.

Chut!... on vient... Entre dans ce salon, et amuse-toi à lire ou à dessiner... jusqu'au moment où l'on te dira de paraître, et surtout n'aie pas l'air de me connaître.

SCENE III.

M. DE GOURNAY, puis Mme DE SALBRIS et MATHILDE.

M. DE GOURNAY, à part.

Ce sont ces dames.

(Il s'assied dans un fauteuil.)

MATHILDE.

Oui, ma bonne-maman, c'est vous! j'en suis sûre.

Mme DE SALBRIS.

Tu n'as pas le sens commun.

MATHILDE.

C'est à vous seule que j'ai parlé de cette boîte de peinture... Nous étions en tête-à-tête... et à moins que vous n'ayez raconté notre conversation à quelqu'un...

Mme DE SALBRIS.

A personne au monde!

MATHILDE.

Alors c'est vous... c'est évident!

Mme DE SALBRIS.

Non, cent fois non... pour mille raisons! D'abord, je suis une femme d'ordre et d'économie, qui entends mieux l'emploi de mon argent... et puis, nous vivons dans un siècle positif et réel, qui n'a rien de romanesque... et je suis comme mon siècle!

AIR : De sommeiller encor, ma chère. (Arlequin Joseph.)

Je n'ai jamais eu grande estime
Pour les héros mystérieux ;
Et pour ce monsieur anonyme,
Qui se dérobe à tous les yeux,
Qu'il dise son nom, qu'on le sache,
Sinon je m'en vais augurer
Qu'une figure qui se cache
A des raisons pour ne pas se montrer.

M. DE GOURNAY, à part.

C'est agréable!... (S'avançant.) Hum! hum!...

MATHILDE.

Ah! monsieur, vous étiez là?

M. DE GOURNAY.

Et je n'osais vous interrompre... vous voyant si animée...

MATHILDE, vivement.

On le serait à moins!... Encore une surprise, et celle-là est si étonnante... si jolie... vous la verrez... Et ce qui confond ma raison, c'est que je trouve cela ce matin auprès de mon lit, en m'éveillant... et que ma femme de chambre, que j'ai interrogée, n'a vu entrer personne.

M. DE GOURNAY.

C'est bien singulier!

MATHILDE.

Et bien inquiétant!... On peut donc s'introduire la nuit dans ma chambre... sans que je m'en aperçoive... sans que je le sache! et je vais toujours être dans des transes mortelles... On se croit seule... on ne l'est pas... Cela fait trembler!

M. DE GOURNAY, gravement.

Il y a de quoi... et à votre place, je ne serais pas rassurée.

Mme DE SALBRIS.

Aussi, dorénavant, je ne vous laisserai plus seule dans votre chambre.

MATHILDE, vivement.

Oh! non, ma bonne-maman... oh! non.

Mme DE SALBRIS.

Et pourquoi cela?

MATHILDE.

Si ça allait l'empêcher...

Mme DE SALBRIS, sévèrement.

Mathilde, y pensez-vous?...

MATHILDE.

Eh! oui vraiment... j'ai idée que c'est un sylphe, ou une sylphide... car jusqu'à présent... rien ne nous dit positivement... (Souriant.) Cependant je crois que ce n'est pas une sylphide.

M. DE GOURNAY.

Et je pense comme vous!...

MATHILDE.

N'est-ce pas?... Une femme n'y mettrait pas cette persévérance... et cette discrétion...

Mme DE SALBRIS.

Ma fille!..

MATHILDE.

Oui, ma bonne-maman, oui... (A M. de Gournay.) Songez donc que voilà près d'un an! Oui, mon ami, depuis l'autre hiver... Vous n'étiez pas à Paris lorsque cela a commencé...

et si je vous racontais tout ce qu'il y avait d'ingénieux, de délicat... de mystérieux dans ces surprises... Il n'y a qu'une chose qui m'étonne... il ne m'a jamais fait de vers...

M. DE GOURNAY, à part.

Ah! mon Dieu!

MATHILDE.

Et, en conscience... Il devrait bien... (Élevant la voix.) Je les aime beaucoup!

M. DE GOURNAY, à part.

Moi qui n'ai jamais fait que de la prose... J'en commanderai à Gaston.

MATHILDE.

A cela près, il semble deviner mes désirs et lire dans ma pensée... et dès que je suis seule... je tressaille... j'ai peur... espérant le voir paraître.

AIR : Si ça t'arrive encore.

Dans le moindre souffle du vent
Je crois toujours sentir sa trace,
Et je crois même que souvent
Le soir je lui parle à voix basse ;
Hier encor je le suppliais
De se faire connaître.

M. DE GOURNAY.

Et lui, vous répond-il?

MATHILDE.

Jamais,
Mais il m'entend peut-être.
Non vraiment, il ne répond jamais,
Mais il m'entend peut-être!

Mme DE SALBRIS, à M. de Gournay.

Elle est folle! (A Mathilde.) Oui, vous êtes folle! et celui qui s'amuse ainsi à vos dépens, connaissait bien sans doute votre tête exaltée et romanesque... car depuis un an, elle n'a plus qu'une occupation, qu'une idée... elle ne rêve qu'à cet inconnu... Hier soir encore, ce rhume de cerveau que nous avons... que j'ai gagné dans le parc... c'était pour penser à lui par un ciel orageux... car elle y pense le jour, elle y pense la nuit... et je le dis à vous qui êtes notre ancien ami, je crois en vérité qu'elle l'aime.

M. DE GOURNAY, avec joie.

Est-il possible?... (A part.) C'est ce que je voulais !

MATHILDE, vivement.

Oh! non... non, ma mère... on ne peut pas dire cela... mais cela pique si vivement ma curiosité... que souvent je n'en dors pas... et à force de chercher qui cela peut être... j'en ai la fièvre... (S'animant.) J'en ai mal à la tête... car il n'y a pas d'exemple d'une obstination pareille. Je n'ai jamais été au bal de l'Opéra...

Mme DE SALBRIS.

Je le crois bien!...

MATHILDE.

Mais on dit qu'après y avoir intrigué les gens, on finit par se montrer ou par décliner son nom.

M. DE GOURNAY, riant.

On dit : « Je suis Oreste... ou bien Agamemnon... »

MATHILDE.

Vous riez !

M. DE GOURNAY.

C'est que vous êtes très-amusante.

MATHILDE.

Ah! vous ne savez pas ce qu'est chez nous un désir curieux, un désir de savoir ce qu'on ignore... Moi, d'abord, je le dis franchement... je ne sais pas ce que je donnerais pour connaître cet inconnu... pour le voir un instant.

M. DE GOURNAY.

Cela viendra... j'en suis persuadé !

MATHILDE.

Vous croyez?

Mme DE SALBRIS.

Plus tôt que tu ne crois! et je te dirai son nom si tu veux, car je sais qui.

M. DE GOURNAY, effrayé et à part.

Ah! mon Dieu!

MATHILDE, vivement.

Est-il possible... Ah! ma bonne-maman, si vous saviez combien je vous aimerais... Parlez vite!

Mme DE SALBRIS.

Te souviens-tu que, l'automne dernier, M. de Bonneval, qui venait d'acheter une terre voisine, me fit, par un de ses parents, demander ma petite-fille en mariage?

MATHILDE.

C'est vrai!

Mme DE SALBRIS.

Un parti sortable... Trois fermes, deux mille arpents de bois qui sont contigus avec les miens, cela convenait fort...

MATHILDE.

A vous... mais pas à moi qui ne voulais pas me marier!

Mme DE SALBRIS.

Cela n'empêchait pas les égards et les procédés; on en doit toujours aux gens qui vous demandent en mariage...

M. DE GOURNAY, souriant.

Et qui ont deux mille arpents de bois.

Mme DE SALBRIS.

Ce n'est pas l'avis de mademoiselle; car elle ne voulut pas même le voir, et le pauvre jeune homme ne put pas obtenir d'elle d'être reçu chez nous pour faire sa cour.

MATHILDE, avec impatience.

Eh bien! ma mère?...

Mme DE SALBRIS.

Eh bien, ma fille... je suis persuadée que c'est lui !

MATHILDE.

Est-il possible !...

Mme DE SALBRIS.

Qui, d'après votre défense, n'osant se présenter ouvertement, cherche tous les moyens de parler à votre cœur ou à votre imagination... moyens qui, tout indirects qu'ils sont... finissent toujours par compromettre une jeune personne.

MATHILDE.

M. de Bonneval?... on m'avait dit qu'il était avare.

M. DE GOURNAY.

Et à moi qu'il était très-laid...

Mme DE SALBRIS.

Je ne le connais pas.

M. DE GOURNAY.

Et que c'était un sot...

Mme DE SALBRIS.

On fait toujours cette réputation-là aux gens riches.

MATHILDE.

Il est de fait qu'il ne la mérite pas si c'est lui.

M. DE GOURNAY.

Oui... si c'est lui... mais j'en doute !...

Mme DE SALBRIS.

Et moi, j'en suis certaine... Aussi il est temps que cela finisse... Je trouverai bien moyen de le voir et de lui dire nettement qu'il ait à cesser de pareilles manières d'agir.

M. DE GOURNAY.

Et vous ferez fort bien ! (A part.) La scène sera gaie.

MATHILDE.

Oui, ma bonne-maman... Mais cependant... si ce n'était pas lui ?...

Mme DE SALBRIS.

Alors... alors...

AIR du vaudeville *Les maris ont tort*.

Comme il vous obéit sans cesse,
Il faut répéter hautement
Que ceci vous déplaît, vous blesse...
Il n'y viendra plus !

MATHILDE.

Si vraiment !
Contre sa magique science,
A quoi servent ces vains détours ?
(A part.)
S'il devine ce que je pense,
Il est sûr qu'il viendra toujours !

(On entend dans le salon à gauche un prélude de piano.)

Écoutez donc ?...

M. DE GOURNAY.

On touche du piano au salon !...

MATHILDE.

Et fort bien !...

SCÈNE IV.

Les mêmes ; JULIE, sortant du salon à gauche, et retournant la tête.

Mme DE SALBRIS, à Julie.

Qu'est-ce que cela signifie, mademoiselle ?

JULIE.

Ma foi, madame, vous devez le savoir mieux que moi !... Je viens, en traversant le salon, d'apercevoir un beau jeune

homme qui n'était jamais venu ici, et qui arrive, dit-il, de
Paris à l'instant même... pour tenir le piano!...

MATHILDE, poussant un cri.

Ah!... je comprends!...

Mme DE SALBRIS.

Vous êtes bien habile...

MATHILDE.

Ne vous rappelez-vous pas que, ce matin, je me désolais
de ce que notre concert de ce soir ne pouvait avoir lieu...
faute d'un accompagnateur?...

M. DE GOURNAY.

Eh bien?...

MATHILDE.

Eh bien!... il m'aura entendue... ou devinée...

Mme DE SALBRIS.

Qui?...

MATHILDE.

Lui!... ma grand'mère... lui!... qui est toujours là, près
de moi... le plus aimable des sylphes...

(M. de Gournay se retourne pour se frotter les mains avec satisfaction.)

Mme DE SALBRIS.

Elle en perdra la tête! (A Julie.) Qui nous a envoyé ce
jeune homme? qui lui a dit de venir?...

JULIE.

Un inconnu... à ce qu'il prétend...

MATHILDE.

Quand je vous le disais!... Vous le voyez bien!...

M. DE GOURNAY, riant.

Décidément c'est Ilbondocani!...

MATHILDE, riant.

Oui... oui... Et ma bonne-maman est Lémaïde, la mère du
calife, qui n'y comprend rien...

JULIE, bas à M. de Gournay.

Ni moi non plus... car il n'y a pas une heure que je vous ai dit...

M. DE GOURNAY, de même.

Écoute donc... il faut bien aussi pour toi quelques surprises...

MATHILDE, gaîment.

Nous aurons donc un concert magique... aérien... Il faut prévenir ces dames que rien n'est décommandé... et, de plus, envoyer des invitations à tous les châteaux voisins !...

M. DE GOURNAY.

Si je puis vous aider comme secrétaire...

MATHILDE.

J'y compte bien... (Vivement.) Ah !... mon Dieu !... si, à la faveur de cette fête... il allait s'introduire auprès de nous...

M. DE GOURNAY, à part.

Oh ! quelle idée !... (Haut.) Cela vous effraie ?

MATHILDE.

Sans doute... j'en suis toute tremblante... Pas de robe nouvelle, pas de fleurs, pas de garniture à la mode... Il va me trouver affreuse !... (Se dirigeant vers sa chambre, qui est à droite.) Et impossible, d'ici à ce soir... d'improviser une parure...

M. DE GOURNAY, d'un air railleur.

Peut-être à la ville de Meaux... on pourrait...

JULIE.

Ou bien, en arrangeant votre garniture de camélias...

MATHILDE.

Non, mademoiselle, ça ne se peut pas... (Elle se dirige vers sa chambre, qu'elle ouvre; elle pousse un cri et reste immobile sur le seuil de la porte.) Ah !

Mme DE SALBRIS.

Qu'est-ce donc ?...

MATHILDE, montrant de la main dans la chambre.

Là... là... sur mon divan... cette délicieuse toilette...
cette garniture de marguerites... Venez donc voir !...

M. DE GOURNAY et JULIE.

C'est ma foi vrai !...

AIR nouveau de M. HORMILLE.

Ensemble.

Mme DE SALBRIS.

O mystère étonnant
Qui double ma colère !
C'est affreux, révoltant,
Et même inconvenant !

MATHILDE.

O mystère étonnant
Qui fâche ma grand'mère,
O mystère étonnant
Que je trouve charmant !

M. DE GOURNAY et JULIE.

O mystère étonnant
Qui trouble la grand'mère,
O mystère étonnant
(Montrant Mathilde.)
Qu'elle trouve charmant !

Mme DE SALBRIS.

C'est d'une inconvenance extrême !...

MATHILDE.

Mais on peut toujours l'admirer...
Moi, je me risque...

(Elle va à la porte.)

JULIE.

Moi, de même...

MATHILDE.
Et ne pas vouloir se montrer !...
M. DE GOURNAY.
Oui, de son devoir il s'écarte
En n'osant à vos yeux s'offrir !
JULIE.
Mais on peut bien ne pas venir,
(Montrant le présent qui est dans la chambre à droite.)
Lorsqu'on envoie ainsi sa carte !...
TOUS.
O mystère étonnant, etc.
(Mathilde, M. de Gournay et Julie entrent à droite, dans la chambre où sont les parures.)

SCÈNE V.

Mme DE SALBRIS, seule.

On dira ce qu'on voudra, je suis toujours pour mon opinion première, c'est M. de Bonneval, parce que, nous autres, nous avons un tact... que n'ont point ces jeunes têtes... Aussi, je ne leur ai point parlé de l'idée que j'ai eue ce matin, mais il faut absolument que nous fassions sa connaissance et qu'il se présente par la grande porte... parce que les amours à deux battants ne sont point dangereux ! (s'approchant de la porte à gauche qui est celle du salon.) Ah ! c'est notre jeune musicien... Il tire un album de sa poche... il va dessiner... (A haute voix.) Monsieur, monsieur ! pourrais-je vous parler ? Très-bien... il pose son album sur la table... il vient !...

SCÈNE VI.

GASTON, sortant de la porte à gauche, Mme DE SALBRIS, descendant au bord du théâtre ; MATHILDE, sortant de la porte à droite.

MATHILDE, entrant.
C'est d'un goût exquis !...

GASTON, entrant de l'autre côté.

Me voici à vos ordres, madame. (Apercevant Mathilde, il pousse un cri.) Ah!...

MATHILDE.

Qu'est-ce donc?

GASTON, à part.

C'est elle... je la retrouve!

Mme DE SALBRIS, à Mathilde.

C'est ce jeune homme... ce musicien qui vient pour le concert de ce soir.

GASTON, à part, avec joie.

Ah! M. de Gournay n'a que de bonnes idées! (Haut, en cherchant à cacher son émotion.) Certainement... j'étais loin de m'attendre... c'est-à-dire... je savais bien... (A part.) Remettons-nous.

Mme DE SALBRIS, bas à Mathilde.

Il paraît troublé à votre aspect... regardez-le donc!

MATHILDE, de même.

C'est vrai!

Mme DE SALBRIS, de même.

Ce n'est pas un musicien.

MATHILDE, de même.

Vous croyez?...

Mme DE SALBRIS, de même.

C'est mieux que cela!

MATHILDE, de même.

Eh! qui donc?...

Mme DE SALBRIS, de même.

Je m'en doute... mais nous le saurons.

MATHILDE, haut, après avoir regardé Gaston.

Il me semble que ce n'est pas la première fois que j'ai le plaisir de voir monsieur... Au bal... cet hiver...

GASTON, vivement.

Chez Mme de Simiane.

MATHILDE.

Ailleurs encore.

GASTON.

Quoi ! mademoiselle ne l'a pas oublié...

Mme DE SALBRIS.

Et vous ignoriez que vous deviez rencontrer ici ma petite-fille ?

GASTON.

Oui, madame... l'on m'avait dit au château de Salbris... et j'étais loin de me douter que mademoiselle habitât près de vous.

MATHILDE, d'un air railleur.

Ce qui me paraît fort extraordinaire, c'est qu'un homme que vous ne connaissez pas... car vous ne le connaissez pas...

GASTON.

Non, mademoiselle.

MATHILDE, de même.

Vous ait ainsi envoyé vers nous et que vous ayez accepté.

GASTON.

Pourquoi pas ?... on m'a dit : Vous verrez un château superbe, une société très-aimable, des femmes charmantes... et jusqu'ici je dois convenir que cet inconnu est un honnête homme qui ne m'a pas trompé... et puis il s'agissait d'un concert où il fallait faire une partie... et moi, artiste, moi qui adore la musique...

MATHILDE.

Ah ! monsieur est artiste ?

GASTON.

Oui, mademoiselle...

Mme DE SALBRIS, bas à sa nièce.

Ce n'est pas vrai !

MATHILDE, à Gaston.

Artiste amateur, à ce que je suppose, et fort riche?...

GASTON.

Non, mademoiselle, je n'ai presque rien; mais je ne me plains pas... je suis heureux... (Regardant Mathilde.) aujourd'hui du moins...

Mme DE SALBRIS, bas à Mathilde.

Comprends-tu?

MATHILDE, de même.

Oui, je crois qu'il y a quelque chose! (Haut.) Oserais-je, monsieur, vous demander quel est votre nom?...

GASTON.

Gaston!...

Mme DE SALBRIS, bas à Mathilde.

Un nom supposé.

MATHILDE.

Il y a un jeune peintre de ce nom... un peintre distingué... qui commence une belle réputation...

GASTON, troublé.

C'est... c'est moi, mademoiselle.

MATHILDE, souriant.

En vérité!

Mme DE SALBRIS, bas à sa nièce.

Il ment très-bien!

MATHILDE, souriant.

Vous disiez d'abord que vous étiez musicien?

GASTON.

Cela n'empêche pas... j'ai toujours cultivé et aimé la musique... dans ce moment, plus que jamais... puisque je puis être utile à ces dames... et si elles veulent que nous répétions les morceaux de ce soir...

2.

MATHILDE.
Je craindrais d'abuser de votre complaisance...

GASTON, vivement.
Ordonnez de moi! commandez! je serais si reconnaissant de vous obéir!

MATHILDE.
Tenez, monsieur; regardez-moi bien en face et dites-moi franchement... Êtes-vous bien sûr d'être un peintre, un musicien?...

GASTON.
Mais oui, mademoiselle!... Il y a un piano au salon... A moins que vous ne préfériez cette guitare...

MATHILDE.
Monsieur accompagne aussi sur la guitare?

GASTON.
Oui, mademoiselle.

Mme DE SALBRIS, bas à sa nièce.
C'est ça!... en héros espagnol!... Je n'en crois pas un mot.

MATHILDE, de même.
Ni moi non plus... (A part.) ou du moins ce serait dommage!

SCÈNE VII.

MATHILDE et **Mme DE SALBRIS**, à droite; **M. DE GOURNAY**, entrant par le fond; **GASTON**, à gauche, accordant la guitare.

M. DE GOURNAY.
Toutes vos invitations sont parties, deux jockeys à cheval...

MATHILDE, à voix basse.
Silence!... Nous sommes sur la trace...

M. DE GOURNAY.

En vérité?

Mme DE SALBRIS.

C'est moi qui ai tout découvert.

M. DE GOURNAY.

Vous êtes si adroite !

MATHILDE.

Tenez, regardez ce jeune homme qui accorde cette guitare... Ma grand'mère a idée que c'est l'inconnu.

M. DE GOURNAY, riant.

Bravo ! Ce n'est donc plus M. de Bonneval?...

Mme DE SALBRIS.

Cela n'empêche pas !... C'est peut-être lui aussi.

M. DE GOURNAY.

Ce monsieur que votre petite-fille ne peut pas souffrir?

Mme DE SALBRIS.

Lui-même !

M. DE GOURNAY, à part.

Très-bien !... (Haut.) Eh bien ! madame, je serais assez de votre avis. Qu'est-ce qu'il dit?

MATHILDE.

Qu'on le nomme Gaston...

Mme DE SALBRIS.

Il dit qu'il est musicien et peintre... mais ce n'est pas vrai.

(Gaston fait résonner la guitare qu'il accorde.)

M. DE GOURNAY.

C'est faux !... c'est faux... et je pense comme vous : il n'y a pas un mot de vrai dans tout cela... Je vais causer un peu avec lui, et je suis sûr qu'il se coupera... Laissez-moi faire.

(Les dames s'éloignent un instant et remontent le théâtre en se promenant. M. de Gournay s'approche de Gaston, qui s'occupe toujours de la guitare.)

GASTON, levant les yeux et apercevant M. de Gournay.

Ah! monsieur, si vous saviez...

M. DE GOURNAY.

Je sais tout... On te prend pour un imbécile des environs.

GASTON.

Est-il possible!...

M. DE GOURNAY.

C'est bien plus drôle... Un monsieur de Bonneval, un voisin, affreux, à ce qu'il paraît, et qu'on déteste.

GASTON.

O ciel!

M. DE GOURNAY.

Sois tranquille... ça ne durera pas. Il me faut des vers... des vers où tu diras que l'inconnu n'est pas M. de Bonneval... Alors, nouveau désappointement, nouvelle surprise.. C'est charmant!

GASTON.

Des vers...

M. DE GOURNAY.

Oui, c'est une commande qu'on m'a faite.

GASTON.

Des vers... Et dans quel genre?

M. DE GOURNAY.

Dans le genre amoureux... passionnés, brûlants; c'est pour celle que j'aime, Mlle Mathilde.

GASTON, à part.

Grand Dieu!

M. DE GOURNAY.

Celle que j'épouse... Tu ne l'as pas deviné?

GASTON, troublé.

Quoi! la petite-fille de Mme de...

M. DE GOURNAY.

Certainement... Tu croyais peut-être que c'était la grand'-
mère!... Aurai-je mes vers?...

GASTON, pouvant se soutenir à peine.

Oui, monsieur... (A part.) Ah! c'est fait de moi... Par bonheur je n'ai rien dit, et il ne saura jamais rien!

(M. de Gournay remonte vers les dames.)

MATHILDE.

Eh bien?

M. DE GOURNAY.

Eh bien! je ne sais pas si c'est l'inconnu, mais je partage
l'idée de madame. (Montrant Mme de Salbris.) Je suis sûr que
c'est M. de Bonneval, quoiqu'il n'en convienne pas.

MATHILDE.

Ah! que c'est impatientant!

M. DE GOURNAY.

Quoiqu'il soutienne toujours qu'il est artiste... qu'il est
peintre...

Mme DE SALBRIS.

Lui!... un peintre!...

M. DE GOURNAY.

Il ne l'est pas plus que moi!...

MATHILDE.

Ah! j'imagine un moyen... qui le forcera bien à avouer sa
ruse... (Traversant le théâtre, et s'approchant de Gaston, qui est plongé
dans ses réflexions et qui ne la voit pas.) Monsieur Gaston... (Gaston ne l'entend pas et ne répond pas. Se retournant du côté de Mme de Salbris.) C'est étonnant, par exemple... qu'on ne réponde pas à
son nom... Il l'aura déjà oublié... (Parlant plus haut.) Monsieur
Gaston!

GASTON, tressaillant.

Qu'est-ce, mademoiselle?

MATHILDE.

Vous qui êtes peintre et peintre distingué... on n'a jamais fait mon portrait... et si vous vouliez...

GASTON, troublé.

Moi!...

MATHILDE.

Le mien ou celui de ma grand'mère... à votre choix... Mais je tiendrais à ce que ce fût ici même... à l'instant. (A Julie qui entre à gauche.) Julie, apporte-nous un livre, un album, il y en a là, dans le salon...

(Julie sort.)

M. DE GOURNAY, à part.

Cela va l'empêcher de faire mes vers!

MATHILDE, bas à sa grand'mère.

Quel changement dans ses traits!...

Mme DE SALBRIS.

Je le vois bien!

GASTON.

Je craindrais d'abuser de vos moments.

MATHILDE.

Du tout... une esquisse au crayon. (Allant à Julie qui rentre, lui prenant l'album qu'elle tient dans les mains, et s'approchant de Gaston.) Tenez, monsieur.

GASTON, à part.

Mon album!...

MATHILDE, ouvrant l'album et indiquant une page du doigt.

Là, à cet endroit... mon portrait... Ah! mon Dieu!

TOUS.

Quoi donc?

MATHILDE.

Il y est déjà!

Mme DE SALBRIS.

Et parfaitement ressemblant.

MATHILDE, regardant une autre feuille.

Et là encore... coiffée en fleurs... et plus loin... cet autre en robe de bal... partout moi !

M. DE GOURNAY.

Est-il possible ?... (A Gaston à demi-voix.) Sais-tu ce que cela signifie ?

GASTON, de même.

Non, monsieur !

M. DE GOURNAY, de même.

Ce n'est pas toi ?...

GASTON, de même, en cherchant à cacher son trouble.

Arrivé depuis une demi-heure, je n'aurais jamais eu le temps...

M. DE GOURNAY.

C'est juste ! Qui diable ça peut-il être ?...

JULIE, bas à M. de Gournay.

C'est vous, monsieur ?

M. DE GOURNAY.

Du tout.

JULIE, de même.

Encore une surprise.

M. DE GOURNAY.

Laisse-moi donc... (A part.) Ah çà ! moi qui en faisais à tout le monde...

AIR : Vive la magie. (*Cagliostro*, 1ᵉʳ acte.)
Ensemble.

M. DE GOURNAY.

Nouvelle surprise
Qui me scandalise :
Qui donc s'en avise,
Et prend mon emploi ?
Je saurai connaître
L'amant ou le traître

Qui se permet d'être
Plus adroit que moi!

MATHILDE.

Nouvelle surprise
Que, dans ma franchise,
Gaîment j'autorise.
(Regardant le portrait.)
C'est moi! c'est bien moi!
Mais qui peut-il être?
J'aurais peur, peut-être,
S'il allait paraître
Soudain devant moi!

Mme DE SALBRIS.

Nouvelle surprise
Qui me scandalise.
Ah! s'il se déguise,
Je saurai pourquoi.
Par un coup de maître,
Je saurai peut-être
Le faire apparaître
Ici devant moi!

JULIE, bas à M. de Gournay.

Nouvelle surprise,
Tout vous favorise,
Tout à votre guise
Réussit, je croi!
C'est un coup de maître,
Faites-vous connaître,
Et demain, peut-être,
Vous aurez sa foi.

GASTON.

Que Dieu me conduise!
Que sa main maîtrise
Ce feu qui s'attise
Et qui brûle en moi!
Je ne puis, sans être
Un ingrat, un traître,

Le laisser paraître!...
Mon Dieu! soutiens-moi!

JULIE, à Mathilde.

Et votre toilette?...

MATHILDE, feuilletant toujours l'album.

Ah! c'est vrai, je l'oubliais :
Dieu! qu'ai-je vu!... des vers!

M. DE GOURNAY, stupéfait.

Des vers!

MATHILDE.

J'en demandais!
L'inconnu m'obéit...

M. DE GOURNAY.

Quoi! de la poésie!
Voyons...

GASTON, à part.

Je suis perdu!

M. DE GOURNAY.

Voyons?...

MATHILDE, fermant l'album.

Je ne puis les montrer... du moins par modestie.

TOUS, excepté Gaston.

Ah! c'est inconcevable... et pour bonnes raisons,
Il faut tout observer.

Mme DE SALBRIS, à part.

Nous verrons!

M. DE GOURNAY.

Nous verrons!

Ensemble.

M. DE GOURNAY.

Nouvelle surprise, etc.

MATHILDE.

Nouvelle surprise, etc.

Mme DE SALBRIS.
Nouvelle surprise, etc.

JULIE.
Nouvelle surprise, etc.

GASTON.
Que Dieu me conduise, etc.

(Mathilde entre avec Julie dans l'appartement à droite. — M. de Gournay sort par le fond. — Gaston veut le suivre ; — Mme de Salbris le retient par la main.)

SCÈNE VIII.

Mme DE SALBRIS, GASTON.

Mme DE SALBRIS.
Un instant, mon beau monsieur, vous ne nous quitterez pas ainsi. Je n'ai pas voulu, devant ma petite-fille, devant sa femme de chambre, devant tout le monde enfin, amener une reconnaissance... Je ne suis pas pour les dénouements devant témoins... je tiens à ce que tout se passe en famille... et il n'est plus temps de feindre... je vous ai reconnu.

GASTON.
Moi, madame !

Mme DE SALBRIS.
Cet album est à vous.

GASTON, avec effroi.
O ciel !...

Mme DE SALBRIS.
Je vous ai vu là, dans ce salon... le sortir de votre poche...

GASTON, avec effroi.
Taisez-vous ! (A part.) Que dirait mon bienfaiteur ? (Haut.) De grâce, taisez-vous !

Mme DE SALBRIS.
C'est donc vrai ?

GASTON.

Eh bien! oui... mais si vous en parlez... je me brûle la cervelle.

Mme DE SALBRIS, avec effroi.

Malheureux jeune homme! (Avec bonté.) Vous êtes donc bien amoureux?... Écoutez-moi, mon cher Bonneval...

GASTON, vivement.

Permettez... je ne le suis pas.

Mme DE SALBRIS, à voix haute.

Alors... je vais tout dire.

GASTON.

Je le suis... je le suis! (A part.) Oh! mon Dieu!... comment sortir de là?

Mme DE SALBRIS.

Vous êtes un extravagant, qui vous êtes donné bien de la peine pour rien. Si vous vous étiez entendu avec moi, ce mariage serait déjà fait.

GASTON.

Ce mariage...

Mme DE SALBRIS.

Me convient sous tous les rapports... et depuis que Mathilde vous a vu, j'ai idée qu'elle est de mon avis.

GASTON, vivement.

Est-il possible?... quel bonheur! (Se reprenant.) Non... non... je suis le plus malheureux des hommes... être obligé de fuir, de me cacher!...

Mme DE SALBRIS.

Et pourquoi donc? tous ces mystères-là n'ont déjà duré que trop longtemps... Aussi l'invitation que vous avez reçue ce matin, à votre château, venait de moi, parce que je veux avant tout qu'on s'explique et qu'on se déclare.

GASTON.

Jamais!

Mme DE SALBRIS.

Quelle obstination!... (Lui prenant la main.) Non! quelle timidité... car il tremble, ce pauvre jeune homme... (A demi-voix.) Faut-il donc vous répéter... que j'ai lu dans son cœur, et que sans se l'avouer à elle-même... Mathilde vous aime déjà?

GASTON, poussant un cri de joie.

Ah!... c'en est trop!... (Revenant à lui.) C'est fini... je m'en vais.

Mme DE SALBRIS, le retenant.

Pour revenir ! Songez-y bien, dans une demi-heure, vous vous présenterez ici sous votre vrai nom...

GASTON, avec impatience.

Eh! madame!...

Mme DE SALBRIS, vivement.

Jusque-là je vous promets de garder encore le silence... mais pas plus tard, dans une demi-heure, ou sinon je vous dénonce!

GASTON, à part.

Ah! dans une demi-heure, je serai loin de ces lieux, où l'honneur me défend de rester! Courons prévenir M. de Gournay, et partons... (Regardant par la porte du fond à droite.) C'est lui... non... impossible... il est avec elle!... Ah! je le verrai plus tard...

Mme DE SALBRIS.

Monsieur... monsieur...

GASTON.

J'obéis, madame, il le faut!...

(Il sort vivement par la gauche.)

SCENE IX.

Mme DE SALBRIS, MATHILDE et M. DE GOURNAY,
entrant par le fond à droite.

Mme DE SALBRIS, regardant sortir Gaston.
En voilà un qui est bien amoureux, car il en perd la tête!

MATHILDE, causant avec M. de Gournay.
Ainsi, monsieur, vous avez donc des renseignements?...

M. DE GOURNAY.
Oui, sans doute!... des ouvriers, que j'ai interrogés, prétendent avoir vu ce matin un homme... un jeune homme...

MATHILDE, vivement.
Un jeune homme!...

M. DE GOURNAY.
Rôder autour des murs du parc!... Dans quelles intentions?... c'est parbleu ce que je saurai!

Mme DE SALBRIS, gravement.
Et ce que je sais... car je l'ai vu... je lui ai parlé.

MATHILDE.
A l'inconnu?

Mme DE SALBRIS.
A lui-même!...

M. DE GOURNAY.
Il y en a donc un?

MATHILDE.
Est-ce que vous en doutiez?

M. DE GOURNAY.
Un autre encore?...

MATHILDE.
Eh! non; c'est le même... toujours le même.

Mme DE SALBRIS.

Celui qui accablait Mathilde de surprises... qui ce matin lui a envoyé cette boîte à couleurs, et tout à l'heure encore cette robe de bal.

M. DE GOURNAY.

Quoi! c'est lui... il vous l'a dit?

Mme DE SALBRIS.

Il est convenu de tout... il a tout avoué...

M. DE GOURNAY, à part.

Voilà qui est fort... et je ne m'attendais pas à celle-là!

MATHILDE.

Quel est son nom?

Mme DE SALBRIS, gravement.

Je ne peux pas encore vous le dire. (Geste d'impatience de Mathilde et de M. de Gournay.) Permettez donc... j'ai aussi mes mystères... chacun son tour! J'ai juré de garder le silence et de lui laisser le plaisir de se faire connaître.

MATHILDE.

Alors qu'il ne tarde pas... Je n'ai plus de patience...

M. DE GOURNAY.

Ni moi non plus, car en fait de surprises, en voilà une!...

MATHILDE, à M. de Gournay.

N'est-ce pas?... on n'y tient plus... c'est agaçant... ça vous donne la fièvre.

M. DE GOURNAY.

La fièvre chaude!...

MATHILDE.

A la bonne heure!... vous voilà comme moi! vous qui vous moquiez toujours de mes colères et de mes impatiences. (A Mme de Salbris.) Et sera-ce bien long?

Mme DE SALBRIS.

Il viendra aujourd'hui même...

MATHILDE.

Aujourd'hui ?...

Mme DE SALBRIS.

Ce soir.

M. DE GOURNAY, avec colère.

Ce soir ?

Mme DE SALBRIS.

Il me l'a promis.

MATHILDE.

Ah! voilà le cœur qui me bat!... et je crois que j'aimerais mieux ne pas le voir!... (A Mme de Salbris.) Est-il bien? a-t-il bonne façon? Moi j'ai là d'avance une idée... et je voudrais savoir... s'il y ressemble...

Mme DE SALBRIS.

Tout ce que je peux dire, c'est qu'il est très-aimable, très-riche, et surtout amoureux à faire pitié...

MATHILDE, à part.

Pauvre jeune homme !

Mme DE SALBRIS.

Ou à faire plaisir... comme vous voudrez!... Ne m'en demandez pas davantage.

MATHILDE.

Ah! que c'est contrariant!... Voyez-vous, ma mère, j'aurais mieux aimé que vous ne disiez rien... ou bien dites-moi tout... ma bonne petite maman... je vous en prie... Comment doit-il venir ici? par quel coup de théâtre, quel effet magique, sous quelle forme?... J'aurai moins peur si je suis prévenue!

Mme DE SALBRIS, gravement.

Il se présentera sous la forme de quelqu'un que j'ai invité à passer la soirée.

M. DE GOURNAY.

Il a reçu une invitation?...

Mme DE SALBRIS.

Écrite de ma main! Et quant à la magie qu'il emploiera... la voici... On entendra tout à coup... tenez... comme dans ce moment... une voiture entrer dans la cour.

MATHILDE, écoutant.

Ah! mon Dieu! serait-ce lui?

M. DE GOURNAY, à part.

S'il monte... je le fais sauter par la fenêtre.

Mme DE SALBRIS, continuant.

Les portes du salon s'ouvriront, et un de nos gens viendra tout uniment annoncer...

SCÈNE X.

Les mêmes; JULIE.

JULIE.

Madame... madame... quelqu'un que vous n'attendiez pas, et qui n'est jamais venu ici.

TOUS.

Qui donc?

JULIE.

M. de Bonneval!

(Elle entre dans le salon à gauche.)

MATHILDE, qui a couru à la fenêtre pour le voir, pousse un cri.

Voyons... Ah!...

Mme DE SALBRIS.

Qu'a-t-elle donc?

MATHILDE, hors d'elle-même, et tombant sur un fauteuil.

Il est là... il traverse la cour...

Mme DE SALBRIS, courant à la fenêtre, regarde, pousse aussi un cri et tombe sur un autre fauteuil.

Ah!...

M. DE GOURNAY, à part.

Et elle aussi... De plus fort en plus fort...

Mme DE SALBRIS, de même.

Ce n'est pas lui!... Qu'est-ce que ça veut dire?... qu'est-ce que ça signifie?... Et moi qui l'ai invité... Que va-t-il penser?... (A sa nièce.) Ce que c'est aussi que vos mystères, vos surprises; si je m'en mêle jamais...

JULIE, rentrant avec une bougie qu'elle pose sur la table.

Mais, madame... le voilà qui entre au salon.

Mme DE SALBRIS.

Ah! courons le recevoir! (Elle se précipite dans l'appartement à gauche, et, au moment où se referme la porte, on l'entend dire:) Enchantée, monsieur, de l'honneur que vous nous faites...

SCÈNE XI.

MATHILDE, toujours assise, JULIE, M. DE GOURNAY.

JULIE, s'approchant de Mathilde.

Est-ce que mademoiselle ne va pas aussi au salon?

MATHILDE, sèchement.

Non, mademoiselle.

JULIE.

Toutes ces dames y sont déjà descendues.

MATHILDE, de même.

Peu m'importe!

JULIE.

C'est étonnant que mademoiselle n'ait pas envie de voir M. de Bonneval.

MATHILDE.

Ah!... je l'ai vu... et de reste... Il est affreux!...

M. DE GOURNAY, à part.

Je respire. (Bas à Julie.) J'ai eu peur un moment... Ce

3.

M. de Bonneval, qui est un fat, s'était laissé attribuer tout ce que nous avons fait.

JULIE, à voix basse.

En vérité !

M. DE GOURNAY, de même.

Il l'avait pris sur son compte.

JULIE, de même.

Par bonheur, il n'est pas redoutable...

M. DE GOURNAY, de même.

Et je crois le moment excellent pour amener une reconnaissance définitive.

JULIE.

Je le crois aussi.

M. DE GOURNAY.

On ne vaut que par la comparaison... Tiens... (Lui donnant un billet.) Voici qui préparera mon entrée, remets-lui ce billet... (Julie fait un mouvement pour donner le billet à Mathilde.) Non... pas ainsi, pas tout bonnement comme un facteur...

JULIE.

Et... comment ?

M. DE GOURNAY.

Cherche un moyen... un moyen... Hum !... (Ne trouvant pas de terme assez extraordinaire, il fait un geste qui signifie : *enlevé!*) Je serai là quand il le faudra.

JULIE.

C'est bien !...

M. DE GOURNAY.

Je vais prévenir mes gens... qui sont arrivés et au signal que je donnerai... (Faisant le geste de frapper des mains.) le feu d'artifice, le bouquet final et le dénoûment à effet !

(Il sort sur la pointe des pieds.)

(Toute la fin de cette scène s'est dite à voix basse et près des portes du fond, pendant que Mathilde est assise sur le devant du théâtre dans un fauteuil, et la tête appuyée sur sa main.)

SCÈNE XII.

MATHILDE, assise à droite du théâtre, près de la table, **JULIE**, s'approchant d'elle doucement.

JULIE.
Mademoiselle... mademoiselle !...

MATHILDE.
Quoi donc ?

JULIE, tenant à la main la lettre qu'elle cache.
Que dira-t-on, si vous restez ici ?

MATHILDE.
On dira que je souffre, que je suis malade, et c'est la vérité. (Portant la main à son cœur.) Oui... oui... je souffre beaucoup... Je rentre dans ma chambre et n'en sortirai pas...

JULIE.
Quel dommage !... Mademoiselle était si jolie avec ces fleurs.

MATHILDE.
Elles viennent de M. de Bonneval, je n'en veux plus.

JULIE.
Puisque vous les aviez acceptées.

MATHILDE.
Quand elles venaient... d'un inconnu. (Cherchant à détacher son bouquet.) Parce que... un inconnu... c'est... c'est tout ce qu'on voudra... mais maintenant qu'il s'est fait connaître...

JULIE.
Bien maladroitement.

MATHILDE.
A coup sûr !

JULIE.
Il y avait si longtemps qu'il se cachait...

MATHILDE, lui donnant son bouquet.

Il fallait continuer!... Il y a des gens qui commencent bien et qui finissent mal...

JULIE, tirant de sa poche une petite lettre et poussant un cri.

Ah! mon Dieu!... qu'ai-je vu?

MATHILDE.

Quoi donc?

JULIE.

Dans ce bouquet... une lettre...

MATHILDE, avec colère.

Quelle inconvenance!... Tant mieux... tant mieux... Une occasion de se fâcher et de renvoyer ce M. de Bonneval... (Prenant la lettre et lisant.) « On vous abuse, mademoiselle, je « vous jure que je ne suis pas M. de Bonneval. » (Poussant un cri.) Ah!...

JULIE.

Qu'est-ce que cela?...

MATHILDE.

Rien... rien!... (A part.) J'en étais sûre!... (Continuant.) « Si vous tenez à me connaître, je serai ce soir à huit heu- « res dans le petit salon. » C'est ici! (Reprenant.) « Mais je « ne puis paraître que dans la solitude et l'obscurité... « Éloignez donc tous les indiscrets, car la vue seule d'un « étranger me ferait fuir... et, si vous consentez à me rece- « voir, daignez porter à votre côté ce bouquet. » (Poussant un cri et reprenant le bouquet que Julie venait de jeter sur la table à droite.) Ah!...

(Elle l'attache vivement à son côté.)

JULIE.

Mademoiselle connaît-elle enfin?...

(On entend dans le salon à gauche un air de danse ; l'air du *Code noir*, au second acte.)

MATHILDE, vivement.

Non!... non!... Écoute donc... Qu'est-ce que c'est?...

JULIE.

Ce sont ces dames qui dansent avant le concert, et en vous attendant...

MATHILDE, passant à gauche du théâtre du côté du salon.

Oui... tu as raison... mon absence serait remarquée... rentre... toi, ma bonne Julie... On aura besoin de toi là-bas... Va-t'en! va-t'en!...

AIR du *Code noir*.

MATHILDE.

Oui... là-bas on te désire...

JULIE, à part, à droite du théâtre.

A notre sylphe allons dire
Qu'il ne peut plus différer!...

MATHILDE, relisant le billet à gauche du théâtre.

Enfin, il va se montrer!...

JULIE, à part.

Et qu'avec impatience
On l'attend en ce moment!
Si toutefois, quand j'y pense,
C'est bien lui que l'on attend!

Ensemble.

MATHILDE.

Il va venir,
Je sens mon cœur d'avance tressaillir!
Encore un peu,
Et l'inconnu va paraître en ce lieu!
Adieu!

JULIE.

Il va venir,
Et son roman, grâce au ciel, va finir;
Encore un peu,

Et son amour enfin aura beau jeu !
Adieu !

(Sur l'air de contredanse qui reprend, Julie sort par le fond, et Mathilde qui avait fait quelques pas jusqu'à la porte du salon, revient au bord du théâtre.)

SCÈNE XIII.

MATHILDE, seule, portant la main à son cœur et regardant autour d'elle.

J'ai peur !... Oh ! oui... oui... j'ai beau faire... je le sens là... et, je puis le dire ici... car il ne m'entendra pas... (A voix basse.) Je l'aime !... (Se retournant avec frayeur.) Est-ce lui ?... non... il ne vient pas... « Éloignez tous les indiscrets... » Je l'ai fait... me voilà seule... et puisqu'il aime la « solitude... » Il est vrai qu'il a dit aussi et « l'obscurité... » (Montrant la bougie qui est sur la table.) Mais... je n'ose pas ! Oh ! non...

SCÈNE XIV.

MATHILDE, sur le devant du théâtre, M. DE GOURNAY, entrant par la porte du fond, sur la pointe du pied.

M. DE GOURNAY.

Elle m'attend, à ce que m'a dit Julie... Voici le moment décisif... avançons !

MATHILDE.

Je l'entends... on marche... c'est lui, sans doute... (A part.) Eh non !... c'est M. de Gournay... quel contre-temps... que vient-il faire ici ? et l'autre qui va venir, ça l'empêchera...

M. DE GOURNAY.

Qu'avez-vous donc, ma chère Mathilde ?... quel trouble... quelle agitation...

MATHILDE.

C'est vrai!... et j'aime mieux tout vous confier, à vous qui êtes notre ami, notre meilleur ami... Aussi bien, il m'est impossible de cacher mon émotion et ma joie... (En confidence.) Il va venir!...

M. DE GOURNAY.

Qui donc?

MATHILDE.

L'inconnu... ici... ce soir, à huit heures...

M. DE GOURNAY, avec malice.

Peut-être est-il déjà arrivé?

MATHILDE.

Oh! non!... Il veut qu'il n'y ait personne, et tant que vous serez là, il ne viendra pas!

M. DE GOURNAY.

Vous croyez?

MATHILDE.

Oui, vraiment!... (Lui faisant le geste de s'éloigner.) Ainsi...

M. DE GOURNAY.

Oui, mais, dites-moi : est-ce que vous ne soupçonnez pas un peu?...

MATHILDE, en confidence.

Si!... j'ai une idée! et si je me trompais, je crois que j'en mourrais... (A demi-voix.) Un beau jeune homme, tout jeune...

M. DE GOURNAY, à part.

Ah! mon Dieu!

MATHILDE.

Des yeux mélancoliques... des cheveux noirs...

M. DE GOURNAY, portant la main à sa chevelure qui commence à grisonner.

Par exemple!...

MATHILDE.

Taisez-vous!... on a marché... c'est lui, sans doute!... Partez, mon ami! partez vite... il faut que personne ne l'aperçoive...

M. DE GOURNAY, à part.

Je serais pourtant curieux de le voir. (Mathilde qui est près de la table, souffle vivement la bougie.) Eh bien!... obscurité complète?... c'est juste!... je le lui avais demandé dans ma lettre... mais, du moins, je pourrai l'entendre... (Bas, à Mathilde.) Adieu... adieu... je m'en vais.

MATHILDE, lui serrant la main avec reconnaissance.

Merci!...

M. DE GOURNAY, à part.

Il n'y a pas de quoi!

SCÈNE XV.

M. DE GOURNAY, qui a fait quelques pas pour s'éloigner, revient et reste près de la table, à droite. MATHILDE est debout, de l'autre côté de la table. GASTON entre par le fond. L'orchestre joue en sourdine l'air du *Comte Ory*, de Rossini : D'amour et d'espérance je sens battre mon cœur! — Il fait une nuit complète.

GASTON, à part.

Point de lumière!... C'est dans cet appartement cependant qu'on m'a dit avoir vu entrer tout à l'heure M. de Gournay, que je cherche...

MATHILDE, à part et tremblante.

Ah! le cœur me bat... d'une force... (Gaston s'avance à tâtons, rencontre Mathilde, qui tressaille.) Ah! mon Dieu!

GASTON, à part.

Qui est là?... (Lui prenant la main.) Cette main... (A voix haute et avec surprise.) Celle d'une femme!

MATHILDE, poussant un cri.

C'est lui !...

(Elle chancelle, prête à perdre connaissance.)

GASTON, la soutenant.

O ciel !... Mathilde ! Mathilde !

M. DE GOURNAY, à part.

La voix de Gaston !... Ah ! traître !... tu me le paieras !

GASTON.

Là !... dans mes bras... sur mon cœur... tout ce que j'aime !... Elle se trouve mal !... Quelqu'un !... du secours !...

MATHILDE, revenant à elle.

Non !... non !... Tout ce que vous aimez... dites-vous ?

GASTON.

Ah ! mon trouble et ma frayeur m'ont trahi... Pardon, mademoiselle, pardon... je ne suis pas ce que vous croyez... je n'ai pas le rang, la fortune qu'on me suppose...

MATHILDE.

Eh ! qui donc êtes-vous ?

GASTON.

Quelqu'un qui ne peut pas vous aimer... et qui ne peut vous le dire... sous peine d'être ingrat.

MATHILDE.

Mais vous le serez encore plus, monsieur, si vous ne m'aimez pas !

GASTON, tombant à ses pieds.

Ah ! c'est trop de bonheur pour un coupable. (Se relevant brusquement.) Adieu... Adieu...

MATHILDE.

Ah !...

GASTON, avec désespoir.

Il le faut... car je ne puis rester sans trahir mon ami, mon bienfaiteur... le meilleur des hommes.

M. DE GOURNAY, à part.

C'est mieux!... c'est mieux!...

GASTON.

Et votre main, pour laquelle je donnerais ma vie, me serait offerte en ce moment... que je vous dirais : Ce n'est pas moi... c'est lui qui en est digne.

M. DE GOURNAY, à part, et essuyant une larme.

Mieux... mieux encore! et cela mérite récompense! (Il frappe dans ses mains.) Partez!

(On entend dans le jardin une détonation d'artifice. On aperçoit, par la croisée du fond, les jardins qui sont tout à coup illuminés, et un orchestre bruyant se fait entendre.)

LE CHOEUR, en dehors.

AIR : Vive, vive l'Italie!

Vive! vive les surprises!
C'est le bonheur ici-bas;
Les faveurs les plus exquises
Sont celles qu'on n'attend pas!

MATHILDE et GASTON, effrayés.

Ah! qu'entends-je?

SCÈNE XVI.

MATHILDE, GASTON, M. DE GOURNAY, paraissant au milieu du théâtre, Mme DE SALBRIS et JULIE, accourant par la porte à droite, avec de la lumière.

Mme DE SALBRIS et JULIE.

Qu'est-ce?... qu'y a-t-il?...

M. DE GOURNAY.

Mlle Mathilde, votre petite-fille, qui épouse Gaston, mon ami, et mon fils d'adoption...

GASTON, hors de lui.

Oh! ciel!... est-il possible?

M. DE GOURNAY, lui frappant sur l'épaule.

Une surprise à laquelle tu ne t'attendais pas... mon gaillard!...

Mme DE SALBRIS.

Vous le connaissez donc?

MATHILDE.

Il était donc venu ici de votre aveu?

M. DE GOURNAY.

Par mon ordre.

GASTON.

Et cet amour que je voulais vous cacher, vous l'avez deviné?

M. DE GOURNAY.

Depuis longtemps... Aussi personne ici, je m'en flatte, ne s'attendait à ce qui arrive. (A part.) Pas même moi! (Haut.) Mais, tu le sais, de l'étonnant, de l'imprévu... voilà ce que je veux... voilà ce que j'aime!

JULIE.

Comment! monsieur, et à moi-même qui étais votre confidente, c'était donc aussi une surprise que vous vouliez me faire?

M. DE GOURNAY.

Oui, mon enfant! (A part.) Mais ce sera la dernière.

LE CHOEUR.

Vive! vive les surprises!
C'est le bonheur ici-bas;
Les faveurs les plus exquises
Sont celles qu'on n'attend pas!

MATHILDE, au public.

AIR : Il m'en souvient, longtemps ce jour.

Des jours qui nous sont réservés
De vous dépend la destinée;
Naguère encor, vous le savez,

De notre salle abandonnée
Les échos, hélas ! étaient sourds,
Les places n'étaient jamais prises !...
Messieurs, venez-nous tous les jours...
Nous vous permettons des surprises ;
Oui, messieurs, venez tous les jours,
Et nous bénirons les *Surprises !*

BABIOLE ET JOBLOT

COMÉDIE-VAUDEVILLE EN DEUX ACTES

EN SOCIÉTÉ AVEC M. X.-B. SAINTINE

Théatre du Gymnase. — 11 Octobre 1844.

PERSONNAGES.	ACTEURS.
MARCEL, tapisssier	MM. LANDROL.
JOBLOT, son garçon	ACHARD.
LE VICOMTE DE LAVARENNE, vieux dandy	KLEIN.
LE COMTE ERNEST, son parent	RHOZEVIL.
CÉLINE D'AUBERIVE	Mmes FARGUEIL.
BABIOLE, ouvrière, filleule de Marcel	DÉSIRÉE.

A Paris, chez Marcel, au premier acte. — A l'hôtel d'Auberive, au deuxième acte.

BABIOLE ET JOBLOT

ACTE PREMIER

Un magasin de tapissier. — Porte au fond. — Portes latérales.

SCÈNE PREMIÈRE.

MARCEL, BABIOLE.

(Babiole est debout, occupée à nuner du galon. — Marcel est devant une table, la plume à la main et n'écrivant pas.)

MARCEL.

Je le répète ! il n'est bon à rien !

BABIOLE.

Cependant, mon parrain, soyez juste, M. Joblot est bon ouvrier, bon dessinateur, et je vous ai entendu dire à vous-même que pour ce qui est du goût et de l'arrangement, il n'a peut-être pas son pareil dans tout Paris.

MARCEL.

J'ai dit ça... j'ai dit ça autrefois ! et aujourd'hui je dis autrement...

BABIOLE.

Alors... ce n'est pas lui... c'est vous qui êtes changé...

MARCEL.

Ah! çà... je crois, mademoiselle Babiole, que vous me tenez tête. Qui vous a chargée de prendre sa défense?

BABIOLE.

Il n'est pas là!

MARCEL.

Parbleu! il n'y est jamais, à présent.

BABIOLE.

Mais...

MARCEL.

Taisez-vous!... (Regardant son livre.) Encore une année où les recettes ont baissé... C'est étonnant comme le bon goût s'en va... et les pratiques aussi!... Où vont-elles donc? Où va la tapisserie moderne, je vous le demande?... Moi, un des premiers tapissiers-ébénistes de l'Empire!... moi qui ai résisté encore sous la Restauration, je me vois débordé par le rococo, le Louis XIV et le Pompadour!

BABIOLE.

Dame! le siècle marche et vous restez en place...

MARCEL.

Oui, je tiens à mes fauteuils... à mes anciens fauteuils, moi... je leur ai prouvé que quand je voulais... je faisais aussi du Boulle... et des incrustations. Témoin le secrétaire que j'ai vendu, dans le temps, à feu le général Balthasar Lavarenne... une de mes dernières pratiques impériales... Un chef-d'œuvre de style et de combinaison... un morceau d'étude qui suffirait à élever la réputation d'un tapissier!

BABIOLE, à part.

Et qui n'a pas empêché la sienne de descendre!...

MARCEL.

J'avais espéré, en prenant avec moi ce Joblot... qui est jeune... intelligent et actif... que cela relèverait un peu ma maison... et, pendant quelque temps, en effet... ça allait déjà mieux...

BABIOLE.

Vous voyez bien !...

MARCEL.

Mais depuis que j'ai eu la faiblesse d'augmenter ses gages de cinquante francs, M. Joblot se croit un grand personnage... Il ne traverserait plus la rue en costume d'ouvrier !

AIR : De sommeiller encor, ma chère. (*Arlequin Joseph.*)

Il ne songe qu'à sa toilette ;
Il abdique, le renégat !
Le tablier et la casquette,
Les insignes de son état.
Oui, monsieur se donne des grâces,
Et, toujours à se mignarder,
Je suis sûr qu'il use mes glaces
A force de s'y regarder !

Je crois, ma parole d'honneur, qu'il a des idées d'amour !

BABIOLE, à part avec joie.

Je le crois aussi !

MARCEL.

Ou de mariage !

BABIOLE, de même.

Je l'espère bien !...

MARCEL.

Ah ! mon Dieu !... est-on passé chez M. le vicomte de Lavarenne ?

BABIOLE.

Je n'en sais rien !... M. Joblot est sorti pour cela, peut-être...

MARCEL.

Comment, peut-être ?... Mais M. Anatole de Lavarenne,

seul héritier du général Balthasar, son parent... est actuellement notre meilleur client... un client pour lequel j'ai meublé deux ou trois boudoirs, rue Notre-Dame-de-Lorette... client d'autant plus précieux qu'il change souvent de... mobilier... Il est venu avant-hier... je ne sais pas pourquoi, et hier encore, demander qu'on lui portât aujourd'hui des étoffes choisies... un nouveau boudoir, peut-être... qui est pressé... ça l'est toujours... Et si on le fait attendre... il se pourvoira ailleurs... Voilà comme ma maison s'en va chez les voisins... par la faute de Joblot, de ce misérable Joblot!

BABIOLE.

Eh! ne criez pas tant, mon parrain... Voici M. le vicomte en personne.

SCÈNE II.

LES MÊMES; LE VICOMTE, la cravache à la main.

MARCEL.

Monsieur le vicomte... qui vient chez moi... qui daigne y venir lui-même... Joblot, mon garçon, est passé chez vous?

LE VICOMTE.

Non, vraiment!

BABIOLE.

Ah! bien! monsieur... il y est en ce moment. Vous vous serez croisés.

MARCEL, bas à Babiole, avec un geste de tête approbatif.

C'est comme ça qu'il faut dire!... (Haut.) Babiole... un siége... (A Babiole qui prend une chaise.) un fauteuil à monseigneur!...

LE VICOMTE.

Mademoiselle Babiole est charmante... aussi gentille que son nom!

BABIOLE, faisant la révérence.

Babiole est comme son nom... elle ne vaut pas grand'chose...

LE VICOMTE.

Si vraiment... pour ceux qui s'y connaissent !

MARCEL, s'approchant du vicomte, qui est assis, et tournant le dos à Babiole, qui a pris son panier à ouvrage, travaille et n'entend pas la conversation suivante.

C'est encore un temple que nous allons meubler?

LE VICOMTE, se balançant sur son fauteuil, pour essayer de voir Babiole, que lui cache Marcel.

Je crois, mon cher... que j'y renonce. Je commence à me lasser des passions dont il faut payer les mémoires.

MARCEL.

Passions de grands seigneurs... Ce sont les bonnes !

LE VICOMTE.

Oui !... pour les tapissiers...

MARCEL.

Vous êtes si riche ! surtout depuis l'héritage du général... Dépenser, c'est amusant !

LE VICOMTE.

Dépenser... pour soi... je ne dis pas; mais pour d'autres... c'est ennuyeux !... Tu sais bien, notre joli appartement au second...

MARCEL.

Le boudoir jaune ?...

LE VICOMTE.

Oui; j'ai trouvé ces jours-ci la porte fermée...

MARCEL.

Ça ne regarde plus le tapissier... c'est le serrurier !...

LE VICOMTE.

Mais l'autre... le dernier.

MARCEL.

Le boudoir bleu ?...

LE VICOMTE.

Oui !... j'ai trouvé la porte ouverte... et plus personne... Un engagement pour la Russie... Elles y sont toutes !...

AIR de *l'Incognito.*

L'autocrate qui les entraîne
Fait un appel, et l'on y va !
Toutes nos nymphes de la Seine
Prennent leur vol vers la Néva !
Pauvres amours ! vous devez, je présume,
Arriver là tout grelottants ?
Amours transis... dont le feu se rallume
Au feu des diamants.

Oui, mon cher; on est parti... sans m'en prévenir.

MARCEL.

En vérité !...

LE VICOMTE.

A telles enseignes qu'il y a aujourd'hui, pour cause de départ... une vente superbe, où doit se rendre la meilleure société de Paris... et ce sont nos meubles...

MARCEL.

Des meubles tout neufs !

LE VICOMTE.

Que l'on va mettre aux enchères.

MARCEL.

Si vous les rachetiez ?

LE VICOMTE.

Allons donc !

MARCEL.

Vous les auriez à bon compte, et ça peut resservir...

LE VICOMTE.

Veux-tu te taire !... J'ai dit que je renonçais à tout cela...

Mes amis politiques et autres veulent absolument me marier... une bonne famille... une jeune personne extrêmement riche qui ne dépend que de sa grand'mère... à qui même j'ai parlé de toi.

MARCEL.

Est-il possible ?

LE VICOMTE, se levant.

Madame la marquise d'Auberive, rue de Grenelle-Saint-Germain, 58; elle était mécontente de son tapissier... je lui ai enseigné le mien.

MARCEL, qui a été à son bureau inscrire l'adresse.

Une nouvelle pratique.

LE VICOMTE.

Il faudra demain passer chez elle... elle attendra vos ouvriers.

MARCEL.

On n'y manquera pas!... Et c'est de ce côté que M. le vicomte prendrait femme ?...

LE VICOMTE.

Je ne suis pas encore décidé... Mais je n'ai que trente-cinq ans... je puis attendre...

MARCEL.

Sans contredit.

LE VICOMTE.

Et, si, d'ici là... je rencontre... non plus quelque sylphide... c'est trop brillant... c'est trop en vue... (Regardant Babiole.) mais quelque beauté modeste... et ignorée... une figure naïve et un cœur idem...

BABIOLE, qui s'est levée depuis quelques instants, s'approche du vicomte, et lui présente des échantillons.

Monsieur le vicomte a demandé des échantillons... Voici, je crois, des couleurs qui vous iraient : grenat ou scabieuse.

4.

LE VICOMTE.
Ah ! ce sont des couleurs d'automne.

BABIOLE, avec naïveté.
Et vous trouvez que c'est trop jeune ?...

LE VICOMTE.
Du tout... j'adore la jeunesse... et ce que je voudrais...

MARCEL.
Je vais vous chercher d'autres nuances...

LE VICOMTE, à Babiole, pendant que Marcel cherche des échantillons.
Ce que je voudrais... je suis venu déjà deux ou trois fois pour te le dire... mais il y avait là du monde...

BABIOLE.
Qu'est-ce que ça fait ?

LE VICOMTE.
Ce Joblot... le garçon tapissier.

BABIOLE.
Il vous aurait compris mieux que moi !

MARCEL, lui présentant des étoffes.
Voilà du damas de soie.

LE VICOMTE.
Non !

MARCEL.
De la brocatelle...

LE VICOMTE.
Non ! un autre...

AIR: Le Luth galant qui chanta les amours.
(A Babiole.)
Voyons, choisis celles que tu voudras.

BABIOLE.
Ça vous regarde !... ou satin ou damas,
Mon parrain en aura pour vous et par douzaines !
(Lui montrant des échantillons.)
Ces couleurs à la mode...

LE VICOMTE.

Elles sont trop anciennes!...

BABIOLE.

Bah !...

LE VICOMTE.

Je veux des couleurs roses comme les tiennes.

BABIOLE.

Mon parrain n'en tient pas. (*Bis.*)

(Babiole, à Marcel.) Est-ce que vous en tenez, mon parrain ?...

LE VICOMTE.

Non... non... rien !... ne vous dérangez pas... (Bas à Babiole.) Du reste, voici ma commande.

(Il laisse tomber une lettre dans le panier à ouvrage de Babiole.)

Ensemble.

MARCEL.

Mon magasin est assez assorti !...
Pour un boudoir, voyez la belle affaire !
Claude Marcel est connu, Dieu merci !
Vous reviendrez, monseigneur, je l'espère.

BABIOLE, à part.

Tiens, ce sournois! qu'a-t-il ?... ce papier-ci
A mon parrain s'adresse, je l'espère.
Mais pourquoi donc me le remettre ainsi ?
Un' facture n'est jamais un mystère !

LE VICOMTE.

Vous n'êtes pas assez bien assorti ;
Je reviendrai, vous dis-je ; à cette affaire
Je tiens beaucoup, beaucoup! Puissé-je ici,
En revenant, trouver ce que j'espère !

(Marcel accompagne le vicomte qui sort par le fond. Marcel sort par la gauche.)

SCÈNE III.

BABIOLE, seule.

Qu'est-ce que ça signifie ?... Voilà déjà plusieurs fois qu'il me regarde d'une manière... et puis c'te commande qu'il me donne au lieu de la remettre à mon parrain... Tiens ! elle est cachetée !... Ah ! ça, est-ce qu'il voudrait me commander des meubles... pour moi-même ?... Non pas... non pas ! il n'y a pas moyen, car j'en aime un autre, mon bon petit Joblot, si gai, si bon enfant... et qui m'aime aussi, j'en suis sûre ; mais il n'ose pas me le dire, et c'est là ce qui le tourmente et lui donne parfois un air malheureux... Hein ! ose donc, je t'ai deviné, va !...

AIR : On n'offense point une belle.

Au soin que tu prends pour me plaire
En te parant de mieux en mieux,
Et puis à certaine lumière
Que je vois briller dans tes yeux ;
Oui, dans ton âme ainsi que dans la mienne,
Mon cher Joblot, je puis lire sans peine.
Est-il donc besoin de discours ? (Bis.)
Oui, tu m'aimes, j'en suis certaine...
Mais c'est égal, dis-le toujours !

Mais pourquoi n'est-il pas encore de retour !... M. Marcel a raison, c'est mal à lui de s'absenter si longtemps du magasin... (Elle va vers la porte du magasin et regarde dans la rue.) Mais le voilà ! qu'est-ce qu'il fait encore à regarder dans ce beau landau ? (Poussant un cri.) Ah ! mon Dieu ! deux voitures qui se croisent... Il va être pris entre les deux ! Joblot... Joblot, prenez donc garde !

(On entend un grand bruit de voitures et des cris perçants. Babiole, effrayée, tombe sur une chaise, placée près de la porte de la boutique.)

JOBLOT, en dehors.

Gare ! gare ! que je passe !...

SCÈNE IV.
BABIOLE, JOBLOT.

JOBLOT, entrant.

Filé entre les quatre roues !... il n'y a pas de mal... (Descendant la scène et à part.) Si, il y en a, car je me suis trompé! ce n'était pas elle!... Mais je crois la voir partout!...

BABIOLE, descendant.

Ah! je l'ai cru écrasé!...

JOBLOT, vivement et gaîment.

Écrasé, qui?

BABIOLE, toute tremblante.

Cette voiture!...

JOBLOT.

Comment, cette voiture? Elle craint que je n'écrase les voitures!

BABIOLE.

Ah! que vous devez avoir eu peur...

JOBLOT, se rapprochant d'elle et la prenant sous le bras.

Alors, ma petite Babiole, faites-moi un grand verre d'eau... sans sucre... et vous le boirez, car vous voilà encore toute tremblante.

BABIOLE.

Vous plaisantez; mais le bourgeois ne plaisantait pas tout à l'heure.

JOBLOT.

Bah!

BABIOLE.

Non, monsieur... Oh! il est furieux contre vous.

JOBLOT.

Pourquoi?

BABIOLE.

Parce que vous êtes trop longtemps dehors.

JOBLOT.

Eh bien! me v'là! (Mettant son tablier.) Et à la besogne!

BABIOLE.

Il a dit que vous étiez un paresseux!

JOBLOT.

Il a dit ça? Ça m'est égal, excessivement égal, prodigieusement égal! ah! grand Dieu! que ça m'est égal! (A part.) Ce matin, je l'ai aperçue à la fenêtre de son hôtel! voilà du bonheur pour toute ma journée! (Haut.) Où est mon roman?

BABIOLE.

Comment, vous allez lire?

JOBLOT.

Qu'est-ce que ça vous fait?

(Il prend un petit tabouret, qu'il est en train de confectionner, et y met quelques clous d'épingles qu'il tire d'une pelotte rouge attachée à son habit par un cordon de même couleur.)

BABIOLE.

A-t-il mauvaise tête, aujourd'hui! Mais pendant votre absence, il peut se passer bien des choses, ici.

JOBLOT.

Ça m'est égal!

BABIOLE.

D'abord, les pratiques s'en vont mécontentes, car elles ne veulent avoir affaire qu'à vous.

JOBLOT.

Ça m'est égal!

BABIOLE.

Puis, on m'écrit des lettres... et ça m'a bien l'air de lettres d'amour.

JOBLOT, quittant son travail.

Vrai? une lettre d'amour... qui donc?

BABIOLE, à part.

Ah! ça ne lui est plus égal. (Haut.) Un grand seigneur! rien que ça!

JOBLOT.

Ah!... et vous dites qu'il s'appelle?

BABIOLE.

Vous êtes bien curieux! Cependant, je n'ai rien de caché pour vous... Mais vous ne vous mettrez pas en colère?

JOBLOT.

Moi?

BABIOLE.

C'est M. de Lavarenne!

JOBLOT.

Le vieux?

BABIOLE.

Tiens, le vieux! il n'a que trente-cinq ans.

JOBLOT.

A ce qu'il dit!... Un galantin... un séducteur... qui est aimé de toutes les demoiselles d'Opéra... à ce qu'il dit, comme MM. les lions, ses amis! Ils adorent tous des demoiselles d'Opéra!... Pas possible... il n'y en aurait pas assez!... (Retournant à sa besogne, et feuilletant son livre au lieu de travailler.) Voyez-vous, Babiole, je vous le dis en ami... cet homme-là vous rendra malheureuse.

BABIOLE.

Mais puisque je vous dis que je ne l'aime pas!

JOBLOT.

Ah! si c'était M. Ernest de Lavarenne, son cousin, qui est aussi de nos pratiques... à la bonne heure!

BABIOLE.

Bien obligée!

JOBLOT.

Mais l'autre! Ah! Babiole... je vous plains!

BABIOLE.

Mais puisque je vous dis...

JOBLOT.

Je sais d'abord par ses gens qu'il est prodigue envers eux de coups de cravache!... On dit même qu'un jour avec sa danseuse... Cet homme-là vous battra, Babiole.

BABIOLE.

Est-il ennuyeux!... Quand je vous répète...

JOBLOT, changeant de ton et s'interrompant.

Voyons donc sa lettre; je ne serais pas fâché...

BABIOLE.

Tiens!... Mais je ne l'ai pas lue moi-même.

JOBLOT, se levant.

Pas possible!...

BABIOLE, la lui montrant.

Voyez plutôt, vilain soupçonneur... elle est encore cachetée.

JOBLOT, la lui enlevant des mains.

Merci!

BABIOLE, à part.

Est-il jaloux!

JOBLOT, à demi-voix.

J'ai besoin de savoir comment ça se tourne, une déclaration d'amour.

BABIOLE.

Est-ce que vous en avez une à faire?

JOBLOT.

Peut-être.

BABIOLE.

Eh bien! Joblot, je ne m'y connais pas, moi! mais il me semble qu'au lieu de faire des phrases d'écriture... il vaut mieux dire tout uniment la chose.

JOBLOT.

Vous croyez ça, vous!... On voit bien que vous n'êtes pas à ma place... sans ça, vous verriez qu'il n'est pas facile de dire aux gens en face... (Lisant.) « Gentille Babiole... je vous « aime... »

BABIOLE.

Vraiment?

JOBLOT.

C'est le vicomte qui dit ça!...

BABIOLE, avec désappointement.

Ah! Et vous, monsieur Joblot... qu'est-ce que vous dites?

JOBLOT, avec colère.

Je dis que c'est une indignité... Il prétend qu'il a un boudoir Pompadour... à décorer dans son hôtel... et il compte sur vous... et il ose vous demander une réponse...

BABIOLE.

Là... j'étais sûre qu'il allait s'emporter...

JOBLOT.

Et vous recevez des lettres comme ça?... Après tout... ça vous regarde... je vous ai avertie... vous ferez ce que vous voudrez.

(Voulant lui rendre la lettre.)

BABIOLE.

Gardez-la.

JOBLOT.

Au fait... je suis bien aise d'avoir un modèle.. ça n'est pas mal tourné...

(Il s'assied et reprend son ouvrage.)

BABIOLE.

Le v'là fâché, à présent!... Mais réfléchissez donc, monsieur Joblot, que si j'aimais ce vilain seigneur... je ne vous aurais pas montré sa lettre... Et vous me soupçonnez... moi qui ne pense qu'à vous...

JOBLOT, vivement.

Quoi ! vous.., (Se reprenant.) Ne dites pas ça, mam'selle Babiole... ne dites pas ça ! (A part, en se levant.) V'là qu'elle me fait une déclaration à présent !... Mais tout le monde sait donc en faire... excepté moi ! (Haut.) Moi aussi, ma bonne petite Babiole... ah ! j'ai bien de l'amitié pour vous !

BABIOLE.

De l'amitié ?

JOBLOT.

Oui, parce que vous êtes une bonne et brave fille ! Mais si vous saviez... il y a comme ça des circonstances où on se dit : La femme qu'il me faudrait pour être heureux... la v'là !...

BABIOLE, avec joie.

Nous nous comprenons donc, à la fin...

JOBLOT.

Eh bien, non ! nous ne nous comprenons pas du tout !

BABIOLE.

Et pourquoi ça ?

JOBLOT.

Parce que...

BABIOLE.

Parce que vous êtes un jaloux ! voilà le mot...

JOBLOT.

Moi ? moi ? Ah !

BABIOLE.

Oui, vous ! (Apercevant Ernest, qui vient d'entrer sur les dernières paroles.) Quelqu'un !

SCÈNE V.

Les mêmes ; ERNEST.

JOBLOT.

Ah ! c'est monsieur Ernest ! (A part.) Bon enfant, celui-là !...

ERNEST.

Allons! je vois que j'arrive au milieu d'une querelle d'amoureux...

BABIOLE.

Nous ne nous querellions pas...

JOBLOT.

Non, nous causions politique... et quand on parle politique... on a toujours l'air...

ERNEST.

Mademoiselle, voulez-vous prier M. Marcel de régler mon compte... Je viens le solder.

JOBLOT, qui s'est remis à travailler.

Tiens! déjà?... A peine si la fourniture est livrée.

ERNEST.

Je vais quitter Paris, et je tiens à mettre de l'ordre dans mes affaires...

JOBLOT.

C'est bien, ça... monsieur Ernest. (A part.) J'aimerais assez à mettre aussi de l'ordre dans mes affaires. (Brusquement, à Babiole.) Eh bien! avez-vous entendu?

BABIOLE.

On y va! (A part.) Oh! comme il est méchant... j'ai eu tort de lui montrer la lettre... ça ne m'arrivera plus... Je croyais bien faire.

JOBLOT, lui secouant le bras.

Mais allez donc... monsieur attend!

BABIOLE, parlant toujours à part.

Et ça l'a rendu furieux... et ça va nous reculer encore. (A Ernest, lui faisant la révérence.) Monsieur, je vous salue bien!

SCÈNE VI.

ERNEST, JOBLOT.

JOBLOT, montrant Babiole, qui s'en va.

C'est une bonne fille... mais quand elle y est, elle en dit... (A part, avec un soupir.) Elle en dit trop... (Haut.) Et vous, monsieur Ernest, vous allez donc nous quitter?...

ERNEST.

Oui... je pars... dès aujourd'hui... pour l'Afrique...

JOBLOT.

Et qu'allez-vous y faire?

ERNEST, avec agitation, à lui-même.

Me faire tuer... si je puis...

JOBLOT.

Est-il possible?

ERNEST, se reprenant.

Je veux dire... me battre... faire mon chemin et devenir général... comme mon oncle Balthasar...

JOBLOT.

A la bonne heure!... ça vaut mieux... car c'était un brave homme que votre oncle Balthasar...

ERNEST.

Tu dis vrai.

JOBLOT.

Une de nos pratiques... et je me souviens toujours de la dernière facture que je lui ai portée à son hôtel. (Rêvant.) C'était, je crois, après... non... qu'est-ce que je dis... c'était avant le coup de sang dont il est mort!... Ce qui me fit plaisir, je l'avoue, c'est que pour la facture qui était de quatre cent cinquante francs... il me donna un billet de cinq cents francs, en me disant : Garde le reste pour toi!... Je

n'y suis retourné qu'une seule fois depuis, poser des stores...
le lendemain, il était parti... il n'y était plus!

ERNEST.

Pour mon malheur! Aussi, je quitte Paris... (Portant la main à son cœur.) J'en ai besoin!

JOBLOT.

Je comprends... quelque amour... que vous avez là...

ERNEST.

Oui!... un amour impossible!

JOBLOT.

Connu!... je sais ce que c'est! Et moi aussi, je devrais partir pour l'Afrique... ça vaudrait mieux que de tomber ici entre les mains des Arabes qui me menacent de la rue de Clichy.

ERNEST.

Quoi!... tu as des dettes... tu es malheureux?...

JOBLOT.

Par amour...

ERNEST.

Pour cette jeune fille...

JOBLOT.

Ah! bah!

ERNEST.

Qui est charmante, et qui a l'air de t'aimer.

JOBLOT.

Il ne me manquait plus que ce malheur-là! Ce n'est pas d'elle qu'il s'agit.

ERNEST.

Qu'est-ce donc?... Parle!... Je ne suis pas bien riche... mais si pour t'aider!... Est-ce l'argent qui te manque?

JOBLOT.

L'argent... je m'en moque bien! c'est-à-dire, non, je ne m'en moque pas! Mais ça n'est rien que ça.

ERNEST.

Serait-elle mariée ?...

JOBLOT.

Ça ne serait encore rien ! parce que j'aurais une chance... elle pourrait devenir veuve ! Et je n'en ai pas, de chance... ou bien peu... parce que c'est une grande dame, et que les grandes dames, veuves ou non, n'épousent pas des garçons tapissiers.

ERNEST.

Ah ! aussi, pourquoi as-tu été t'amouracher d'une grande dame ?...

JOBLOT.

Eh ! parbleu !... si je pouvais faire autrement... Est-ce que c'est de ma faute ?

ERNEST, à part.

Il a raison !

JOBLOT.

C'est de la sienne... ou plutôt, c'est de la faute des bains de Dieppe... Aussi, les bains de Dieppe... je voudrais que le diable... Non ! les bains de Dieppe je les aime... c'est là que je l'ai vue pour la première fois ! Je ne sais pas si vous êtes bête comme moi... pardon... mais cet amour-là a beau me rendre malheureux ; on me dirait : Joblot, tu vas être nommé ministre des finances, qui est une belle place, bien supérieure à celle de garçon tapissier, mais tu ne la verras plus... Oh ! oui, oui, j'aime les bains de Dieppe ! si jamais je fais un coup de désespoir, c'est là que j'irai me noyer ; il me semble que ça me sera plus agréable qu'autre part ! Elle aussi a failli s'y noyer ! Pauvre jeune fille ! à dix-huit ans, monsieur, hein ?

ERNEST.

Puisque tu as commencé ton histoire... achève donc... parle !

JOBLOT.

Justement, c'est que j'ai besoin d'en parler... Donc, alors, j'étais à Dieppe, de la part de M. Marcel, pour meubler à neuf l'hôtel de la sous-préfecture, qui en a besoin... Voici qu'un jour je vois descendre d'une berline... Ah! monsieur Ernest... c'était elle!... Non, jamais, au grand jamais, je n'ai vu une figure, une tournure, des cheveux, des yeux!... Il n'y a qu'elle! Pour vous en donner une idée... Connaissez-vous, au musée, la première salle à droite, en entrant, un ange qui tient les mains comme ça?...

ERNEST.

Oui, oui, je crois me rappeler...

JOBLOT.

Eh! bien... Mais non, ça ne lui ressemble pas... du tout, du tout. Je la vois encore descendre de sa berline!... J'en suis resté de là!... la bouche ouverte... pendant deux heures. Le lendemain, comme j'avais eu une nuit agitée et que ça me brûlait en dedans, je vas, pour me rafraîchir, me baigner à la mer; et comme je faisais ma coupe, au large, en grand nageur... caleçon rouge... j'entends des cris du côté du bain des femmes : « Au secours! au secours! » Dans un endroit superbe où on avait pied, quelqu'un se noyait... Quel bonheur!... c'était elle!...

ERNEST.

Et tu l'as sauvée?

JOBLOT.

Je crois bien, ramenée au rivage, à moitié évanouie... Et comme elle me demandait mon nom et mon rang, qu'on ne pouvait pas deviner à mon costume... je n'osai jamais dire : *Joblot, garçon tapissier*... ça me fut impossible... et je balbutiai le nom de Saint-Aubin.

ERNEST.

Quelle bêtise! Saint-Aubin!...

JOBLOT.

Un nom de baigneur!... et un saint comme un autre. Tous les noms distingués commencent par des saints... comme dans le calendrier... Et quelques jours après... ici, à Paris, sur le boulevard Italien... ce jour-là, par bonheur, j'avais un habit...

ERNEST.

Comment?

JOBLOT.

J'aurais pu être en veste!... mais il y a un Dieu pour les amoureux... je m'entends appeler par mon nom... monsieur *de Saint-Aubin*, je me retourne, et, dans un joli coupé, je vois deux vieilles marquises, dont une jeune!... C'était elle qui me dit qu'elle sera charmée de me recevoir à son hôtel pour me remercier... Vous comprenez bien que cet hôtel, je n'ai jamais osé y entrer... mais je m'y promène... en dehors... quand je peux... pour l'apercevoir... J'en arrive! Et le soir, quand j'ai congé ou que je peux m'échapper... je vais à l'Opéra... et je suis là comme tout le monde... je m'ennuie et ça me coûte cher... mais je la vois! Sans compter que je mets des gants jaunes... et que je me fais beau... ce qui me ruine... Mais dès qu'elle m'aperçoit... elle me salue... et souvent même, à la sortie du spectacle... elle me dit quelques mots... des mots tendres... affectueux... « Bonsoir, monsieur... » Ça me suffit... et depuis ce moment-là... j'en perds la tête! voilà!

ERNEST.

Pauvre garçon!... et tu ne fais rien pour te guérir?

JOBLOT.

Si, monsieur... je m'instruis... je lis beaucoup... l'ouvrage va comme elle peut... mais je lis des romans... des bons romans... qui me donnent de la patience et de l'espoir... un surtout; celui-ci... (Il tire un volume de sa poche.) Deux garçons menuisiers... qui font leur tour de France, et qui, chemin faisant, sont adorés par des filles de duc et pair...

ERNEST.

Est-ce que c'est possible?

JOBLOT.

Certainement! La personne qui l'a écrit a tant de talent, de style et de génie... si ça n'était pas... elle ne le dirait pas... Ça se voit tous les jours dans la bonne société.

ERNEST.

Allons donc!

JOBLOT.

Ce qui est bien consolant et encourageant pour moi... parce qu'enfin, un menuisier... fi donc!... Je suis bien au-dessus de cela...

ERNEST.

Toi?

JOBLOT.

A coup sûr... notre état est bien plus noble... tapissier!... Ça touche au salon... Et les salons les plus beaux... les plus élevés... tous ceux même du faubourg Saint-Germain n'existeraient pas sans nous!... Ainsi, il ne faut pas qu'ils fassent les fiers!

ERNEST, souriant.

C'est juste! Et avec ces illusions-là... où en es-tu?

JOBLOT.

J'en suis!... j'en suis que mes dépenses ont excédé mes revenus... J'ai une lettre de change, et...

ERNEST.

Pauvre garçon!

JOBLOT.

Ce n'est pas que l'hôtel de Clichy me fasse peur, on y est bien, à ce qu'il paraît... Mais ce qui me fait peur... c'est de ne plus la voir... Ah! monsieur Ernest, ne plus la voir!...

ERNEST.

Combien dois-tu?

5.

JOBLOT.

En tout... quatre cent soixante-dix-sept francs cinquante centimes... juste !

ERNEST.

Quatre cent soixante-dix-sept francs ?

JOBLOT.

Cinquante centimes !... Pour les cinquante centimes, je ne suis pas embarrassé !

ERNEST, lui donnant un billet.

Tiens, voici de quoi te tirer d'affaire.

JOBLOT, hésitant.

Laissez donc... Ça n'est pas possible... Non pas que je refuse... mais vous ?...

ERNEST.

Tu me le rendras à mon retour d'Afrique... si j'en reviens, sinon, c'est à toi !

JOBLOT.

Juste comme votre oncle, le général Balthasar... Voilà une famille !... Ils ont tous des sentiments... et des billets de cinq cents francs... (Lui serrant la main.) Monsieur Ernest... c'est maintenant entre nous, à la vie, à la mort.

SCÈNE VII.

Les mêmes ; MARCEL.

MARCEL.

Monsieur Ernest, soyez le bienvenu, comme tous ceux qui m'apportent des fonds... Voici le mémoire des meubles fournis pour votre petit appartement de garçon... J'y ai porté les à-comptes déjà reçus...

ERNEST.

Mon mémoire ? (A part.) Ah ! diable, je n'y avais plus pensé. (Haut.) C'est que je n'ai plus d'argent.

MARCEL.

Pardon! c'est Babiole qui m'avait dit...

JOBLOT, bas à Ernest, lui présentant le billet.

Payez! payez!

ERNEST, bas.

Non! (Haut.) Et pour terminer ce compte, je vais écrire un mot à mon banquier.

MARCEL.

Très-bien!

JOBLOT, à part.

Oh! s'il a un banquier...

ERNEST.

Vous le ferez porter.

MARCEL.

Il suffit! entrez là... (Il lui désigne une porte à droite.) Vous y trouverez du papier, une plume.

JOBLOT, qui a ouvert la porte.

Il y a même deux plumes!...

MARCEL.

Mais auparavant, je vous prie d'examiner en détail mon mémoire!... quoique ce soit un peu long!

ERNEST, troublé.

N'importe... je vais lire... examiner... (A part.) et en même temps, un dernier adieu... Non... non, je partirai sans la voir et sans lui écrire.

(Il entre dans le cabinet à droite.)

SCÈNE VIII.

MARCEL, JOBLOT.

JOBLOT, à part.

Quel brave garçon!

MARCEL.

Te voilà, paresseux! encore les bras croisés?

JOBLOT.

C'est bien le plaisir de dire! je les avais en l'air, au contraire, les bras; je disais : Quel brave garçon! comme ça... C'est vous qui avez les bras croisés!...

MARCEL.

Il ne s'agit pas de tout ça!... Où as-tu été ce matin?... Je t'avais dit de passer chez M. le vicomte de Lavarenne... pour des échantillons...

JOBLOT.

Justement, j'y suis allé...

MARCEL.

Ce n'est pas vrai... Il sort d'ici!

JOBLOT.

Preuve de plus! S'il était ici, il ne pouvait pas savoir si j'étais là-bas...

MARCEL.

Mais... oui... c'est juste!...

JOBLOT, à part.

Il n'est pas fort, le bourgeois... Et voilà nos tyrans!... (Haut.) Et après?

MARCEL.

Après... Écoute ici!... Il y a aujourd'hui une vente... à l'Hôtel des commissaires-priseurs... près la Bourse... Une vente superbe... et à bon compte... Tu iras...

JOBLOT.

Moi?

MARCEL.

Oui, toi!... Pour racheter... en conscience et au meilleur marché possible, une partie du mobilier... de la dernière passion du vicomte.

JOBLOT.

Mlle Mimi Sandwich...

MARCEL.

Oui, Sandwitz!...

JOBLOT.

Sandwich!

MARCEL.

Un drôle de nom... Une étrangère, sans doute!

JOBLOT.

Une Française! ainsi nommée à cause de son goût pour ce genre de comestibles... Ça se sert comme les glaces... dans les bals...

MARCEL.

Oui...

JOBLOT.

Une tartine de jambon... C'est rafraîchissant... c'est léger...

MARCEL, s'impatientant.

Oui.

JOBLOT.

Ça convient à une danseuse...

MARCEL.

Ça suffit!

JOBLOT.

Elles n'en ont que plus de mérite à danser après cela!...

MARCEL.

Je te dis qu'en voilà assez!

JOBLOT.

Jamais on n'en a assez!

MARCEL.

Ce n'est pas tout... Tu iras demain...

JOBLOT.

Vous avez dit aujourd'hui.

MARCEL.

C'est autre chose!... une autre commande... Il ne s'agit plus de Mlle Mimi Sandwitz...

JOBLOT.

Sandwich !

MARCEL.

Oui... mais d'une marquise... Nous avons une nouvelle et illustre pratique... chez laquelle nous allons demain travailler... Tu y porteras nos échelles et nos outils.

JOBLOT.

Comme c'est agréable... l'échelle sur le dos.... et où çà?

MARCEL, allant consulter son registre.

Rue de Grenelle-Saint-Germain.

JOBLOT.

Rue de Grenelle?

MARCEL.

Numéro cinquante-huit.

JOBLOT, stupéfait.

Comment? cinquante-huit... cinquante-huit... Qu'entendez-vous par là? Ce n'est pas possible!... vous embrouillez les chiffres... c'est quatre-vingt-cinq que vous voulez dire?

MARCEL, avec impatience.

Tu vas te rendre rue de Grenelle...

JOBLOT, avec affirmation.

Quatre-vingt-cinq.

MARCEL.

Cinquante-huit, je te dis!

JOBLOT.

Quarante-huit, peut-être... ou soixante-huit... je ne dis pas; mais cinquante-huit, c'est absurde! (A part.) C'est son hôtel! c'est chez elle!

MARCEL.

Madame la marquise d'Auberive...

JOBLOT, poussant un cri.

Ah! plus de doute... (A part.) Et j'irais là, sous ses yeux... en tablier... (Haut, à Marcel.) Je n'irai pas!

MARCEL.

Comment! tu n'iras pas?

JOBLOT, à part.

Avec les clous à tête d'épingle et les marteaux, placer des draperies... ou des bâtons dorés... (Haut.) Je n'irai pas!

MARCEL.

Qu'est-ce que ça signifie?

JOBLOT.

Plutôt mourir, que de subir un pareil affront!... plutôt être percé de mille flèches que d'en poser une seule!... Je n'irai pas!

MARCEL.

Et moi, monsieur, ancien tapissier de l'Empire, je ne souffrirai pas une pareille infraction à la discipline... Je vous l'ordonne comme votre bourgeois... Vous irez!

JOBLOT.

Ça m'est égal!

MARCEL.

Comme votre ancien et votre chef...

JOBLOT.

Ça n'y fait rien!

MARCEL.

Et si la révolte éclate dans ma boutique...

JOBLOT.

Ça vous regarde.

MARCEL.

Si elle me fait perdre mes meilleures pratiques...

JOBLOT.

C'est votre affaire!

MARCEL.

Si ma dignité est méconnue...

JOBLOT.

Je m'en moque!

Ensemble.

AIR : Noble état, dont je suis fier. (*La Sirène*)

MARCEL.

Sors d'ici, sors, Lucifer!
Puisqu'il a l'air
De faire ainsi le fier...
Je te chasse, ton compte est clair,
Car ma maison deviendrait un enfer!

JOBLOT.

Oui, je sors, vieux Lucifer!
Puisqu'il a l'air
De faire ainsi le fier!
Oui, je sors, le fait est clair;
Cette maison, pour moi, s'rait un enfer!

SCÈNE IX.

Les mêmes; BABIOLE, accourant.

BABIOLE.

Chassé! qui donc?

MARCEL.

Ce garnement!
Qu'il m'obéisse, ou qu'il sorte à l'instant!

JOBLOT.

C'est dit, je pars!...

BABIOLE, se trouvant mal.

O ciel!

JOBLOT, la recevant dans ses bras.

Dieu! Babiole!

MARCEL.

A l'autre! Bon! sur ma parole,

C'est à perdre la tête. Et j'oublie à présent
Ce monsieur Ernest qui m'attend !
(Parlé.)
Ah! j'en perdrai l'esprit !

JOBLOT.

C'est fait!... fait... ah! fait!

Ensemble.

MARCEL.

Sors d'ici, sors, Lucifer ! etc.

JOBLOT.

Oui, je sors, vieux Lucifer ! etc.

(Marcel sort par la droite.)

SCÈNE X.

JOBLOT, BABIOLE.

JOBLOT, qui a reçu Babiole dans ses bras.

C'est donc bien vrai? elle m'aime, cette pauvre fille !... Ah! je suis un misérable... c'est elle que je devrais aimer .. elle seule. (Changeant de ton.) Elle n'est pas mal lourde comme ça, à la longue. (L'appelant pour la faire revenir.) Babiole! Babiole! ma chère petite Babiole !... (Avec impatience.) Oui, je t'aime! je t'adore!... Elle n'entend rien... (A part.) Je n'en suis pas fâché.

BABIOLE, se relevant et à demi-voix.

Si, j'ai entendu...

JOBLOT, à part.

Ah!... ça m'est égal.

CÉLINE, au fond, dans la rue, à la cantonade.

Non, ce n'est pas la peine.

JOBLOT, regardant à la porte du fond et apercevant Mlle d'Auberive.

Dieu! que vois-je ? Tout me tombe à la fois sur la tête... (Regardant Babiole.) et sur les bras. (Montrant le fond.) Ma grande dame qui arrive, (Montrant Babiole.) et celle-ci qui n'est pas encore revenue...

(Il traine Babiole jusqu'à un fauteuil à droite, où il la place; puis il dénoue et jette à la hâte son tablier, se passe les mains dans les cheveux, et cherche à se donner une contenance; tout cela se fait pendant les premières lignes de la scène suivante.)

SCÈNE XI.

CÉLINE, JOBLOT, BABIOLE, dans le fauteuil.

CÉLINE, sur le pas de la porte, et se retournant vers la rue où se tient un domestique en livrée.

Puisque la voiture ne peut pas approcher davantage, veillez sur ma grand'mère; empêchez-la de descendre; je vais parler pour elle à son nouveau tapissier, et je remonte... (Faisant quelques pas dans le magasin et apercevant Joblot.) Ah! quelle bonne rencontre... c'est monsieur de Saint-Aubin.

JOBLOT, embarrassé.

Mademoiselle, enchanté... (A part.) Ah! grand Dieu! non, je ne le suis pas... enchanté. (Croisant son habit pour cacher sa pelotte.) Diable de pelotte!

(Un bout du ruban de la pelotte se montre à la boutonnière de Joblot, qui semble être décoré du ruban de la Légion d'honneur.)

CÉLINE.

Par quel hasard ici?

JOBLOT, déconcerté.

Oh! oh! ce n'est pas précisément un hasard... ou, du moins, c'est un hasard heureux. (A part.) Oh! non, il n'est pas heureux... le hasard.

CÉLINE.

Est-ce que vous auriez le même tapissier que nous?

JOBLOT, de même.

Oui, oui, je suis ici pour des meubles... à faire. C'est un article...

CÉLINE.

Bien dispendieux.

JOBLOT, cherchant à se donner de l'assurance.

Oui, pour les pratiques... pour ceux qui les paient.

CÉLINE.

Est-ce que vous ne payez pas votre tapissier, monsieur de Saint-Aubin ?

JOBLOT.

Moi ! au contraire ; c'est lui... (S'interrompant. A part.) Qu'est-ce que j'allais dire ? Ah ! je suis bien mal à mon aise...

CÉLINE, regardant vers le fond.

C'est singulier, je ne vois personne dans ce magasin. (A Joblot.) Voulez-vous avoir la bonté d'appeler ?...

JOBLOT, à part.

Oh ! ciel !... (Haut.) Volontiers... (Appelant à demi-voix.) Holà ! quelqu'un !...

CÉLINE.

Ils ne vous entendront pas ainsi.

JOBLOT, de même.

Holà ! quelqu'un !... C'est que probablement il n'y a personne !... personne, que cette jeune fille qui dort.

BABIOLE, qui peu à peu est revenue à elle.

Je ne dors pas, monsieur Joblot.

JOBLOT, à part.

Aïe !...

CÉLINE.

Vous vous nommez Joblot?

JOBLOT.

Joblot de Saint-Aubin... Oui... oui...

(Il fait des signes à Babiole.)

BABIOLE, à part.

Tiens! (Bas à Joblot.) Est-ce que c'est vrai?

JOBLOT, de même.

Oui... oui... (Se tournant, tout troublé, vers Céline.) Oui...

CÉLINE, passant près de Babiole à droite.

Mademoiselle... voulez-vous dire à M. Marcel votre maître... que je désire lui parler... de la part de ma grand'-mère... qui est là dans sa voiture... Mme la marquise d'Auberive.

BABIOLE.

Ça suffit... mademoiselle. (A part, s'en allant.) Quel bonheur!... je m'appellerai madame de Saint-Aubin.

(Joblot, pendant ce qui précède, a aperçu le chapeau et les gants blancs qu'Ernest a laissés sur la table à gauche, s'en empare vivement et essaye de mettre les gants.)

JOBLOT, à part.

Trop étroits!... Je ne peux pas les mettre!

CÉLINE, d'un air aimable.

Quoi!... monsieur... vous partez déjà?

JOBLOT.

Mais je vous avoue que ce Marcel... ce tapissier n'arrivant pas...

CÉLINE.

Mais il va venir, sans doute...

JOBLOT, à part.

C'est bien pour cela!

SCÈNE XII.

JOBLOT, CÉLINE, ERNEST, sortant du cabinet à droite.

ERNEST, à la cantonade.

Ainsi, monsieur Marcel... billets et mémoires, tout est réglé entre nous?... (Se retournant.) Dieu! Céline!

CÉLINE, de même, avec émotion.

Monsieur Ernest...

JOBLOT, à part, essayant d'ôter ses gants.

Trop étroits ! Je ne peux pas les ôter !

ERNEST, fait un pas vers elle.

Mademoiselle !... (Puis il salue froidement, et dit avec émotion.) Ah ! partons !... (A demi-voix à Joblot qui met son chapeau derrière son dos.) Adieu, Joblot !
(Se retournant vers la table à gauche, il veut prendre son chapeau qu'il ne trouve pas, et le cherche au fond du théâtre. — Pendant ce temps, Céline s'approche vivement de Joblot qui est sur le devant.)

JOBLOT, à part.

Il cherche son chapeau ; si je pouvais, sans être vu...

CÉLINE, à mi-voix.

Quoi ! monsieur, vous connaissez M. Ernest de Lavarenne ?

JOBLOT.

Intimement ! (A part.) Ça me remonte ! (Haut.) Il venait me faire ses adieux avant son départ pour l'Afrique.

CÉLINE, à part.

O ciel !... (Haut.) Il part ?...

JOBLOT.

Aujourd'hui même !

CÉLINE, de même.

Sans nous voir !... sans nous parler... (Bas à Joblot.) Et c'est un ami... à vous ?

JOBLOT.

Deux amis !... deux camarades... deux têtes dans...

ERNEST, s'approchant de lui.

Mon chapeau ?

JOBLOT, le lui remettant, ainsi que les gants.

Pardon !... une distraction !... Je croyais que c'était... ma casquette.

(Ernest salue de nouveau Céline, s'éloigne et sort.)

CÉLINE, fait une révérence ; elle le suit du regard avec inquiétude, puis regardant Joblot avec hésitation, elle dit à part.

Ah!... si j'osais!... mais non... c'est impossible !

JOBLOT, qui a accompagné Ernest jusqu'à la porte, dit, quand il est hors de vue.

Adieu, Ernest!... adieu, mon cher!...

SCÈNE XIII.

JOBLOT, CÉLINE, MARCEL, entrent, BABIOLE.

MARCEL, avec empressement et saluant, à Céline.

Pardon, mademoiselle, de vous avoir fait attendre.

CÉLINE.

Du tout... nous nous rendons à une vente qui ne commence que dans une heure... Ma grand'mère vous verra demain, monsieur Marcel. (Joblot s'éloigne et tâche de gagner la porte du fond, à gauche ; mais Babiole qui arrive de ce côté lui barre le passage et le ramène.) Mais, comme nous avons tantôt une grande soirée, elle voudrait que vous vinssiez aujourd'hui décorer nos salons...

MARCEL.

Comment donc ?... on s'y rendra dès ce matin... (Appelant.) Joblot !

JOBLOT, s'oubliant.

Voilà !... (A part.) Oh!...

CÉLINE.

Qu'est-ce donc ?

JOBLOT, à part.

Il ne mourra que de ma main !

MARCEL.

J'appelle Joblot... mon premier garçon...

CÉLINE, regardant Joblot avec étonnement.

Comment... c'est là?...

BABIOLE, avec joie.

Monsieur Joblot de Saint-Aubin!

JOBLOT, à part.

Et elle aussi!...

CÉLINE, causant avec Marcel et Babiole, en souriant.

En vérité?...

JOBLOT, à part, avec rage.

C'est ça... c'est ça... voilà qu'on lui dit tout...

AIR : O Dieu des flibustiers ! (*La Sirène*.)

O Dieu des tapissiers!
O Dieu de la moquette!
Ah! ma honte est complète;
Je m'tuerais volontiers!

CÉLINE, passant près de lui.

Quoi, vraiment?

JOBLOT, baissant les yeux.

Oui, mam'selle!

CÉLINE, à voix basse.

C'est bien!...

JOBLOT, étonné.

Ah! que dit-elle?

CÉLINE, de même.

Quoi! garçon tapissier?...

JOBLOT, avec humilité.

C'est là mon seul métier!

CÉLINE, à voix basse.

Je le préfère... tant mieux!

JOBLOT.

Ah! qu'entends-je, grands dieux?
O Dieu des tapissiers!

Mon ivresse est complète;
Comme de la moquette,
On nous foulait aux pieds ;
Je raccommod' par ton secours
Et les tapis et les amours !

CÉLINE, bas. à Joblot.

Il faut que je vous parle! à vous... vous seul!...

JOBLOT.

O ciel!...

CÉLINE.

A deux heures... tantôt...

JOBLOT.

Moi?

CÉLINE.

Tantôt, à l'hôtel!...

(Haut à Marcel.)
Je pars!...

JOBLOT, à part.

O bonheur qui m'enivre !
Car à présent qu'elle sait mon métier,
Elle m'aime pour moi!... C'est comme dans mon livre
Du garçon menuisier.

Ensemble.

JOBLOT.

O Dieu des tapissiers !
Mon ivresse est complète.
Maintenant je rejette
Des amours roturiers !
Maintenant je rejette
Des amours roturiers,
O Dieu de la moquette,
O Dieu des tapissiers !

MARCEL.

O Dieu des tapissiers,
O Dieu de la moquette !

Ma clientèle est faite
Dans les hôtels princiers.
Maintenant je rejette
Les clients roturiers,
O Dieu de la moquette,
O Dieu des tapissiers!

ACTE DEUXIÈME

Un salon de l'hôtel d'Auberive. — Une échelle à gauche.

SCÈNE PREMIÈRE.

BABIOLE, occupée à travailler, puis LE VICOMTE, qui entre par le fond.

BABIOLE.

Le bourgeois l'a chassé!... mais l'instant d'après il n'y pensait plus!... il ne peut pas se passer de lui... Aussi, je lui ai apporté sa veste et son tablier de travail, car il est parti en beau monsieur et sans rien me dire... il se tait toujours!... Il ne me dit : « Je vous aime, » que quand je me trouve mal! et quelque plaisir que ça me fasse... je ne peux pas à chaque instant... (S'interrompant et changeant de ton.) C'est l'inégalité des conditions qui l'empêche de parler... c'est sûr!... Il me croit plus riche que lui... il croit que mon parrain me donnera une dot... Il ne connaît pas mon parrain... Tout ce que je puis espérer de ce côté-là, c'est sa bénédiction, et à condition encore que ça n'entrera pas dans la communauté... car toute la journée il est à maudire ce pauvre Joblot... Hein! qui vient là? M. le vicomte.

LE VICOMTE.

Ma gentille ouvrière dans l'hôtel d'Auberive...

BABIOLE.

Je suis à coudre des rideaux (Montrant l'échelle et le tablier de tapissier qui sont à gauche.) que mon parrain, M. Marcel, va venir poser dans ce salon.

LE VICOMTE.

C'est juste, il y a grand monde ce soir... Et quand penseras-tu à moi? à mon boudoir?... Car tu sais que je t'attends...

BABIOLE.

Vous n'attendrez pas longtemps.

LE VICOMTE.

En vérité?

BABIOLE.

Mon parrain ira... dès demain!...

LE VICOMTE.

Et toi?

BABIOLE, avec fierté.

Moi... monsieur?...

LE VICOMTE, vivement.

Ne me réponds pas... tu dois refuser.

BABIOLE, de même.

Oui, sans doute!

LE VICOMTE.

Ça commence toujours comme ça... Aussi, ma chère, il faut bien se défier des premiers mouvements...

BABIOLE.

Comment?...

LE VICOMTE, à part.

Parce que presque toujours ils sont bons!... Heureusement, les seconds nous viennent en aide...

BABIOLE, avec force.

Apprenez que j'aime Joblot, le premier garçon de mon parrain... et que je veux l'épouser...

LE VICOMTE.

A merveille!... je ne m'y oppose pas... je ne demande pas mieux que de faire sa fortune... car je ne suis pas l'ennemi de Joblot ni du mariage... au contraire...

BABIOLE, à part.

Qu'est ce qu'il dit donc?

LE VICOMTE.

Moi, qui te parle, on veut me donner, ici, une jeune héritière... charmante... Je ne dis pas oui!... je ne dis pas non... Rien ne presse!... je n'ai que trente-cinq ans... J'attendrai! Tu réfléchiras... et tu répondras à ma lettre.

BABIOLE, qui s'est remise à coudre.

Impossible!

LE VICOMTE, secouant la tête.

Oh! impossible!

BABIOLE, appuyant.

Impossible!...

LE VICOMTE, à part.

Au fait! elle ne sait peut-être pas écrire... et, dans ce cas-là, il faut ménager la pudeur... (Haut.) Écoute... je vais faire visite à Mme d'Auberive, la douairière, et à Mlle Céline, sa petite-fille... Si avant mon départ tu avais changé d'idée... Tiens, vois-tu cette rose?... (Détachant une rose de sa boutonnière.) Joblot te dirait que c'est ton portrait... point du tout... (Montrant la fleur.) ce serait trop d'honneur pour la rose... (La posant sur la table où travaille Babiole.) Si tu me la renvoies... je t'attendrai!

BABIOLE, avec indignation.

Jamais! jamais!

LE VICOMTE.

AIR du vaudeville de l'Homme vert.

Des grisettes c'est le système,
Et leur premier mot est : jamais!

De leur rigueur je vois l'emblème
Dans la rose que je t'offrais !
Oui, pareille est leur destinée...
(A part.)
Car leur vertu, j'ai cru le voir,
Brille toute une matinée
Et se meurt dès que vient le soir !
Elle expire quand vient le soir !
Adieu, adieu, à ce soir !
(Il entre par la porte placée à la droite du spectateur.)

BABIOLE, jetant avec colère la rose par terre.

A-t-on jamais vu !... parce qu'on est dans la couture, ces grands seigneurs croient qu'on peut tout nous dire !... Quelle différence avec Joblot ! il ne dit jamais rien, celui-là !...
(Elle se remet à travailler en poussant un soupir.)

SCÈNE II.

BABIOLE, JOBLOT, entrant par la porte du fond.

JOBLOT, réfléchissant.

Je suis sorti de la boutique sans parler à personne !... car elle a dit : à deux heures dans son hôtel... Les tapissiers ne sont jamais exacts... mais les amants... c'est autre chose... (Apercevant Babiole qui lui tourne le dos.) C'est une de ses femmes... une fille de chambre, sans doute ! elle va m'annoncer... (S'avançant.) Mademoiselle...

BABIOLE.

Ah ! mon Dieu !...

JOBLOT.

C'est Babiole !...

BABIOLE.

C'est lui !

JOBLOT, à part.

Encore elle !... (Haut.) Qu'est-ce que vous faites donc ici ?

6.

BABIOLE.

Vous le savez bien... Nous y travaillons, parce que Mme d'Auberive, la grand'mère, a du monde ce soir !

JOBLOT, à part.

Et sa petite-fille en attend ce matin... C'est gênant !

BABIOLE.

Vous êtes bien gentil...

JOBLOT, appliquant ces mots à sa toilette.

Je le pense !...

BABIOLE.

D'être venu nous aider, et d'avoir oublié votre dispute avec le bourgeois... Il est là, dans l'autre pièce...

JOBLOT.

Et lui aussi !...

BABIOLE.

Oui, j'ai apporté votre veste et votre tablier !

JOBLOT, à part.

Allons ! je suis comme le colimaçon, je traîne ma boutique après moi ; ce n'était pas la peine de la quitter !

BABIOLE, lui montrant l'échelle à gauche et le tablier de Marcel, qui est resté sur un des échelons.

Otez donc votre habit... pour travailler...

JOBLOT, à lui-même.

Joli négligé pour un rendez-vous avec une grande dame! (Regardant la rose qui est à ses pieds.) Qu'est-ce que je vois là ?... Vous foulez les roses aux pieds...

BABIOLE.

Justement... Ce grand seigneur... ce vicomte de Lavarenne veut toujours...

JOBLOT.

Que vous alliez décorer son boudoir... Je crois bien ! un ornement comme celui-là...

BABIOLE.

Et il ose demander pour réponse, que je lui renvoie cette rose...

JOBLOT.

C'est galant!... c'est vicomte!... c'est Pompadour... comme nos fauteuils à médaillon!... Et vous qui êtes simple et naïve, vous pourriez donner là-dedans! croyez-moi, Babiole !

AIR : Faut l'oublier, disait Colette. (ROMAGNESI.)

Que chacun s' mesure à son aune ;
Ne consultez que la raison,
Et fuyez la séduction
Et du gant blanc et du gant jaune!
Choisissez, dans votre intérêt,
Un mari d'un bon caractère.
Qu'il soit confiant, bon sujet!
Et même un peu jobard... ma chère !

BABIOLE, le regardant avec tendresse.

Vous l' savez bien... mon choix est fait,
Il n'en est qu'un qui puisse me plaire,
Mon choix est fait ! (Bis.)

JOBLOT.

Ah! j'oubliais!... c'est vrai, Babiole ; mais c'est impossible... et vous ne savez pas...

BABIOLE.

Si, monsieur! je sais bien la peine que ça vous fait... et à moi aussi... Ça n'est pas possible maintenant puisque vous n'avez rien... et moi autant... Ça n'est pas assez pour s'établir!... Mais j'attendrai... j'ai de la patience... Et quand ça ne devrait arriver que dans vingt ans... ça m'est égal... pourvu que ça arrive!

JOBLOT.

Babiole!... ma chère Babiole!

BABIOLE.

Après ça... de rester vieille fille, ça vous enlaidit, ça

vous maigrit... Je le sais bien... Mais vous direz : c'est pour moi qu'elle est comme ça... Vous me pardonnerez de ne pas être belle et même ça vous fera plaisir... n'est-ce pas?

JOBLOT, avec un mouvement négatif.

Hi! hi!

BABIOLE.

Moi, d'abord... ça me produit cet effet-là... Je vous aime mieux quand vous êtes laid... et mon amour augmente tous les jours...

JOBLOT.

Tenez, Babiole, quand vous me parlez comme ça... je ne sais ce que j'éprouve... C'est comme un regret... et en même temps un plaisir qui fait que... (A part.) Et l'autre grande dame qui m'attend... Quel malheur, mon Dieu, d'être lancé dans les grandeurs... sans cela, ma parole d'honneur!...

BABIOLE.

Quoi donc?...

JOBLOT.

Plus je vous regarde... et plus il me semble que si je pouvais là... vous épouser comme un simple particulier...

BABIOLE, faisant un mouvement vers lui.

Dame!... Voyez!

JOBLOT.

Non, non, ça ne se peut point!...

MARCEL, en dehors.

Babiole!...

JOBLOT, à part.

Je ne m'appartiens plus!

MARCEL, en dehors.

Babiole!...

JOBLOT.

Voilà M. Marcel... votre bourgeois et le mien, qui vous appelle dans l'autre salon...

BABIOLE.

J'y vais... j'y vais... Adieu, monsieur Joblot... et du courage... Moi d'abord, vous savez... je vous...

JOBLOT.

Eh oui!... c'est connu!...

(Babiole sort.)

SCÈNE III.

JOBLOT, seul.

Elle fait bien de s'en aller... L'autre qui va venir! et seul en tête-à-tête, qu'est-ce que je vais lui dire?... surtout, si c'est moi qui commence... Cherchons quelques phrases de circonstance. (Tirant le livre de sa poche et lisant.) « A travers les marais Pontins... » Non... (Lisant un autre passage.) « Guirlande de roses et de chèvrefeuille... » Ça ne peut pas commencer par là... Il faut encore amener ça... Dieu! que c'est gênant, le style de boudoir... Tandis qu'avec Babiole... je suis à mon aise... ça va tout seul... C'est toujours elle qui parle... (Avec frayeur.) On vient!... (Avec satisfaction.) Non, pas encore... grâce au ciel!

AIR : O bonheur des cieux. (*Le Duc d'Olonne.*)

O jour de bonheur!
Je tremble de peur...
J' l'aime tant,
Que vraiment,
Si j'osais,
Je m'en irais!

O jour de bonheur,
Moment enchanteur,
Je m' sens frémir

Et de frayeur et de plaisir !
Mes jamb's, raid's comme des tringles,
Ne peuvent faire un pas,
Et mille clous d'épingles
Me piqunt' du haut en bas.

O jour de bonheur, etc.

CÉLINE, en dehors.

C'est bien !... Placez-le là, dans ma chambre, il sera à merveille... Là... près de la cheminée...

JOBLOT.

Cette fois, c'est elle, la voici !

(Il s'appuie sur un fauteuil.)

SCÈNE IV.

JOBLOT, CÉLINE, entrant par la porte à gauche du spectateur.

CÉLINE, entrant.

Il faut que je remercie ma grand'mère de son cadeau... (Apercevant Joblot.) Ah ! c'est vous, monsieur... Je vous sais gré de votre exactitude...

JOBLOT, avec embarras.

Vous êtes bien bonne, mam'selle, et il n'y a pas de quoi...

CÉLINE.

Si, vraiment... Il s'agit de mon avenir et de mon bonheur, monsieur Joblot... Car, malgré votre autre nom qui m'effrayait...

JOBLOT.

En vérité ?

CÉLINE.

Et malgré vos relations... avec des gens du monde, vous êtes bien monsieur Joblot... un garçon tapissier ?

JOBLOT.

Pas autre chose...

CÉLINE.

J'en suis ravie !

JOBLOT, à part.

Ce n'est pas moi qui la blâmerai. (Haut.) Oui, mam'selle... simple garçon tapissier... Mais ça n'empêche pas les sentiments.. pas plus que l'estime des gens comme il faut...

CÉLINE.

Oui... je vous ai vu dans votre boutique... avec le jeune comte Ernest de Lavarenne, que vous connaissez...

JOBLOT.

Intimement... un ami... C'est donc pour vous dire, mam'selle, que je vous connais aussi... que je vous ai devinée...

CÉLINE.

Devinée ?... Eh bien ! oui... je n'ai pas besoin alors de vous en apprendre davantage... Parlez, monsieur Joblot, parlez... Je vous écoute...

JOBLOT, à part.

Quel embarras... faut que je commence. (Haut.) D'abord, mam'selle... parce que je veux être franc avec vous... et ne pas vous abuser sur ma position sociale... mon père... je ne l'ai jamais connu...

CÉLINE.

Peu m'importe... votre père, votre famille...

JOBLOT, à part.

Quel bonheur ! ça ne lui fait rien ! (Haut.) Mais j'ai deux oncles maternels, du côté de ma mère, des hommes... bien ! Deux oncles, ça vaut un père ! L'un est fermier, il est riche !... l'autre est professeur de clarinette... il est moins riche... parce que les artistes... la clarinette surtout... vous savez... ou plutôt... (Se troublant.) Allons, bon !... je ne sais plus où je voulais en venir !...

CÉLINE.

Remettez-vous, monsieur Joblot! moi-même, je suis troublée aussi... je l'avoue!...

JOBLOT.

Vrai? (A part.) Oh! je la trouble... (Haut.) Eh bien! voyons... remettons-nous, remettons-nous! (Comme se rappelant.) Ah! c'était pour vous dire, mam'selle, que si je suis ouvrier, c'est que, d'après le système de l'*Emile*... encore un garçon menuisier... Vous connaissez l'*Emile*?

CÉLINE.

Non.

JOBLOT.

Ah! l'*Emile* de Jean-Jacques Rousseau... citoyen de *Gênes*... et puis un autre... *Jean* de M. Paul de Kock... Connaissez-vous *Jean*, mam'selle?...

CÉLINE.

Non!

JOBLOT.

C'est bien étonnant. (A part.) Elle n'a donc rien lu?... (Haut.) Il faut lire *Jean*, mam'selle, c'est bien! c'est moral! ça a eu le prix de vertu à l'Académie royale de Musique... Jean a sauvé la vie à une jeune dame...

CÉLINE, avec impatience.

Monsieur Joblot, je n'ai pas besoin que vous me rappeliez le service que vous m'avez rendu.

JOBLOT.

Ce n'est pas de ça que je parle.

CÉLINE.

Et moi, je veux vous en parler... j'aurais dû commencer par là... D'abord, vous pouvez être sûr que je n'aurai jamais d'autre tapissier que vous, et que pour votre établissement...

JOBLOT, stupéfait.

Moi... tapissier!... C'est pour cela que vous m'avez fait venir?...

CÉLINE.

Non, pas pour cela seulement.

JOBLOT, à part.

J'ai eu peur!...

CÉLINE.

Car j'ai confiance en vous... en votre honneur!

JOBLOT.

Et vous avez raison, mam'selle... Pour vous, je me jetterais au feu comme je me suis jeté à l'eau... Oh! oui... avec plaisir... avec bonheur...

CÉLINE.

Eh bien! puisque vous m'avez devinée, je le dis à vous, à vous seul... J'aime quelqu'un.

JOBLOT.

Je m'en doutais...

CÉLINE.

Quelqu'un que vous connaissez...

JOBLOT.

Oui....oui... je le connais... Et il vous aime bien aussi, celui-là!

CÉLINE.

En êtes-vous sûr?

JOBLOT.

Je vous le jure!...

CÉLINE.

Ah! que vous me rendez heureuse!

JOBLOT, à part.

Et s'entendre dire cela...

CÉLINE, vivement.

Pourquoi alors s'est-il éloigné de nous?... Pourquoi ne revient-il plus chez ma grand'mère? voilà ce que je veux savoir.

JOBLOT, à part, étonné.

Ah! mon Dieu!

CÉLINE.

Il est déshérité, je le sais... et on veut me marier à un autre! mais nous avons été élevés ensemble... mais sa naissance est égale à la mienne...

JOBLOT, à part.

Je ne vois plus clair...

CÉLINE.

Et me fuir!... c'était me dire qu'il ne m'aimait plus... qu'il est infidèle... Mais puisque vous me rassurez... puisqu'il m'aime encore... Dites-lui, vous qui le connaissez intimement, dites à Ernest...

JOBLOT, stupéfait.

Ernest!...

CÉLINE, vivement.

Eh! oui... Ernest de Lavarenne...

JOBLOT, poussant un cri.

Ah!...

CÉLINE.

Voulez-vous ne pas crier ainsi!... Ma grand'mère vous entendrait... Dites à Ernest qu'il vienne ce soir, nous avons beaucoup de monde... Tant mieux... je pourrai lui parler... et c'est essentiel... car on veut me faire épouser le vicomte de Lavarenne, son parent...

JOBLOT, poussant un cri.

Ah!...

CÉLINE.

Taisez-vous donc!... Adieu... adieu!...

(Elle sort par la gauche.)

SCÈNE V.

JOBLOT, qui vient de tomber dans un fauteuil.

J'ai donné bien des coups de marteau dans ma vie, mais jamais un pareil à celui que je viens de recevoir.... M. Ernest!

AIR de M! Borielle.

Lui que j' croyais de mes amis,
Mon protecteur! fiez-vous donc aux hommes!
Mais les femmes, c'est encor pis!
Ah! qu'est-ce donc que la terre où nous sommes!
Un repair' dont je veux sortir!
Autour de moi déjà s'étend un crêpe!
Je sens le besoin de mourir,
Je vais faire un voyage à Dieppe.
Ah! oui! oh! oui! je veux mourir!

J' vas m' dépêcher d' courir bien vite pour r'tenir ma place pour Dieppe!

SCENE VI.

JOBLOT, BABIOLE.

JOBLOT, anéanti.

Ah!... je défaille! je flageole!...

BABIOLE, accourant et essayant de le soutenir.

Qu'a-t-il donc?... Est-ce que c'est lui qui va se trouver mal à présent! Monsieur Joblot!... monsieur Joblot! Ah! mon Dieu!... il ne m'entend pas!...

JOBLOT.

Si... j'ai entendu... mais attendez un instant...

BABIOLE.

Mais qu'est-ce qu'il a donc?...

JOBLOT, se redressant tout à coup.

Ce que j'ai!... Elle me demande ce que j'ai! ce n'est donc pas une indignité? une sournoiserie? prendre ainsi les gens au traquenard!

BABIOLE.

Quelqu'un vous a pris au traquenard, monsieur Joblot?

JOBLOT.

Cette grande dame qui aime un comte, un grand seigneur?

BABIOLE.

Eh bien!...

JOBLOT.

Ah! pitié! et elle dédaigne un pauvre ouvrier!

BABIOLE.

C'est tout naturel... une grande dame!...

JOBLOT.

Un jeune homme laborieux!

BABIOLE.

Si elle n'a pas d'ouvrage à lui donner!

JOBLOT.

Vous n'y entendez rien, Babiole... Mais si cet ouvrier l'avait tirée du sein des flots?...

BABIOLE.

Au péril de sa vie?...

JOBLOT.

Non, il sait nager!... Mais c'est égal... quand on est amoureux... comme un insensé... comme une bête... Vous le voyez.

BABIOLE, effrayée.

Je le vois?... Et de qui donc parlez-vous?...

JOBLOT, troublé, et se reprenant.

De qui?... de qui?... Je dis, vous le voyez... là... dans ce livre... (Le tirant de sa poche.) dans ce roman que je parcours.

BABIOLE, riant et respirant.

Ah! c'est dans un livre!... Contez-moi donc ça... (Lui prenant le bras.) Vous dites donc qu'il l'a sauvée?

JOBLOT.

Oui... du sein des flots.

BABIOLE.

Et puis?

JOBLOT.

C'est tout!... Elle repousse son amour!

BABIOLE.

Dame!... si toutes celles qu'on sauve de l'eau devenaient amoureuses de vous, les mariniers ne sauraient à laquelle entendre! Tenez, votre ouvrier n'a pas le sens commun!

JOBLOT.

Comment?

BABIOLE.

C'est la grande dame qui eût été folle, d'être folle de lui! C'est comme moi si j'épousais un duc et pair! Quand l'éducation n'est pas la même... quand les habitudes ne vont pas ensemble... tout va mal; il rougirait bien vite de moi, comme votre grande dame aurait rougi de son galant en tablier!...

JOBLOT, avec indignation.

Hein!...

BABIOLE.

Les grands avec les grands! les petits avec les petits! et les Joblot avec les Babiole...

(Elle lui prend le bras.)

JOBLOT, à part, immobile.

Qu'est-ce qu'elle dit là?...

MARCEL, en dehors.

Babiole!

BABIOLE.

Voilà! voilà, mon parrain! ce sont les ciseaux qu'il demande. (Les prenant sur la table et sortant.) On ne peut pas parler un seul instant raison !

(Elle sort.)

SCÈNE VII.

JOBLOT, seul et resté immobile.

Est-ce qu'elle aurait dit vrai?... Est-ce que je serais un imbécile?... Tout me porte à le croire! Voilà ce que c'est que de lire des romans!... On pense en être quitte pour du temps perdu et quatre sous par volume. On se dit : Ça m'intéresse, ça m'amuse!... On finit par croire que le monde est fait comme ça... et quand on se réveille, on trouve devant soi une mademoiselle d'Auberive qui vous dit : Oui, j'aime quelqu'un... mais ça n'est pas vous!... C'est bien fait!... car c't'amour-là m'a rendu ingrat envers cette pauvre Babiole... une honnête fille qui vaut mieux que moi!... C't'amour-là m'a rendu méchant... car j'étais presque content tout à l'heure... Ça me vexait, mais ça me vengeait, d'apprendre que c'vieux vicomte, ce vieux pannat, ce grand trumeau allait épouser mademoiselle d'Auberive. (Avec colère.) Non ! non ! ça ne sera pas !...

AIR de *Renaud de Montauban.*

J'dois avant tout enfoncer c'vieux Judas,
Un tel mari la rendrait malheureuse,
Car il serait capable... et pourquoi pas ?
   Il a bien battu sa danseuse !
Un autre seul pourrait fair' son bonheur ;
Mais celui-là, c'est mon rival, ell' l'aime !
Eh bien ! Joblot, poursuis ta rout' tout d' même,
   Car cet autre est ton bienfaiteur ;
   Ton rival c'est ton bienfaiteur !

Bien dit, Joblot, te voilà redevenu honnête homme !... tu me fais plaisir... tu me plais comme ça... Embrasse-moi, mon garçon... Ah! je deviens fou !... Mais que faire ? que faire? Abdiquer d'abord... (Il ôte son habit.) et reprendre le tablier.

(Il prend le tablier qui est sur un des bâtons de l'échelle à gauche.)

SCÈNE VIII.

JOBLOT, ERNEST.

JOBLOT.

Dieu! que vois-je?... C'est lui!... M. Ernest!...

ERNEST.

Joblot! dans cet hôtel!

JOBLOT.

Oui... oui... je travaille de mon état... Mais vous qui n'y venez jamais...

ERNEST.

Aussi je tiens à ne pas être vu! je veux seulement parler à M. le vicomte de Lavarenne, mon parent, qui n'est pas chez lui. L'on m'a assuré que je le trouverais ici, et comme j'ai quelques papiers à lui remettre avant mon départ...

JOBLOT.

Ah!... vous voulez toujours partir?

ERNEST.

Oui, puisque je suis seul au monde et sans amis...

JOBLOT.

Sans amis!... et moi donc! moi qui tout-à-l'heure encore... Enfin, suffit!... Moi que vous avez obligé!... Un ami qui porte le marteau et le tablier... mais qui a de ça!... (Se frappant le cœur.) Et vous n'avez pas confiance en moi!... ça n'est pas bien! Vous ne m'avez pas tout dit... vous ne m'avez pas dit que vous aimiez une personne.

ERNEST.

Qui ne m'aime pas!

JOBLOT, avec émotion.

Ça n'est pas vrai!

ERNEST.

Qui m'a trahi!...

JOBLOT, de même.

Ça n'est pas vrai!

ERNEST.

Abandonné en même temps que la fortune...

JOBLOT, avec désespoir.

Ça n'est pas vrai! ça n'est pas vrai!

ERNEST.

Qui te l'a dit? Qu'en sais-tu?

JOBLOT, lui montrant Céline qui vient d'entrer.

Demandez-lui plutôt!

CÉLINE, entrant par la porte à gauche et apercevant Ernest.

Dieu! c'est lui! Merci, Joblot!

ERNEST.

Céline!

JOBLOT.

Qui vous aime! qui vous a toujours aimé! (A part.) Pour mon malheur!

SCÈNE IX.

Les mêmes; CÉLINE.

CÉLINE.

AIR des Diamants de la Couronne.

Ah! je le retrouve
Et je le revoi!
Quel bonheur j'éprouve!
Mais répondez-moi.

ERNEST.
Ah ! je la retrouve
Et je la revoi !
Quel bonheur j'éprouve !
Mais répondez-moi.

JOBLOT, remontant sur son échelle.
Malgré moi j' m'afflige
De leur contentement !
Grand Dieu ! que ne suis-je
Aveugle en ce moment !...

ERNEST.
Oui, mon cœur plus tendre...
(A Joblot, qui frappe avec son marteau.)
Tais-toi donc, Joblot !
On ne peut s'entendre !...

CÉLINE, de même.
Taisez-vous, Joblot !
On ne peut s'entendre.

JOBLOT, à part.
Je n'entends que trop !
Pan ! pan ! pan ! pan !

ERNEST et CÉLINE.
Toujours
Mêmes amours !...
Oui, croyez, au lieu de serment,
Mon cœur qui bat en ce moment.

JOBLOT.
Ah ! les cruels ! ah ! les ingrats !
C'est comme si j' n'existais pas.
Pan ! pan ! pan ! pan !

ERNEST.
Tais-toi donc, Joblot... (A Céline.) L'explication de ma conduite, la voici...
(Il lui remet une lettre.)

CÉLINE.
Une lettre de ma grand'mère ! (La parcourant.) Elle vous

invite à suspendre vos visites, attendu qu'il se présente un parti qui lui convient ainsi qu'à moi... Ce n'est pas vrai, Ernest, ce n'est pas vrai! je n'aime que vous... (Joblot qui est en ce moment sur son échelle pousse un grand soupir.) et je repousserai tous les prétendants, même votre cousin, le vicomte, qui se met sur les rangs...

ERNEST.

Mais voyez plutôt... Elle ne consentira jamais à notre union, parce que je suis sans fortune, parce que mon oncle m'a déshérité !...

CÉLINE.

Déshérité ! Quoi ! toute la fortune du général...

ERNEST.

Appartient au vicomte de Lavarenne, à qui il avait fait, il y a trois ans, une donation de tous ses biens.

CÉLINE.

Et pourquoi ?...

ERNEST.

Parce qu'alors, brouillé avec mon père, le général avait longtemps refusé de me voir ; mais, depuis, il m'avait rendu son affection. Il m'avait présenté partout comme son fils et son héritier; par malheur, mon pauvre oncle est mort subitement, sans avoir pu faire de testament.

JOBLOT, qui est descendu de son échelle, et qui depuis quelque temps est sur le devant du théâtre à gauche, à replier une portière.

Un testament ?...

ERNEST.

Oui, il n'en a pas fait.

JOBLOT.

Je crois que si.

ERNEST.

Mais non !

JOBLÔT.

Mais je vous dis que si !... Je ne sais pas si c'est pour vous, mais il en a fait un, j'en suis sûr.

ERNEST.

Qu'en sais-tu ?

CÉLINE.

Qui te l'a dit ?

JOBLOT.

Personne... que moi. Oui, moi ! J'ai mes idées. Je me rappelle, la dernière fois que j'ai vu le général, la veille de sa mort... j'étais dans son boudoir, sur une échelle, à travailler. Il entre : — « Qu'est-ce que tu fais là ? — Je pose des stores. — Va-t'en ! laisse-moi. » — Et, pendant que je range mes outils, il sonne ; on ne vient pas ; il resonne, et casse la sonnette. — « Allons, tous sortis ! va m'allumer une bougie, toi. — En plein jour ? que je lui dis. — Eh ! oui, » qu'il me répond, en levant sa canne qui m'en aurait fait voir des trente-six chandelles, en plein midi !

ERNEST et CÉLINE.

Eh bien ?

JOBLOT.

Eh bien ! je reviens avec de la lumière ; je le trouve devant son secrétaire, façon Boulle, incrustations en cuivre... c'est nous qui l'avions fourni... achevant de parapher et de signer un papier ; ça fini, il le plie, lui met une housse... une enveloppe, c'est-à-dire ; puis, avec de la cire noire, il y pose un cachet : et d'un. J'étais toujours là, tenant la bougie... puis un second cachet : et de deux ; un autre encore : et de trois ; comme ça jusqu'à cinq. — « Ah ben ! excusez ! que je lui dis, en voilà une lettre chargée ! — Oui, me réplique le général en clignant de l'œil d'une façon toute particulière, chargée de mes dernières volontés ! »

ERNEST.

Quoi !...

CÉLINE.

Serait-il vrai?...

JOBLOT.

Vous voyez donc bien qu'il y a un testament! il y en a un!

CÉLINE.

Mais alors...

ERNEST.

Tu t'es trompé, ce testament n'existe pas, ou aura été détruit, car on n'a rien trouvé, rien.

JOBLOT.

C'est qu'on aura mal cherché.

ERNEST.

Non. Céline, il ne me reste qu'un seul moyen de faire fortune, c'est de rejoindre l'armée.

JOBLOT.

Pour qu'en votre absence un autre épouse Mlle Céline! pour que moi, Joblot, j'arrange l'hôtel et l'appartement de noces! Non... (Avec jalousie.) je ne le pourrais pas! je ne le souffrirais pas!... (A Céline.) Je ne vous permets d'épouser que lui!

ERNEST.

Mon bon Joblot!

JOBLOT, à part.

C'est déjà bien assez comme ça. (Haut.) Mais, pour partir, il ne partira pas!

ERNEST.

Eh! que veux-tu faire?

JOBLOT.

Ce que je veux... ce que je veux...

AIR : Les chagrins, arrière! (*La Sirène.*)

Ayez confiance,
Ayez espérance,

J'veux un dénoûment
Dans mon genre et mon élément.
L'amitié m'inspire,
Et vous fera dire :
L'garçon tapissier
Connaît vraiment bien son métier.

Ensemble.

CÉLINE et ERNEST.

Ayons confiance,
J'ignore la chance
Que son dévoûment
Rêve en ce moment.
L'amitié l'inspire,
Et me fera dire
Que le tapissier
Connaît son métier.

JOBLOT.

Ayez confiance,
Ayez espérance,
J'veux un dénoûment
Dans mon élément.
L'amitié m'inspire,
Et vous fera dire :
L'garçon tapissier
Connaît son métier.

(Ernest et Céline sortent par la porte à droite.)

SCÈNE X.

JOBLOT, se frottant toujours le front en se promenant avec agitation.

Oui, j'ai là mon idée... c'en est une. Le général n'en aura pas changé du jour au lendemain. J'aime mieux croire (ça me fait plaisir) que les hommes d'affaires sont des imbéciles qui n'ont pas su découvrir toutes les cachettes de ce secrétaire. Il devait y en avoir, c'était le chef-d'œuvre du père Marcel, c'était son Cid ! il n'a jamais fait que ça... et s'est croisé les bras dans sa gloire! et si on peut les connaître par lui... (Apercevant Marcel qui paraît à la porte du fond, tenant à la main une housse de fauteuil.) Le voilà! il n'y a pas de temps à perdre. (S'adressant à la porte à droite qui est restée ouverte, et par laquelle Céline et Ernest viennent de sortir.) Oui! voilà du beau... du merveilleux!... et si le père Marcel, mon bourgeois, avait voulu...

SCÈNE XI.

MARCEL, JOBLOT; puis BABIOLE.

MARCEL, regardant Joblot.

A qui en a-t-il donc, celui-là?

JOBLOT.

A qui j'en ai? à vous... Je me disais là : Est-il possible que le père Marcel, qui a eu du talent dans son temps; le père Marcel, une des gloires de l'Empire... C'est la vérité, vous avez été, comme l'Empereur, le premier dans votre genre.

(Marcel se croise les bras derrière le dos, et prend un air d'importance.)

AIR de Madame Favart.

Tous deux fameux par divers privilèges,
Tous deux alors puissants par votre bras,
Vous vous chargiez, vous, de faire les sièges,
Il s'chargeait, lui, de livrer les combats.
Il fabriquait de nouvelles couronnes
Pour tous ces rois, sur lui parodiés ;
  Mais il n'est point de rois sans trônes...
  Et les trônes, vous les faisiez!
  C'est lui qui distribuait les trônes,
  Et c'est vous, vous, qui les faisiez!

MARCEL.

Je m'en vante! avec du velours, et des clous dorés!...

JOBLOT.

Eh bien! est-il possible, monsieur, je vous le demande,

que le même homme qui avait dans la tête une foule de meubles plus nouveaux les uns que les autres, des commodes, des secrétaires, des lavabos... Eh bien non! déménagé!... plus rien!...

MARCEL.

Qu'est-ce qu'il a donc, avec ses déménagements, ses lavabos?...

JOBLOT, se retournant.

Hein?...

MARCEL.

Et à qui diable disais-tu tout cela?

JOBLOT.

A M. Ernest, qui me parlait tout à l'heure de meubles pour l'exposition... l'exposition des produits de l'Industrie, à laquelle vous n'avez seulement pas pensé... et si vous aviez eu un peu de ce chic...

MARCEL.

Ce chic?

JOBLOT.

Ce truc...

MARCEL.

Ce truc?

JOBLOT.

Je veux dire ce fion qui, dans les arts, fait le génie, vous auriez quelque morceau d'apparat; mais... jamais... jamais!...

MARCEL.

Jamais! et mon secrétaire pour le général Balthasar!

JOBLOT, à part.

Nous y voilà!

MARCEL.

Mon secrétaire, façon Boulle!

JOBLOT.

Ne parlez donc pas de votre Boulle! c'est vieux! rococo!... Ce n'est plus ça!... on ne veut plus de Louis XV. Ce qu'il faut maintenant, ce sont des secrétaires Louis XI, avec des secrets, des ressorts, des trappes mystérieuses...

MARCEL.

Et j'en avais, moi, que personne n'aurait jamais devinés!...

JOBLOT.

Laissez donc!...

MARCEL.

Si je te disais qu'il y avait d'abord...

JOBLOT.

Quoi donc? eh bien, voyons?... quoi donc?

MARCEL, voyant entrer Babiole.

Oh!... Babiole!...

JOBLOT.

Dites-le donc!...

MARCEL.

Non... devant Babiole...

JOBLOT.

Oh! parce qu'il n'y a rien!...

MARCEL.

Eh bien!...

(Il lui parle à l'oreille.)

JOBLOT.

Ah! bah!...

MARCEL.

Puis ensuite...

(Même jeu.)

JOBLOT.

C'est connu ça?...

MARCEL, même jeu.

Et enfin... on poussait, le ressort partait... et crac!...
(Il finit la démonstration par un coup de pied qu'il frappe sur celui de Joblot.)

JOBLOT, poussant un cri.

Aïe!... (A part, avec joie.) J'ai mon affaire!

MARCEL.

Et si je voulais exposer mon secrétaire, il serait encore temps!...

JOBLOT.

Si vous le pouviez... Mais où le trouver?...

MARCEL.

Il doit toujours être dans le boudoir...

JOBLOT.

Quel boudoir?

MARCEL.

De l'hôtel...

JOBLOT.

Quel hôtel?...

MARCEL.

Du général.

JOBLOT.

Quel général?

MARCEL.

Balthasar!...

MARCEL et JOBLOT, ensemble.

Dans le boudoir de l'hôtel du général, dont le vicomte a hérité!...

BABIOLE.

Mon parrain! mon parrain!...

MARCEL.

Qu'est-ce que c'est?...

BABIOLE.

Je ne peux pas attacher toute seule les tringles du haut, ni monter à l'échelle, vous comprenez...

MARCEL.

On y va ! on y va ! (A Joblot.) J'y songerai ! (A Babiole.) Apporte-moi ce fauteuil là-dedans !...

BABIOLE.

Oui, mon parrain.

MARCEL.

J'y songerai !

(Il sort à droite.)

SCÈNE XII.
BABIOLE, JOBLOT.

(Babiole s'approche du fauteuil que lui a désigné Marcel ; c'est celui sur lequel Joblot a déposé, à la fin de la scène V, son habit et son chapeau. — Babiole prend ces deux objets, qu'elle porte dans la chambre à gauche ; puis elle rentre.)

JOBLOT, pendant ce temps, se promenant avec agitation sur le devant du théâtre.

Oui, c'est dans ce meuble, dont je possède maintenant le secret... Mais comment, sans la permission du vicomte, pénétrer dans son hôtel et dans son boudoir ?... (Se frottant le front.) Quel moyen ?... quel moyen ? (Levant les yeux et apercevant Babiole qui revient de porter l'habit dans la chambre à gauche.) Ah !... Babiole... c'est le ciel qui me l'envoie.

BABIOLE, étonnée.

Qu'avez-vous donc encore ?...

JOBLOT, la regardant avec plaisir.

Rien... rien... Si bonne, si gentille, si dévouée !... jamais sa vue ne m'a produit un effet pareil... mais ne songeons pas à ça !

BABIOLE.

Au contraire, il faut y songer.

JOBLOT.

Il s'agit d'un autre sujet!... Babiole, m'aimez-vous?

BABIOLE.

Il me semble que c'est toujours le même sujet.

JOBLOT.

Une fois! deux fois! trois fois; Babiole, m'aimez-vous?

BABIOLE.

Eh! là, vous le savez bien... je vous l'ai assez dit...

JOBLOT.

Ça ne suffit pas, il me faut des preuves.

BABIOLE, baissant les yeux.

Des preuves!... Et lesquelles, s'il vous plaît?... Voilà que vous m'effrayez...

JOBLOT.

M. de Lavarenne vous a dit qu'il vous attendait tantôt dans son boudoir...

BABIOLE.

Soyez tranquille! je n'irai pas!...

JOBLOT.

Il ne s'agit pas de ça... il vous a dit... qu'en lui remettant cette rose... ça serait signé...

BABIOLE.

Que j'y consentais... mais rassurez-vous, monsieur Joblot, j'aimerais mieux mourir que de jamais... Oh! Dieu de Dieu!... vous que je dois épouser...

JOBLOT.

Il ne s'agit pas de ça. (Prenant la rose qui est restée sur un guéridon.) Il s'agit de remettre cette rose à monsieur de Lavarenne...

BABIOLE.

Moi!... par exemple!... mais réfléchissez donc!...

JOBLOT.

Babiole!... l'amour ne réfléchit pas !

BABIOLE.

Et c'est vous, monsieur Joblot, qui me demandez...

JOBLOT.

Vous m'avez dit, Babiole, que vous m'aimiez...

BABIOLE.

Et c'est justement pour ça... Vouloir que j'aille dans ce boudoir avec lui...

JOBLOT, vivement.

Avec lui! Plutôt l'étrangler, et vous aussi!

BABIOLE.

Moi!...

JOBLOT.

Oui! vous!

BABIOLE, avec joie.

A la bonne heure!... voilà de l'amour !

JOBLOT, avec chaleur.

Lui livrer mon bien, mon trésor ! la seule personne qui m'aime!... Non! je serai là, avec vous; je vous accompagnerai; je ne vous quitterai pas...

BABIOLE.

Ce sera alors un tête-à-tête...

JOBLOT.

A trois!

BABIOLE.

A trois... Ça vaut mieux! mais pourtant...

JOBLOT.

Il n'y a pas de pourtant!... vous arriverez, vous fermerez sur-le-champ la porte au verrou... aux deux verrous... et vous ouvrirez la fenêtre qui donne sur le jardin... Je la connais... j'y ai posé autrefois des stores... Je monte par le treillage... Vous comprenez ?...

BABIOLE.
Oui ; c'est-à-dire... non... je n'y comprends rien...

JOBLOT.
Ça revient au même ! il n'y a pas nécessité que vous compreniez... c'est un mystère !...

AIR : Ces postillons sont d'une maladresse.

Quoi qu'il arriv', je prends sur moi le blâme.

BABIOLE, baissant les yeux.
Monsieur Joblot, vous serez obéi !

JOBLOT, d'un air sévère.
Vous faites bien ! morbleu ! car une femme
Doit obéir à son mari !

BABIOLE, avec joie.
Ah ! quel bonheur d'être grondée ainsi !
Tout c'que j'y vois... vous m'aimez...

JOBLOT, avec chaleur.
      Je t'adore

BABIOLE, poussant un cri de joie.
Ah ! c'mot-là seul me ferait consentir ;
Et je suis prête à faire plus encore
 Si ça vous fait plaisir !

JOBLOT.
Non, non... c'est assez. Voici le père Marcel et le vicomte lui-même, attention !...

SCÈNE XIII.

Les mêmes ; LE VICOMTE, MARCEL, sortant de la porte à droite.

MARCEL, au vicomte.
Un mot... rien qu'un mot, monsieur le vicomte, c'est pour vous demander...

LE VICOMTE.

Je n'ai rien à te refuser (Apercevant Babiole.) dès que j'aperçois ta vertueuse filleule... la Pénélope de la couture...

JOBLOT, bas, à Babiole.

Allez donc... c'est le moment...

BABIOLE, à Joblot.

Vous croyez ? C'est pour vous au moins. (S'approchant du vicomte, les yeux baissés.) Monsieur le vicomte, voici... une rose... que tantôt vous avez oubliée ici !...

LE VICOMTE, souriant, à part.

Qu'est-ce que je disais !... elle y vient...

BABIOLE, regardant Joblot.

Et qu'on m'a dit de vous remettre...

LE VICOMTE, à part.

C'est charmant !

JOBLOT, bas à Babiole.

C'est bien... partez... Je vous rejoins...

LE VICOMTE, bas, à Babiole.

Partez ! je vous rejoins...

BABIOLE, étonnée, et regardant Joblot et le vicomte.

C'est drôle !...

(Elle va prendre son mantelet, Joblot l'aide à s'ajuster.)

LE VICOMTE, en riant, à Marcel.

Eh bien ! mon cher, que voulez-vous de moi ?...

MARCEL.

Ce beau meuble, façon Boulle, qui est dans votre hôtel... l'acajou est à vous, mais la gloire en est à moi... et je vous demande la permission de l'exposer... à l'admiration de mes concitoyens.

LE VICOMTE, faisant des signes à Babiole qu'il voit prête à sortir.

Désolé... mon cher... mais ce meuble n'est plus chez moi...

JOBLOT, avec effroi.

O ciel !

BABIOLE, qui vient de mettre son mantelet, passe près de Joblot et lui dit tout bas.

J'y vais !...

JOBLOT, la retenant vivement par la main.

Non pas ! restez... restez !...

BABIOLE, à voix basse.

Vous qui me disiez...

JOBLOT, de même.

Je vous le défends !... ne me quittez pas... (S'approchant du vicomte qui fait toujours signe à Babiole de s'en aller.) Pardon, monsieur le vicomte, pourrait-on savoir où est ce meuble ?

LE VICOMTE, avec humeur.

Vous êtes bien curieux... Que vous importe ?...

JOBLOT.

Ce n'est pas pour moi... (Montrant Marcel.) Mais pour un homme de talent...

MARCEL.

Oui.

JOBLOT.

Un homme vénérable...

MARCEL.

Oui.

JOBLOT.

A qui vous enlevez peut-être la petite ou la grande médaille...

MARCEL.

Oui.

JOBLOT, bas à Babiole.

Otez votre mantelet !

MARCEL, à part.

Pauvre Joblot... comme il prend mes intérêts !...

LE VICOMTE, avec impatience, et voyant Babiole qui ôte son mantelet.

J'en suis fâché pour lui... mais je ne puis vous le dire... Vous ne le saurez pas.

JOBLOT, s'échauffant.

Je le saurai !...

LE VICOMTE, avec hauteur.

Qu'est-ce à dire ?...

JOBLOT.

Je le saurai !...

BABIOLE, le calmant.

Monsieur Joblot... je vous en prie.

MARCEL, de loin, cherchant à le modérer.

Joblot... Joblot... c'est trop fort.

LE VICOMTE.

Voilà une audace !...

JOBLOT, à demi-voix, sur le devant du théâtre, pendant que Babiole et Marcel sont au fond.

Vous me le direz, ou je dis au père Marcel que vous attendez Mlle Babiole, sa filleule, dans votre boudoir.

LE VICOMTE.

Veux-tu bien te taire !...

BABIOLE, qui a redescendu le théâtre et qui s'est approchée d'eux.

Comment ?...

JOBLOT.

Et que le signal du rendez-vous est cette rose que vous avez là, et qu'elle vient de vous remettre... (Se retournant vers Babiole.) Fi !... mademoiselle, fi !...

BABIOLE.

Mais, c'est vous !...

JOBLOT, à Babiole.

Silence !...

BABIOLE, pleurant.

Oh ! mon Dieu ! il ne va plus m'aimer !

JOBLOT, bas.

Toujours ! toujours !...

BABIOLE, lui souriant aussitôt avec joie.

Ah ! ah !...

JOBLOT, au vicomte.

Je le dirai devant Mlle d'Auberive, votre prétendue.

LE VICOMTE.

On ne te croira pas.

JOBLOT, lui montrant une lettre.

Vous croira-t-on, vous, monsieur le vicomte ?

LE VICOMTE.

Ma lettre à Babiole... Qu'est-ce que tu veux ?... Qu'est-ce qu'il te faut ?...

JOBLOT.

Le nom de la personne à qui vous avez vendu votre secrétaire !

LE VICOMTE, voyant Céline et Ernest qui entrent par la droite. — Céline s'assied sur un fauteuil à droite, et Ernest se tient debout près d'elle. — A part.

Dieu ! Céline !... (Bas, à Joblot.) Une jeune danseuse de l'Opéra qui m'adorait, moi et les meubles Louis XV, Mlle Mimi Sandwich.

JOBLOT.

O ciel ! Mimi Sandwich qui est partie pour la Russie, et dont on vend les meubles aujourd'hui... Courons...

ERNEST, qui est debout près de Céline.

Où vas-tu donc ?

JOBLOT.

Ne craignez rien, monsieur Ernest, j'ai toujours mon idée... Il sera encore temps. (Cherchant autour de lui.) Et mon habit pour sortir, et mon chapeau... Ils étaient là !

MARCEL.

Son habit... son chapeau !...

BABIOLE.

Je viens de les porter dans la chambre à côté.

CÉLINE.

Dans la mienne...

JOBLOT.

Il faut qu'elle touche à tout... moi qui suis si pressé...

MARCEL.

Il faut qu'elle touche à tout ! lui qui est si...

BABIOLE.

Eh ! qui vous presse tant ?...

JOBLOT.

Il faut que je coure après le chef-d'œuvre de votre parrain... que je trouverai à la vente de Mlle Mimi Sandwich.

(Il entre dans la chambre à gauche.)

SCÈNE XIV.

LES MÊMES, excepté Joblot.

MARCEL.

C'est pourtant pour moi et ma réputation qu'il se donne tout ce mal-là !

ERNEST.

C'est vrai !

CÉLINE, qui vient de s'asseoir.

Et bien inutilement, j'en ai peur... Car la vente est finie depuis longtemps.

MARCEL.

Est-il possible, mademoiselle, et comment le savez-vous ?

CÉLINE.

C'est cette vente où nous allions ce matin avec ma grand'mère, et quand nous sommes arrivées, il n'y avait plus rien, tout avait été enlevé, excepté un meuble de Boulle... dont personne n'avait voulu.

MARCEL.

Ce n'est pas ça, ce n'est pas ça !... Un chef-d'œuvre pareil !...

CÉLINE.

Un secrétaire dont ma grand'mère a voulu me faire cadeau, et qu'elle a fait porter tantôt... là, dans ma chambre...

(L'orchestre exécute un air en sourdine; on entend en dehors un grand cri, et Joblot s'élance pâle et tenant un papier à la main.)

SCÈNE XV.

LES MÊMES; JOBLOT.

JOBLOT.

Monsieur Ernest !... Tenez !... tenez !...

ERNEST, prenant le paquet cacheté que lui tend Joblot.

Que vois-je !... « A mon neveu, Ernest de Lavarenne. »

JOBLOT.

Je vous avais bien dit que grâce au garçon tapissier !...

LE VICOMTE.

Qu'est-ce que c'est? qu'est-ce que c'est?

JOBLOT.

Vous le saurez !... ne vous pressez pas... (A Babiole et à Marcel.) Il a le temps d'attendre; il n'a que trente-cinq ans.

MARCEL, à Joblot.

Mais ma réputation, ma gloire, mon meuble !...

JOBLOT.

Tout est retrouvé !

MARCEL.

Ah ! mon ami !

(Il se jette à son cou.)

BABIOLE.

Qu'est-ce qu'ils ont donc ?

ERNEST, qui a ouvert le paquet, et parcouru le papier.

Joblot! mon ami! mon sauveur!

(Il l'embrasse vivement.)

BABIOLE.

Et lui aussi !... Ils vont me l'étouffer!

ERNEST, à Joblot.

Tout ce que je possède, je te le dois... (L'amenant au bord du théâtre, à voix basse.) Et cette passion dont tu me parlais ce matin... cette grande...

JOBLOT, l'arrêtant et regardant Babiole.

Halte-là! comme l'a dit un philosophe que je connais : « Les grands avec les grands, les petits avec les petits, et les Joblot... »

BABIOLE, lui prenant le bras.

Avec les Babiole!

JOBLOT.

Tapissier! pas autre chose!

CÉLINE.

Je leur promets alors la plus belle boutique du faubourg Saint-Antoine!

JOBLOT.

C'est différent, rien ne vous en empêche. (A Céline, avec un reste d'émotion.) Votre pratique, madame la comtesse. (A Ernest.) Votre amitié, monsieur Ernest! (Regardant Babiole.) Et à moi le bonheur, voilà ma femme !

BABIOLE.

Ah! enfin!

JOBLOT.

Maintenant, du travail, de l'économie, plus de gants jaunes!... ça ne me convient pas.

ERNEST.

C'est juste.

JOBLOT.

Trop juste !

LE CHŒUR.

AIR : Les chagrins, arrière ! (*La Sirène*.)

O douce espérance !
Une heureuse chance
Vient en même temps
Unir quatre amants !
Chacun, dans sa sphère,
Peut, à sa manière,
Trouver en tous lieux
L'art de vivre heureux !

JOBLOT, au public.

AIR d'*Yelva*.

Au premier pas qu'il fait dans sa boutique,
Voici la peur qui prend le tapissier.
Malgré l'aplomb dont parfois il se pique,
Auprès de vous il n'est qu'un écolier !
Montrez son art au nouveau qui s'installe,
Car vous pouvez, daignant vous en mêler,
Bien mieux que lui décorer notre salle,
Si vous venez chaque soir la meubler !
Pour décorer, pour orner notre salle,
Venez, chaqu'soir, mesdames, la meubler

LE CHŒUR.

O douce espérance, etc.

8.

REBECCA

COMÉDIE-VAUDEVILLE EN DEUX ACTES

Théatre du Gymnase. — 2 Décembre 1844.

PERSONNAGES.	ACTEURS.
FÉDÉRIC, marquis de Palavicini.	MM. Julien Deschamps.
PEPITO, porte-clefs dans la citadelle. . .	Geoffroy.
UN PRISONNIER	—
UN LAQUAIS	—
ASCANIO DEL DONGO.	Mmes Fernand.
REBECCA, fille d'un orfèvre de la ville de Parme	Rose Chéri.
GIANINA, nièce du concierge de la citadelle.	Désirée.

Prisonniers. — Geôliers. — Un Soldat et Un Officier.

A Parme. — Dans la citadelle, au premier acte. — Dans l'hôtel Palavicini, au deuxième acte.

REBECCA

ACTE PREMIER

La plate-forme d'un donjon où les prisonniers prennent l'air. — Le fond du théâtre, coupé en forme circulaire, offre des embrasures et des créneaux, par lesquels on peut voir du haut de la tour dans la ville. — Sur les deux premiers plans, à droite et à gauche, des chambres de prisonniers, avec des barreaux au-dessus de la porte. — A droite, un corridor qui conduit à d'autres chambres. — A gauche, un escalier par lequel on descend aux étages inférieurs. — A droite, une niche où est une petite statue en pierre.

SCÈNE PREMIÈRE.

PRISONNIERS, ASCANIO, puis FÉDÉRIC.

(Au lever du rideau, plusieurs prisonniers se promènent sur la plate-forme ou regardent par-dessus les créneaux du fond; quelques-uns lisent. Ascanio, sur le premier plan, joue aux échecs sur le coin d'une table avec un prisonnier, tandis qu'un autre dessine sur l'autre bout de la table.)

LES PRISONNIERS.

AIR : Les chagrins, arrière! (*La Sirène.*)

Vive, en cette vie,
La philosophie!

Par elle, en tous lieux,
On sait être heureux !
Son pouvoir suprême
Fait, en prison même,
Trouver la gaîté
Et rêver la liberté!

ASCANIO.

Échec à la dame!... je suis vainqueur!

LE PRISONNIER.

Pas encore, seigneur Ascanio, je pare l'échec... en prenant la tour!

ASCANIO.

Parbleu! prenez-la si vous voulez!... et celle-ci avec... j'ai assez de tours comme ça... Dieu!... que c'est ennuyeux, une prison!

LE PRISONNIER.

Vous ne faites que d'arriver.

ASCANIO.

C'est égal... il y a toujours longtemps qu'on y est. (Apercevant Frédéric qui vient de sortir de la chambre à droite, n° 1, il se lève brusquement.) Ah! le jeune marquis de Palavicini!

LE PRISONNIER.

Et notre partie?

ASCANIO.

Je vous la donne gagnée!

(Serrant la main de Frédéric.)

FRÉDÉRIC.

Ascanio del Dongo!... le fils du grand-veneur!... le cousin du premier ministre... vous aussi en prison!

ASCANIO.

Tout le monde y est... c'est bon genre... Quel bonheur de se rencontrer!

FRÉDÉRIC.

J'aimerais mieux pour vous que ce fût ailleurs... Y a-t-il longtemps que vous êtes des nôtres?...

ASCANIO.

Depuis huit jours!... J'étais d'abord dans un autre donjon... j'ai obtenu par protection d'être transféré dans la tourelle des prisonniers d'État... Pour moi, qui ne suis qu'un étudiant... c'est bien de l'honneur!

FÉDÉRIC, souriant.

Dites-nous ce qui se passe dans notre duché de Parme et de Plaisance... car ici nous ne recevons pas de journaux.

ASCANIO.

Voici les nouvelles les plus fraîches... celles de la semaine dernière... Notre nouveau duc, le prince régnant voit toujours des libéraux et des carbonari... partout... jusque dans sa chambre à coucher... et l'on dit que tous les soirs le ministre de la police fait en personne une visite officielle sous le lit de Son Altesse.

FÉDÉRIC.

AIR de Madame Favart. (PILATI.)

Ces princes-là sont fort habiles,
De père en fils tous gens d'esprit!
Mais ils veulent dormir tranquilles,
Voilà comment; au moindre bruit,
De leur main, qu'à peine ils soulèvent,
Ils signent l'exil... souvent mieux!
Puis... ils se rendorment... et rêvent
Que leurs sujets vivent heureux!

ASCANIO.

C'est ainsi que, sous le règne précédent, votre père, le seul homme d'État que nous ayons jamais eu...

FÉDÉRIC.

A été condamné comme libéral!

ASCANIO.

Ainsi que vous... Et sans votre jeunesse qui vous a valu un sursis...

FÉDÉRIC.

Oui... ce n'est que différé!

ASCANIO.

Allons donc!

FÉDÉRIC.

Peu m'importe, je vous le jure... car je tiens peu à la vie.

ASCANIO.

Bah! à vingt-cinq ans!... Vous ne serez pas toujours en prison... et la vie est belle!

FÉDÉRIC.

Pour vous, Ascanio, pas pour moi, qui n'ai déjà plus d'illusions et ne crois plus à rien!... Songez donc à ce que j'ai déjà vu... à la position où je me suis trouvé!...

ASCANIO.

Oui... joli cavalier, jeune, riche et fils d'un ministre!... tout le monde vous faisait la cour... même les dames!... vous ne voyiez autour de vous que des amis.

FÉDÉRIC.

Oui, mais mon père est tombé... tout le monde nous a oubliés... ou trahis!... Moi, c'est tout simple, je ne méritais ni un souvenir ni un regret... mais mon père, le marquis de Palavicini, qui n'avait fait que du bien au pays, qui avait défendu jusqu'au dernier moment ses droits et ses libertés... s'est vu, au jour du danger, abandonné de tous... et il a marché au supplice sans qu'un bras s'élevât pour le défendre ou une voix pour le plaindre!... Ah! pardon!... je sais qu'au milieu de la foule silencieuse un cri s'est fait entendre : *Viva Palavicini!* c'était vous, Ascanio, et je ne l'oublierai jamais.

ASCANIO.

Oui, je m'étais peut-être mis là un peu trop en avant, mais, grâce à ma famille dont les opinions rétrogrades sont connues, on m'a traité comme un étourdi... un écolier sans conséquence!

FÉDÉRIC.

Ce ne sont donc point les suites de cette affaire qui vous amènent à la citadelle de Parme?

ASCANIO.

Non, vraiment.

FÉDÉRIC.

Ah! tant mieux!

ASCANIO.

C'est un débat intérieur... une affaire de famille... Pour laisser à mon frère aîné les titres et la fortune de la maison del Dongo, on avait décidé que je renoncerais au monde... moi, j'avais décidé le contraire... et je vais vous dire pourquoi... (A demi-voix.) C'est que je suis amoureux!

FÉDÉRIC.

Un premier amour?

ASCANIO.

Non, le second... au moins, car, en sortant de l'université, j'avais adoré... la comtesse de Lipari... une coquette qui s'est moquée de moi... vous en savez quelque chose... ce qui m'a guéri sur-le-champ... Je ne comprends pas les passions malheureuses... je ne peux aimer que quand on m'aime! et cette fois...

FÉDÉRIC, souriant.

Vous êtes bien amoureux!

ASCANIO, gaîment.

Je m'en vante... C'est-à-dire, non... je ne m'en vante pas... mais c'est comme je vous le dis.

FÉDÉRIC.

Une autre grande dame?

ASCANIO.

Du tout!... une beauté bien plus piquante et mille fois plus précieuse que l'or et les diamants dont elle est entourée... d'habitude... C'est la fille d'un orfèvre... la fille unique de maître Issachar.

FÉDÉRIC.

Issachar... à la place Maggiore... C'était notre joaillier, et je connais sa fille, la petite Rebecca, à qui j'achetais de temps en temps.

ASCANIO.

C'est vrai! c'est vrai! car à son comptoir où j'allais tous les jours, nous parlions souvent de vous... comme de la pluie et du beau temps!

FÉDÉRIC, souriant.

Vous êtes bien bon!... Et vous vous étiez déclaré?...

ASCANIO.

Pas encore!... parce que son père avait des idées singulières... Ces juifs sont bizarres!... Il avait deviné mon amour et m'avait fermé sa porte, en me déclarant qu'on n'entrait chez lui que par le mariage.

FÉDÉRIC.

Ce qui vous rappela à la raison?

ASCANIO.

Au contraire... ça me la fit perdre totalement... et j'osai, dans ma folie, parler à la famille del Dongo des prétentions de la famille Issachar... A l'idée seule du moindre contact entre les deux maisons... indignation de la mienne, refus... de vingt-cinq pieds de haut... et défense de penser désormais à la belle juive... Ce qui fit que, dès le soir même, je lui écrivis en toutes lettres mon amour... lui offrant, moi, le chevalier Ascanio del Dongo, cadet de bonne maison, mon nom, ma légitime et un mariage secret, le soir à neuf heures, à l'église de Notre-Dame-del-Bambino.

FÉDÉRIC.

Quoi! sérieusement?...

ASCANIO.

Ce fut mon gouverneur, le vénérable Golgotha, un homme sûr, qui remit lui-même ce billet à Rebecca... et me rapporta sa réponse... que voici, je l'ai toujours là... (Lui donnant un papier.) Tenez, lisez!

FÉDÉRIC, lisant.

« Je devrais vous refuser si je n'écoutais que la raison,
« mais raisonne-t-on quand on aime?... A ce soir... à neuf
« heures! »

ASCANIO, avec enthousiasme.

C'est divin!... c'est délicieux!...

FÉDÉRIC, froidement.

C'est un billet qui ressemble à tous les autres... Comparez-le à ceux que vous avez reçus...

ASCANIO, naïvement.

C'est le premier!

FÉDÉRIC.

Ah! je ne m'étonne plus... et ne vous demande pas si vous fûtes exact au rendez-vous.

ASCANIO.

J'y étais à huit heures... et je me promenais depuis un siècle sous le portail de l'église, enveloppé dans mon manteau... quand, au lieu de Rebecca que j'attendais... je me vois entouré par une troupe de spadassins que je n'attendais pas... et, sans me faire aucun mal...

AIR de Marianne. (DALAYRAC.)

D'un voile on me couvre la tête;
« En avant!... partez, postillon! »
La voiture roule et s'arrête
Sous la voûte de ce donjon.
O destinée!
Quand l'hyménée
Va nous lier,
Être fait prisonnier!

FÉDÉRIC, souriant.

Prison nouvelle!

ASCANIO.

J'aimais mieux celle
Dont Rebecca devait être geôlier!
Mais, par cette mesure atroce,

> Mes parents se vengeaient, je croi,
> De n'avoir pas été par moi
> Invités à ma noce !

Aussi, maintenant, c'est entre nous un défi... une guerre à mort... J'ai juré, déclaré, signifié aux del Dongo que j'épouserais Rebecca... et son père et toute la synagogue... ou que je me tuerais.

FÉDÉRIC.

Vous voulez rire ?

ASCANIO.

Non... je me tuerai... pour leur apprendre !... Car je ne vous ai pas dit qu'afin de punir Issachar, mon futur beau-père, de l'appui qu'il était censé avoir prêté à nos amours... on l'a fait passer pour un carbonaro... pour un libéral !

FÉDÉRIC.

Est-ce que, vraiment...

ASCANIO.

Du tout !... c'est un orfèvre !... pas autre chose... Mais, en attendant... il est ici... sous clef, à la citadelle... et je cherche encore qui a conduit tout cela.

FÉDÉRIC.

Je vous le dirai si vous voulez... c'est votre gouverneur, le vénérable Golgotha.

ASCANIO.

Mon professeur !... un ami qui m'est tout dévoué...

FÉDÉRIC.

On m'a assuré que c'était un homme capable de tout pour de l'argent.

ASCANIO.

Je n'en avais pas et n'en ai jamais eu... Ainsi vous voyez bien !... (Bruit au dehors.) Ah ! voilà déjà l'heure de la promenade... qui est terminée.

FÉDÉRIC.

C'est notre geôlier.

SCÈNE II.

Les mêmes; PEPITO.

PEPITO.

Non, messieurs... le père Gennaro, le geôlier en chef a la goutte, et c'est moi, Pepito, le premier porte-clefs, qui suis admis par intérim à l'honneur...

ASCANIO.

De nous enfermer.

PEPITO.

Vous excuserez si je ne m'y prends pas trop bien... quand on n'a pas l'habitude... mais avec le temps...

FÉDÉRIC, riant.

C'est agréable !

PEPITO.

Enfin, je ferai de mon mieux !... et, Dieu aidant, nous tâcherons... (Leur montrant le corridor à gauche.) Si ces messieurs veulent se donner la peine d'entrer !... voici l'heure.

ASCANIO.

Déjà !

PEPITO.

C'est la consigne... une demi-heure le matin... et tantôt, pour le repas, les prisonniers peuvent se promener sur cette terrasse, et communiquer ensemble pendant une heure et demie, total : deux heures par jour de grand air.

FÉDÉRIC.

On nous le mesure.

ASCANIO, à Pepito.

Tu ne pourrais pas doubler la dose?... Que diable ! le grand air... ça ne coûte rien à l'administration...

PEPITO, avec effroi.

AIR du Verre.

O ciel! taisez-vous, monseigneur!

ASCANIO.

Quel vertige vient de te prendre?

PEPITO.

Ah! pour vous je tremble de peur,
Car si l'on allait vous entendre!...

ASCANIO.

Ne crains rien!... pour bonne raison...
Ma langue peut être indiscrète;
Ayant l'honneur d'être en prison,
Je n'ai pas peur que l'on m'y mette.

PEPITO.

Allons, messieurs, allons, rentrons.

ASCANIO.

A tantôt, mon cher marquis!

LES PRISONNIERS.

Air : Les chagrins, arrière! (du Sinêne.)

Vive, en cette vie,
La philosophie!
Par elle, en tous lieux,
On sait être heureux!
Son pouvoir suprême
Fait, en prison même,
Trouver la gaîté
Et rêver la liberté!

(Ils descendent tous par l'escalier à gauche. Fédérie, qui est resté le dernier, est encore en scène.)

PEPITO, fermant la porte du corridor à gauche.

Ah! mon Dieu! et Mlle Rebecca... à laquelle je ne songeais plus... elle a une permission pour venir voir son père... qui est là, dans ce corridor.

FÉDÉRIC.

La fille d'Issachar?

PEPITO.

Oui, monseigneur.

FÉDÉRIC.

Il fallait donc la faire entrer plus tôt... ce pauvre Ascanio aurait été enchanté.

(Pepito a été, pendant ce temps, ouvrir la porte du corridor de droite.)

SCÈNE III.

PEPITO, GIANINA, REBECCA, FÉDÉRIC.

GIANINA.

Suivez-moi, signora... ces corridors-là me connaissent... je suis de la maison.

FÉDÉRIC.

La nièce du geôlier...

GIANINA.

Hélas! oui... et c'est surtout depuis que mon oncle vous a pour locataire, que je suis désolée qu'il ait cette vilaine place-là.

FÉDÉRIC.

Vous êtes bien bonne!... (S'adressant à Rebecca qu'il salue avec bonté.) Mademoiselle vient pour voir son père?

REBECCA, troublée.

Oui... oui, monseigneur...

GIANINA.

Qu'ils lui ont enlevé! (Bas, à Fédéric.) Heureusement que tout va mal... ça ne peut pas durer... On parle d'émeute... de renversement...

(Pepito, qui, depuis le commencement de la scène, est resté immobile à regarder Gianina, laisse tomber en ce moment son trousseau de clefs et sort de sa rêverie.)

GIANINA, effrayée.

Ah! mon Dieu!... est-ce que ça commence?

PEPITO.

C'est moi... qui étais là à vous regarder, que j'en oubliais... mes clefs et mes prisonniers.

FÉDÉRIC, à Pepito.

Rassure-toi... je rentre.

REBECCA, vivement.

Déjà !...

(Elle s'arrête et baisse les yeux.)

FÉDÉRIC.

Adieu, mademoiselle ! Croyez, quel que soit mon sort, que votre père et vous avez en moi un véritable ami.

REBECCA, troublée et le suivant des yeux.

Oui... oui, monseigneur...

PEPITO, refermant la porte de la chambre n° 1, où vient d'entrer Fédéric.

Ah ! et le permis de mademoiselle ?

(Il laisse à la serrure son trousseau de clefs et va à Rebecca qui tire de sa poche un papier et le présente à Pepito, sans cesser de regarder la porte n° 1.)

PEPITO.

Je vais le faire viser... je le rapporte et vous conduis près de votre père. (Il fait quelques pas pour sortir.) Et mon trousseau que j'oubliais !

(Il va reprendre son trousseau de clefs à la porte de la chambre de Fédéric.)

GIANINA.

Qu'est-ce qu'il fait ? qu'est-ce qu'il fait ?...

PEPITO.

Tenez, Gianina, vous ne devriez jamais vous présenter à moi quand je suis dans l'exercice de mes fonctions... aujourd'hui surtout que je commande en chef... Ça me trouble... je ne sais plus ce que je fais !

AIR : Je voulais bien. (*Fra-Diavolo.*)

Je suis plus malheureux que ceux
Que je tiens ici sous ma chaîne !

Leur peine est moindre que la mienne,
Je suis pris et pincé mieux qu'eux !
J'suis amoureux ! j'suis amoureux !
Oui, je le suis de telle sorte,
Que quelquefois j'ouvre la porte
Au lieu de la fermer sur eux !
Qu'les prisonniers sont donc heureux
Quand les geôliers sont amoureux !
Que les prisonniers sont heureux
Quand les geôliers sont amoureux !

(On entend du bruit du côté du corridor à gauche. — Pepito, crie :)
J'y vais !

(Se retournant vers Gianina.)

J'suis amoureux !

(Il s'élance par le corridor à gauche et disparaît.)

SCÈNE IV.

GIANINA, REBECCA.

(Rebecca, pendant la scène précédente, est toujours restée immobile, les yeux fixés du côté de la chambre n° 1.)

GIANINA.

Eh bien ! pas un mot... Il a été pour vous... bon et affectueux... et vous n'avez trouvé à lui dire que... « Oui... oui... monseigneur... »

REBECCA.

Tu as raison... Il va me prendre pour une sotte... une idiote... ou, ce qui est plus terrible encore, pour une ingrate !... Mais, que veux-tu, rien qu'à sa vue, à sa voix, mes yeux se troublent, ma tête se perd, le cœur me manque ! Tiens, tu le vois bien, je ne sais plus où j'en suis...

GIANINA.

Mam'selle ! mam'selle ! remettez-vous... si on venait à se douter...

9.

REBECCA.

Il n'y a que toi au monde... toi seule, Gianina,... à qui je l'aie dit, et encore, parce que tu t'en es aperçue!

GIANINA.

Je vous aurais bien défiée de me le cacher.... moi qui vous connais... moi qui, pendant cinq années, ne vous ai pas quittée... Oui, je serais morte alors de faim et de misère... si vous n'aviez recueilli dans votre boutique une pauvre fille de votre âge dont vous avez fait votre amie! Et depuis deux ans que mon oncle a ici une place et m'a prise avec lui, je n'ai pas encore pu m'acquitter envers vous!...

REBECCA.

Y penses-tu?

GIANINA.

Vous me permettrez bien alors de vous payer en amitié et en dévouement... car moi, c'est vous! c'est une sœur!

REBECCA.

Je le sais... je le sais...

GIANINA.

Aussi, à votre trouble... à votre embarras... je l'ai vu tout de suite!

AIR : Il m'en souvient, longtemps ce jour.

Votre père n'est pas, hélas!
Le seul ici qui vous amène!
Pour un père on n'hésite pas
A montrer sa crainte ou sa peine!
L'seul avantage, en pareil cas,
C'est qu'au moins tout haut l'on soupire;
Mais l'plus grand chagrin... n'est-ce pas?
C'est celui qu'on n'ose pas dire!

REBECCA.

C'est vrai!... c'est vrai...

GIANINA.

Eh bien! alors... dites-moi tout!... et apprenez-moi comment cet amour-là est arrivé.

RÉBECCA.

Je ne l'ai jamais su... car, lorsque je m'en suis aperçue... c'était déjà fait!... Tout ce que je me rappelle, c'est qu'un dimanche, pendant que nos ouvriers travaillaient, le peuple s'était amassé devant la boutique en criant : A bas les juifs!... Un jeune homme, qui passait par là, voulut calmer les furieux, et quoique atteint assez grièvement d'une pierre... là, à l'épaule, il finit par leur faire entendre raison, et mon père supplia notre défenseur, qui était blessé, d'entrer un instant dans notre boutique... Il avait un air si simple, si doux et si distingué... il recevait nos soins avec tant de reconnaissance, qu'on aurait dit que c'était lui qui était l'obligé... On pansa sa blessure... ce fut moi!... et ma main tremblait... tremblait... Enfin, sans nous dire son nom... il partit... Ce fut fini... il n'en fut plus question...

GIANINA.

En vérité?

RÉBECCA.

C'est-à-dire... et je ne sais pourquoi, j'avais idée, à la manière dont il nous avait parlé de commerce, que c'était le fils d'un négociant ou d'un banquier, et je me disais : Un négociant et un orfèvre... il n'est pas impossible que... ça s'est vu... c'est convenable... Enfin, je pensais à cela tous les jours... lorsqu'à la fin de la semaine, mon père reçut une commande d'orfèvrerie et de bijoux pour le premier ministre d'alors, le marquis de Palavicini... et nous nous rendîmes à son hôtel. Oh! que c'était beau et majestueux!... les riches appartements... quel nombreux domestique!... et puis deux ou trois antichambres qu'il nous fallut traverser... des habits dorés, chamarrés, je croyais que c'était encore de la livrée... c'étaient des courtisans... Enfin nous entrâmes dans un petit boudoir... Ah! je crois le voir encore! et je me le rappellerai toujours!... Une porte s'ouvrit... et je vis paraître le marquis de Palavicini... le ministre!

GIANINA.

Qui était, dit-on, superbe !

REBECCA.

Oh ! je ne le vis pas... je ne vis rien !... parce qu'à côté de lui était un beau jeune homme à qui il disait : Mon fils !... C'était lui... notre inconnu... notre défenseur !... Je sentis un nuage obscurcir mes yeux et mes genoux fléchir... C'en était fait de tous mes rêves !...

GIANINA.

Eh bien ?...

REBECCA.

Eh bien ! depuis ce jour, mon père eut la pratique du ministre... et de plusieurs autres riches maisons de la cour..., Fédéric... M. Fédéric venait lui-même assez souvent chez nous... acheter des bijoux... c'était toujours à moi qu'il s'adressait.

GIANINA.

Et cela vous faisait plaisir ?...

REBECCA, avec dépit.

Au contraire !... Il achetait toujours des colliers... des bracelets... des parures de femmes... Et un soir que j'étais avec mon père au spectacle, à une place bien modeste... et cachée dans la foule, je vois, dans une belle première loge, celle du ministre, la plus jolie femme de la cour, la plus élégante et en même temps la plus coquette, la comtesse de Lipari... Il était là, auprès d'elle... la regardant avec une expression d'orgueil... de bonheur... de tendresse !... et elle portait une rivière en diamants, que M. Fédéric m'avait achetée quelques jours auparavant... Depuis ce soir-là, je le détestai... je ne le regardais plus... je lui parlais à peine et je tâchai de n'y plus penser...

GIANINA.

Ah !

REBECCA.

Seulement, il y avait un petit jeune homme de grande maison, le jeune Ascanio del Dongo, qui venait aussi acheter... à crédit... Il était lié avec le fils du ministre... et, malgré moi... je le faisais parler sur M. Fédéric... et sur la comtesse de Lipari... que lui, Ascanio, ne pouvait pas souffrir ! C'était un bon jeune homme ! qui me racontait des choses qui me faisaient bien du chagrin. C'est égal !... j'avais du plaisir à avoir de la peine ! Ça m'aidait à l'oublier, et voilà, puisque tu veux le savoir, comment cet amour-là est venu et comment il est parti.

GIANINA.

Oh ! parti !... Mais dites-moi, mademoiselle, quand le marquis de Palavicini et son fils furent condamnés...

REBECCA.

Oh ! quelle indignité !... trahis, abandonnés de tous, même de cette comtesse de Lipari !... Oh ! alors, j'oubliai tout... mon amour revint... Mais c'était bien !... c'était juste... il était malheureux ! Si j'avais été homme, j'aurais voulu conspirer... j'aurais voulu une émeute... un soulèvement pour le délivrer... enfin, vois-tu...

GIANINA.

Est-il possible ! vous, mam'selle, d'ordinaire si timide et si calme ?

REBECCA.

Oh ! dès qu'il s'agit de lui !... Écoute ce que j'ai appris hier, d'une de nos pratiques qui est membre du conseil... Mon père, pour qui je l'implorais, ne court, m'a-t-il dit, aucun danger... Arrêté comme carbonaro, aucune charge ne s'élève contre lui, et sous quelques jours il sera mis en liberté... D'ici là, je pourrai le voir aujourd'hui, demain, tous les jours...

GIANINA.

Quel bonheur !

REBECCA.

Oui... Mais quant au jeune marquis de Palavicini... la mort de son père l'a rendu l'idole du peuple et le point de ralliement des libéraux... C'est, malgré sa jeunesse, un chef de parti dangereux... On regrette de l'avoir épargné... et, pour ôter tout prétexte aux émeutes et aux complots... on est décidé à un exemple.

GIANINA.

On n'osera pas!

REBECCA.

Ils oseront tout... ils ont si peur!

GIANINA.

Et vous?

REBECCA.

Je ne te parle pas de moi... je ne lui survivrai pas...

GIANINA.

Que dites-vous?

REBECCA.

Ne t'effraie pas! je suis calme... j'ai du sang-froid... Il y avait dans notre caisse dix mille ducats... j'en ai pris cinq mille... je les ai là, en billets de banque... J'en puis disposer : la moitié de notre fortune vient de ma mère... et m'appartient.

GIANINA.

Quoi! mam'selle, vous oseriez...

REBECCA, avec exaltation.

Ah! ce n'est rien que cela, et pour lui j'ai fait bien plus encore.

GIANINA.

Plus encore?

REBECCA.

Ni lui, ni mon père n'en sauront jamais rien... Dieu seul...

GIANINA.

Ah!... Qu'est-ce que c'est donc?

REBECCA.

Tais-toi... tais-toi!... Où en étais-je?... Ah!... Je me suis dit : J'irai trouver Gianina, ma sœur, mon amie; avec cet argent, elle gagnera quelque garde, quelque geôlier qui, aujourd'hui ou demain, fera évader Frédéric... Voilà mon espoir, je n'en ai pas d'autre... Me suis-je trompée?

(Elle lui remet une bourse.)

GIANINA.

Non... non... Et pour moi, du moins... je suis trop heureuse... car voilà l'occasion que je demandais... de m'acquitter envers vous. Aujourd'hui, justement, mon oncle Gennaro a remis ses clefs et sa surveillance à quelqu'un...

REBECCA, vivement.

Quelqu'un?...

GIANINA, baissant les yeux.

Sur qui j'aurais bien quelque pouvoir.

AIR du vaudeville de *Voltaire chez Ninon*.

Je crois bien qu'il m'obéirait
Si je voulais être obéie !
Pour ça...

REBECCA.

Que faut-il ?

GIANINA.

Il faudrait
L'aimer un peu !

REBECCA.

Je t'en supplie !
Fais, pour moi, qu'il soit adoré.

GIANINA.

Qui, moi! mam'selle... que je l'aime!

REBECCA.

Aime-le... je te le rendrai!...

GIANINA.

Il me le rendra bien lui-même! Silence! c'est lui!...

SCÈNE V.

LES MÊMES; PEPITO, sortant du corridor à gauche.

PEPITO, à Rebecca.

Tout est en ordre... et vous pouvez, signora, vous rendre près de votre père... (Montrant la gauche.) Là... dans ce corridor... (Criant près de la porte.) Pietro! conduisez la signora au n° 17.

(Rebecca sort par la porte à gauche, après avoir serré la main de Gianina.)

GIANINA.

Pourquoi ne la conduis-tu pas toi-même?

PEPITO.

Vous me le demandez?... Pour rester un instant avec vous... Vous comprendriez ça, mam'selle, si vous m'aimiez seulement un peu... Mais vous ne pouvez pas, ça vous est impossible!

GIANINA.

Qui sait?

PEPITO, avec joie.

Qu'est-ce que vous me dites là?

GIANINA.

Que tu es un brave et honnête garçon... qui n'as qu'un défaut...

PEPITO.

Que ça?

GIANINA.

C'est d'avoir peur... toujours... et de tout.

PEPITO, avec tendresse.

Ça n'est pas un mal, mam'selle, si j'ai peur de tout!... J'aurai peur de déplaire à ma femme!...

GIANINA, désarmée.

C'est mieux, ce que tu dis là! Et, vrai, Pepito, si mon oncle voulait...

PEPITO.

Mais vous savez bien qu'il ne veut pas! attendu que je n'ai rien... et qu'il lui faut, avant tout, un neveu qui ait de la fortune! aussi... pour en trouver une, je me jetterais du haut en bas de la citadelle...

GIANINA.

Bien vrai?

PEPITO.

Ah! vrai! vrai! car je vous aime, voyez-vous, plus que ma vie!

GIANINA.

C'est bien, c'est comme ça qu'il faut aimer... Et s'il ne tenait qu'à toi de m'épouser, en gagnant à l'instant un capital de cinq mille ducats?

PEPITO.

Ah!...

GIANINA.

Chut!...

PEPITO.

Et pour cela que faut-il faire ?

GIANINA.

Une bonne action ! sauver un innocent... un homme d'honneur !...

PEPITO.

C'est dit !

GIANINA.

Le jeune marquis de Palavicini...

PEPITO, à part.

O ciel ! (Haut et tremblant.) Chut !

GIANINA.

Eh bien ?...

PEPITO.

Eh bien !... et si on était découvert...

GIANINA.

On ne te découvrira pas... Tu as les clefs de toutes les portes... c'est toi qui surveilles les autres surveillants... c'est toi qui, le soir, fais la dernière ronde...

PEPITO.

Je sais bien... mais c'est égal !... On risque beaucoup, on risque tout...

GIANINA.

Eh bien !... et toi qui voulais mourir pour moi... toi qui m'aimes plus que ta vie... Tu me l'as dit ?

PEPITO.

C'est vrai !... c'est vrai !... on dit ça !... Mais c'est que de quitter la vie...

GIANINA.

Ça t'effraie ?

PEPITO.

Du tout... ça m'est bien égal !... Et si ce n'était que cela... Mais ça m'empêchera de vous épouser.

GIANINA.

Mais si tu réussis... ce qui est certain, songes-y donc, Pepito, une bonne action dont la récompense est là... (Montrant son gousset.) et là... (Montrant son cœur.) Et si un jour le marquis de Palavicini revient au pouvoir... voilà notre fortune assurée... des honneurs... des places... Et puis... et puis... (Avec coquetterie.) je t'aimerai !

PEPITO, avec transport.

C'est vrai ! c'est vrai... une dot aujourd'hui, vous ensuite... vous surtout...

GIANINA.

Eh bien ?...

PEPITO.

Eh bien ! mam'selle... eh bien ! ma chère Gianina...

GIANINA, vivement.

Eh bien ?

PEPITO.

Eh bien !... (On entend un son de cloche. — Avec effroi.) Qu'est-ce que c'est que ça ?... Le tocsin d'alarme !... Est-ce qu'on aurait déjà découvert quelque chose ?...

GIANINA.

Eh non ! c'est le premier coup pour le déjeuner des prisonniers... Je vais m'en occuper... Dépêche-toi... il n'y a pas de temps à perdre !

(Elle sort par la porte à droite.)

SCÈNE VI.

PEPITO, seul.

Ah ! ce n'est pas le temps que je crains de perdre !... (Se frottant la tête.) C'est autre chose... Mais elle a raison... hâtons-nous, sans raisonner et sans réfléchir... car si on réfléchissait... (Regardant sur la table à gauche le papier et le crayon laissés par le prisonnier qui dessinait.) Ah ! ce crayon... du prisonnier qui dessinait... (Ecrivant en tremblant.) « Un ami in-« connu... » (Parlant.) Inconnu !... c'est adroit... J'aime mieux que lui-même ne sache pas quel est son sauveur... Si ça tournait mal, il ne pourrait rien dire... Quitte à se faire connaître plus tard... si ça tourne bien... (Achevant d'écrire.) « Expose pour vous ses jours... Ce soir, à huit heures, te-« nez-vous prêt... Si vous êtes décidé... mettez, pendant la « promenade du déjeuner, votre réponse derrière la petite « statue de pierre. » (Il roule le papier autour du crayon et le jette entre les barreaux qui sont au-dessus du n° 1.) Je lui jette ce crayon... pour qu'il puisse me répondre... (Poussant un cri d'effroi en entendant encore sonner la cloche.) Ah ! non... c'est le second coup... Cette cloche-là me fera mourir... et d'ici à ce soir, Dieu sait ce qui peut arriver... C'est ne pas vivre que d'être d'un complot... (Bruit au dehors.) Et si c'était à recommencer... Et mes prisonniers que j'oublie...

(Il va ouvrir la porte du corridor à gauche, puis celle à droite. — Ascanio et plusieurs prisonniers entrent en scène.)

LES PRISONNIERS.

AIR : Des jours de la jeunesse. (*La Part du Diable.*)

Profitons de la vie,
Sans croire au lendemain.
Au présent je me fie,
Car lui seul est certain !

(Pendant ce chœur, Ascanio et les prisonniers s'assoient autour de différentes tables. Des valets de la prison apportent des tasses et du pain, qu'ils placent sur les tables. Paraît, par la porte à droite, Gianina, tenant à la main une grande cafetière et un pot au lait. C'est quand tout le monde est placé que Pepito va en tremblant ouvrir la porte du n° 1.)

SCÈNE VII.

Les Prisonniers, PEPITO, ASCANIO, FÉDÉRIC, GIANINA.

(Fédéric va se placer près d'Ascanio ; il a son chapeau sur la tête, et il est prêt à s'asseoir à la table. Il va déposer son chapeau près de la niche de la petite statue de pierre à droite ; et, tournant le dos à ses compagnons, il cache derrière la madone un papier qu'il a tiré de son gousset. — Tout cela s'est exécuté sur le chœur précédent. — Pepito, qui est à l'autre extrémité du théâtre, à gauche, l'examine avec inquiétude.)

PEPITO, qui a suivi de l'œil tous les mouvements de Fédéric.

C'est sa réponse ! (Il s'approche de la statue de pierre et, au moment où personne ne le regarde, il saisit le papier.) Je la tiens !

ASCANIO, à gauche, à Gianina qui lui verse du café.

Merci, ma gentille Hébé !

GIANINA.

On voit bien que ce sont des prisonniers d'État, et des gens riches ! tous les matins du café !...

ASCANIO.

Oh ! du café ! tu te vantes !...

(Gianina, tenant toujours sa cafetière à la main, s'approche de Pepito.)

GIANINA, à voix basse.

Eh bien !... tout est-il disposé ?...

PEPITO, de même, vivement et avec terreur.

C'est fait !... c'est fait !... mais ne me parlez pas... ne me regardez pas... On pourrait se douter... de quelque chose.

GIANINA, à demi-voix.

C'est qu'il y a du bruit dans la ville... On bat le rappel...
(Se retournant vers les prisonniers à qui elle va verser.) Voilà, messieurs, de la crème excellente.

PEPITO, effrayé et à part.

Ah! mon Dieu! ça n'est pas au moment où l'on va redoubler de surveillance, que l'on peut tenter une entreprise pareille!... et pour ma part je... (Jetant les yeux sur le papier qu'il vient de dérouler d'une main.) Que vois-je?... (Lisant.) « Ma « vie, telle qu'elle est désormais, ne vaut pas la peine que, « pour la sauver, j'expose celle d'un ami... Je le remer- « cie et refuse, résigné à la mort que j'attends... » Est-il possible!... il refuse... il refuse pour ne pas m'exposer... Ah! l'honnête homme! le brave homme!... je donnerais pour lui ma vie... (Se reprenant vivement.) Non... mais tout, excepté cela! (Il serre le papier dans sa poche. Apercevant un soldat qui entre.) Dieu! un soldat!... (A part.) Il m'a fait une peur!... (Le soldat lui présente une lettre.) Une lettre pour un prisonnier!... qui est bien protégé, celui-là!...

TOUS, avec empressement.

Pour moi?

PEPITO.

Non, non... pour le seigneur Ascanio del Dongo.

ASCANIO, qui s'est levé de table et qui a couru près de Pepito.

L'écriture de ma mère!

PEPITO.

C'est égal!... je dois voir avant tout si elle ne renferme rien de contraire à la sûreté de l'État.

ASCANIO, avec colère.

Par exemple!

PEPITO.

C'est la consigne... Sinon, je serai obligé de la renvoyer cachetée!

ASCANIO.

Allons donc, et puisqu'il le faut... lis!

PEPITO, lisant.

« Mon cher enfant! je n'existe plus depuis que vous êtes « en prison... J'ai déjà obtenu de votre père qu'on vous « laisserait prendre l'uniforme...»

ASCANIO.

Ah! mon excellente mère...

PEPITO, lisant.

« Quant à votre désir insensé de vous marier, on y accé-
« derait encore, malgré votre jeunesse, s'il y avait possibi-
« lité ou même prétexte à notre consentement. Mais réflé-
« chissez... Quelles que soient les qualités que je me plais
« à lui reconnaître, une jeune fille qui n'a ni naissance, ni
« fortune, ne peut épouser un del Dongo! (s'attendrissant en
« lisant.) Et si vous m'aimez, mon fils, autant que je vous
« aime, faites-moi ce sacrifice... »

ASCANIO.

Ah! ma mère!

PEPITO, avec attendrissement.

Faites-lui ce sacrifice, monsieur!

ASCANIO, à Pepito.

Achève donc.

PEPITO, lisant.

« J'attends avec impatience votre réponse, que mon mes-
« sager me rapportera. »

ASCANIO.

J'y cours.

PEPITO, continuant.

« Les choses sont ici, du reste, dans un tel état d'exas-
« pération, que le ministre a dû conseiller au prince un
« dernier et terrible exemple!... il a signé ce matin... » (s'interrompant.) Ah! mon Dieu!...

ASCANIO, qui est revenu sur ses pas, et qui veut prendre la lettre.

Qu'est-ce donc?...

PEPITO, troublé.

Rien... rien... ce n'est pas lisible...

FÉDÉRIC, qui est toujours assis près de la table, lui arrachant la lettre.

Allons donc! (Achevant de lire.) « Il a signé ce matin l'arrêt

« de mort du jeune marquis de Palavicini... qui sera exé-
« cuté ce soir à dix heures... » (Lui rendant la lettre.) L'écriture est superbe !... (A Ascanio, lui présentant sa tasse.) Je vous demanderai une seconde tasse de café.

(Tous les prisonniers font un mouvement. Pepito leur fait signe de ne pas avancer et de laisser seuls les deux jeunes gens ; tous se retirent. Gianina est sortie par la porte à gauche, après l'entrée du soldat, emportant dans un panier les tasses des prisonniers, qui se sont levés de table. Pepito sort par la porte à droite, et les deux jeunes gens restent seuls, Ascanio debout, et tenant encore la lettre qu'il froisse entre ses mains, et Frédéric achevant tranquillement son déjeuner.)

SCÈNE VIII.

ASCANIO, FÉDÉRIC.

ASCANIO, avec désespoir.

Ah ! c'est une horreur !... Et ne pouvoir le sauver... (Levant les yeux vers Frédéric.) Mais j'admire votre tranquillité et votre sang-froid... En vérité, on ne croirait jamais que c'est de vous qu'il s'agit.

FÉDÉRIC.

Que voulez-vous, Ascanio ?... Si j'étais comme vous, plein d'illusions et d'espérance, si j'aimais... si j'étais aimé surtout !... j'aurais peut-être quelques regrets... mais depuis la mort de mon père, je ne tiens plus à la vie, je ne tiens plus à rien... Ce n'est pas de la philosophie... c'est de l'ennui !...

ASCANIO.

Ah ! vous avez beau dire, je ne m'en consolerai jamais !

FÉDÉRIC.

Vous avez tort ! il ne tenait qu'à moi de me sauver...

ASCANIO, vivement.

Que dites-vous ?

FÉDÉRIC.

J'ignore d'où me vient cette offre généreuse... mais on m'a proposé ce matin de favoriser mon évasion... Je n'ai pas voulu!...

ASCANIO.

Quoi! vous pouviez vivre... encore!...

FÉDÉRIC.

A quoi bon?... Si près de finir, ça ne vaut pas la peine de recommencer... J'ai refusé, vous dis-je! (Geste d'Ascanio.) Et, n'insistez pas, chevalier! c'est fini maintenant! Heureux, au moment du départ, de serrer la main d'un ami...

ASCANIO, avec désespoir.

Vous ne partirez pas seul!

FÉDÉRIC.

Allons donc!

ASCANIO.

Je vous accompagnerai... j'y suis décidé! Car, d'après cette lettre, vous le voyez, ils conviennent tous qu'elle est charmante, qu'elle a tous les talents, toutes les vertus... mais elle n'a ni titres, ni naissance, aucun prétexte, comme ils disent, pour consentir à ce mariage.

FÉDÉRIC.

Vraiment?... Et si, moi qui n'ai ni parent ni ami... je vous laisse toute ma fortune?...

ASCANIO, lui sautant au cou.

Ah!... (S'arrachant de ses bras.) Eh bien!... non! c'est inutile... La fortune que vous me donneriez ne lui donnerait, à elle, ni titres, ni noblesse... ce serait toujours Rebecca, la fille de l'orfèvre... et mes nobles aïeux...

FÉDÉRIC, souriant.

Diable!... Savez-vous que vous êtes difficile à marier...

ASCANIO.

Ah!... je le sais bien!

FÉDÉRIC, vivement.

Et nous n'avons pas de temps à perdre!... Il faudrait se hâter... Il faut... Ah! tenez!...

ASCANIO.

Quoi donc?...

FÉDÉRIC.

Si, dans une heure, par exemple, si, dans l'instant, j'offre à la fille d'Issachar ma main, mon nom et mon titre?...

ASCANIO, étonné.

Que dites-vous?

FÉDÉRIC, gaiement.

Je dis qu'avant ce soir elle sera veuve... et que, demain, la jeune marquise de Palavicini, héritière d'un nom superbe et d'un million de rentes, pourra, sans trop blesser la susceptibilité posthume de vos aïeux, épouser un del Dongo... ou, du moins, ce sera, et au delà, le prétexte que demandait votre mère...

ASCANIO.

Non, non!... je ne puis accepter ainsi le prix de votre sang!

FÉDÉRIC.

Vain scrupule!... Vous accepterez, non pas pour vous, mais pour elle, qui vous aime! pour son père, que vous avez fait mettre sous les verrous, et que vous rendrez à la liberté...

ASCANIO.

Mais... monsieur...

FÉDÉRIC.

Et silence avec tous! Mari pour quelques heures et par intérim, je prêterais au ridicule, et quand on va mourir et que chacun vous regarde... il faut tâcher de jouer son rôle avec noblesse!

ASCANIO.
AIR de la romance de *Teniers.*

A cette idée... ah! je ne puis me faire!
Non, je ne puis y consentir...

FÉDÉRIC.
Eh bien!
Allez répondre à votre mère,
Je ne vous demande plus rien :
L'amitié qui n'est pas suspecte,
Veille sur vous... Oui, je le veux ainsi!
Et vous savez que toujours on respecte
Les volontés dernières d'un ami :
Oui, le dernier vœu d'un ami...

(Sur la ritournelle de l'air, Ascanio sort par la porte à droite, pendant que Gianina et Rebecca entrent par la porte à gauche.)

SCÈNE IX.

GIANINA, REBECCA, FÉDÉRIC.

FÉDÉRIC.
Allons, et quoi qu'il en dise!...

REBECCA, causant avec Gianina.
Il sera sauvé, tu me le promets?...

GIANINA.
Pepito s'en charge... et dès ce soir...

REBECCA.
Ah! c'est tout ce que je demande au ciel! Tais-toi... c'est lui!... (Avec joie et le lui montrant.) C'est lui!...

FÉDÉRIC.
Mademoiselle!... j'aurais à vous parler...

REBECCA.
A moi?...

FÉDÉRIC.
D'une importante affaire... qui peut-être va vous rendre

bien malheureuse... Mais le malheur, je l'espère, sera de peu de durée...

REBECCA.

Je m'y résignerai sans me plaindre, monsieur, s'il ne doit pas atteindre ceux que j'aime... s'il épargne mon père.

FÉDÉRIC.

C'est un moyen de le sauver... de le rendre à la liberté...

REBECCA.

On m'avait assuré qu'aucun danger ne le menaçait... Il y en a donc que j'ignorais?... et de plus grands encore!... Parlez, monsieur, parlez! que faut-il faire?... J'ai de la force... du courage... rien ne m'effraiera... Tous les sacrifices, tous les tourments qui me seront imposés, je m'y soumets... j'y consens d'avance...

FÉDÉRIC.

Eh bien! donc!... Mais, quelque inattendue... quelque terrible que soit ma proposition, promettez-moi de ne pas m'en demander les motifs... Vous ne pouvez les connaître aujourd'hui... demain... peut-être... et d'ici-là, croyez seulement qu'il faut des raisons bien graves pour que je vienne ainsi, contre toutes les convenances, vous faire une offre pareille.

REBECCA.

Vous m'effrayez beaucoup, monsieur... Qu'est-ce donc?...

FÉDÉRIC.

C'est de m'épouser...

REBECCA, pousse un cri et tombe à moitié évanouie dans les bras de Gianina.

Ah!

GIANINA.

Mam'selle!... mam'selle... revenez à vous!...

FÉDÉRIC, à part, la regardant.

J'en étais sûr!... Ascanio a raison, il est aimé!... et l'idée seule d'une autre union...

REBECCA, revenant à elle.

Vous, monseigneur!... vous... le marquis de Palavicini...
Ce n'est pas possible... je ne suis qu'une fille du peuple...

FÉDÉRIC.

Peu m'importe!...

REBECCA.

La fille d'un orfèvre... et, plus encore, songez-y bien,
monseigneur... la fille d'un juif... Issachar, mon père, est
un juif.

FÉDÉRIC, à part, et la regardant.

Ah! si Ascanio était là... il serait content!... La pauvre
fille fait tout ce qu'elle peut pour se défendre... (Haut, avec
bonté.) Je sais tout cela, mon enfant, et cela ne m'empêche
pas de vous dire : Voulez-vous m'épouser... à l'instant?

REBECCA.

A l'instant!...

FÉDÉRIC.

Oui, vraiment.

REBECCA.

Moi?...

FÉDÉRIC.

Oui, sans doute... A moins que, de votre part, un obstacle invincible...

REBECCA, vivement.

Non, monseigneur, non!... Mon père avant tout... et dès
qu'il s'agit de le sauver...

FÉDÉRIC, lui prenant la main.

Ah!... c'est bien, mon enfant, c'est bien! vous avez là un
noble et généreux sentiment dont vous serez récompensée...

REBECCA, avec émotion.

Ah! je le suis déjà... Comment, monsieur...

FÉDÉRIC.

Adieu!... Pendant près d'une heure encore les prisonniers

10.

peuvent communiquer entre eux. Je vais parler à votre père... (Il la salue et sort.) Adieu !

SCÈNE X.

GIANINA, REBECCA.

REBECCA.

Ah! je suis folle... ce n'est pas possible... c'est un rêve... et je crains de m'éveiller... Ta main, Gianina, ta main... (Elle la lui serre.) Non, je ne dors pas... c'est bien lui qui était là... qui vient de me parler...

GIANINA.

Eh! oui... c'était lui... dont vous aviez l'air de ne pas vouloir...

REBECCA.

Ah! je te jure que si!...

AIR : Que peut-on demander de plus. (*Oui ou Non.*)

Mais juge de mon embarras !
D'où vient ce bonheur?... je l'ignore ;
D'abord... je ne comprenais pas !...
Et je ne comprends pas encore !...

GIANINA.

Ce sera tout c'que vous voudrez.
Pour ma part je suis moins craintive ;
Quand l' bonheur frappe, on dit : entrez !
Sans d'mander comment il arrive !

Moi, d'abord, je lui aurais sauté au cou... je lui aurais dit : Je vous aime, je vous ai toujours aimé.

REBECCA.

Y penses-tu ?...

GIANINA.

Tiens! ça valait mieux que de rester immobile et muette comme vous l'avez fait.

REBECCA.

Je ne voyais rien... je n'entendais rien ! le sang me portait à la tête avec des battements... (Portant la main à son cœur.) et là surtout !... Mais, rassure-toi... dès que je ne suis pas morte de joie sur le coup, il n'y a plus de danger ! Et conçois-tu mon bonheur ?... quand il était riche et puissant... je ne pouvais rien lui donner... il n'avait pas besoin de moi !... Mais ici, dans la prison, ou dans l'exil... je peux l'entourer de mon amour et de mes soins !... C'est ma dot, à moi !... Et ce soir... cette évasion... je partirai avec lui... les dangers qu'il court ne m'effraient plus... je les partagerai.

GIANINA, la contrefaisant.

Ta, ta, ta, ta ! Ah ! vous parlez maintenant... et pour tout le temps perdu... ça va bien !... nous v'là au pair !

SCÈNE XI.

LES MÊMES; PEPITO, sortant du corridor à gauche.

PEPITO, à Rebecca.

Mam'selle !... mam'selle !... votre père vous demande.

REBECCA, tremblante.

Ah !

PEPITO.

Il a avec lui M. le marquis... lequel a l'air joliment pressé... Je ne sais pas de quoi...

GIANINA, souriant.

Vraiment ! (Regardant Rebecca qui s'appuie sur elle avec émotion.) Eh bien ! est-ce que ça va vous reprendre ?...

REBECCA.

Non... non... j'y vais... Adieu !

(Gianina conduit Rebecca jusqu'au corridor à gauche et revient vers Pepito.)

GIANINA.

Quel bonheur !

PEPITO.

Vous avez l'air bien joyeux, mam'selle !

GIANINA.

Et toi bien triste...

PEPITO.

C'est que ce pauvre jeune homme, M. le marquis, m'a prié de lui envoyer sur-le-champ... l'aumônier de la prison... ce que j'ai fait... parce qu'il y a ordre d'envoyer l'aumônier aux prisonniers dès qu'ils le demandent... Ça vous fait rire, mam'selle !

GIANINA.

Eh ! oui... car c'est pour se marier...

PEPITO.

Lui !

GIANINA.

Oui, dans un instant il va être marié !

PEPITO.

Ça n'est pas possible... puisqu'on assure qu'il va mourir.

GIANINA.

Qui te l'a dit ?

PEPITO.

C'est certain !... le prince a signé ! Et ce soir à dix heures !...

GIANINA.

A cette heure-là, grâce au ciel... il sera parti...

PEPITO.

Comment, parti ?...

GIANINA.

Tu as tout préparé pour sa fuite...

PEPITO.

Certainement ! et quelque danger qu'il y eût pour moi...

les clefs... le petit escalier dans le roc, que seul je connais... tout était préparé...

GIANINA, avec joie.

Très-bien! tu es un brave garçon que j'aime...

PEPITO.

Mais c'est que...

GIANINA.

Quoi donc?...

PEPITO.

Il ne veut pas!...

GIANINA.

Comment! il ne veut pas?...

PEPITO.

Chut!... écoutez...

SCÈNE XII.

Les mêmes; ASCANIO.

ASCANIO, entrant vivement.

Vous n'entendez pas... ce bruit au dehors?...

PEPITO, écoutant.

Eh! si vraiment... le bruit du tambour. (Bas à Gianina.) C'est quelque émeute, et dans un moment pareil, impossible de songer à une évasion.

GIANINA, de même.

Qu'importe!... on essaie toujours.

ASCANIO, qui a été regarder au fond.

Du haut de la tour, on remarque dans la ville un mouvement inusité...

GIANINA, de même.

Des troupes sous les armes... Du peuple qui court dans les rues.

ASCANIO.
Des groupes qui se forment autour de la citadelle...

GIANINA, à Penito.
Toi qui peux sortir... vois donc ce que c'est...

BENITO.
Pardi! on craint quelque soulèvement, et on aura avancé l'heure...

GIANINA, le poussant vers la porte.
N'importe!... va donc!...

(Il sort par la porte à droite.)

SCÈNE XIII.

FÉDÉRIC, sortant du corridor, à gauche, pendant ces derniers mots, ASCANIO, GIANINA.

GIANINA.
Avancer l'heure!... Ah! ce n'est pas possible!

FÉDÉRIC.
Si, mes amis!... c'est probable, par prudence. (Gaiement et bas à Ascanio.) Et vous voyez que j'ai bien fait de ne pas vous écouter et de me presser...

ASCANIO.
Comment! monsieur.

FÉDÉRIC.
Tout est terminé... un bon mariage bien en règle... et tous mes biens et titres assurés, après moi, à la marquise de Palavicini.

ASCANIO, avec désespoir.
Ah! monsieur... monsieur!...

FÉDÉRIC, lui serrant la main.
Silence!

GIANINA.
Comment, monsieur...

FÉDÉRIC, se retournant vers Gianina, qui a passé de l'autre côté.

Tiens, ma bonne Gianina, garde cette bague... elle te vient d'un ami, et tu la porteras le jour de ton mariage... (s'approchant d'Ascanio, et à demi-voix, pendant que Gianina a été s'asseoir près de la table, à gauche, en cachant ses yeux dans son mouchoir.) Quant à vous, Ascanio, je ne vous donne rien... je vous laisse tout ce qui peut vous rendre heureux! C'est une digne et noble fille qui vous aime... et, pour la décider à m'épouser... il n'a pas fallu moins que le salut de son père... Vous lui demanderez pardon pour moi de la peur que je lui ai faite et des chagrins que je lui aurai causés en ménage... Grâce au ciel, ils n'auront pas été longs!... (Se retournant.) Eh bien! Gianina, tu pleures!... et vous aussi, Ascanio... Allons, mes amis, du courage, et félicitez-moi, au contraire...

Air : Tu ne vois pas, jeune imprudent. (Les Chevaux de maître Adam.)

Oui, voyageur impatient,
Ce départ va bientôt me rendre
Mon père qui, parti devant,
Là-haut, dès longtemps doit m'attendre:
Je vais, loin d'un joug détesté,
Près de vous trouver, ô mon père !
Le bonheur et la liberté
Que je n'ai pu trouver sur terre !

GIANINA et ASCANIO, écoutant.

Le bruit redouble!

SCÈNE XIV.

LES MÊMES ; PEPITO, entrant tout essoufflé.

ASCANIO, à Pepito.

Qu'est-ce que cela signifie?

GIANINA.

Parle donc! parle!... Qu'est-ce que cela veut dire?

PEPITO, reprenant haleine.

Ça veut dire que... depuis ce matin... tout est en combustion... tout se dispose pour... une émeute...

TOUS.

Oh ! ciel !

PEPITO.

De sorte que, dans la rue, j'ai trouvé tout le monde qui courait... s'embrassait et se félicitait.

TOUS.

Qu'y a-t-il donc ?

PEPITO.

C'est justement ce que j'ai demandé à un vieux monsieur en noir... un magistrat que j'ai arrêté par son habit... « Il y a, m'a-t-il dit, il y a que l'on finit par où l'on aurait dû commencer... Notre prince, qui avait suivi jusqu'ici le système de son père... voyant que ça ne produisait que des révoltes, veut essayer un peu du système opposé. »

TOUS.

Est-il possible ?

PEPITO.

« Il paraît que tout est changé, a-t-il continué, et l'on met à la tête du gouvernement ceux qu'on proscrivait hier... à commencer par le marquis de Palavicini. »

TOUS, poussant un cri.

Ah !

PEPITO et GIANINA.

Il vivra !

ASCANIO, sautant au cou de Fédéric.

Sauvé !... sauvé !... mon ami !... mon frère !... (S'arrachant de ses bras.) Ah ! mon Dieu !... (L'amenant au bord du théâtre, pendant que Pepito et Gianina vont au fond au-devant des prisonniers qui entrent en foule.) Et ma femme !... qui est maintenant la vôtre...

FÉDÉRIC, avec effroi.

O ciel! c'est vrai!...

ASCANIO, frappant du pied.

Suis-je assez malheureux!...

FÉDÉRIC, avec impatience.

Et moi donc! qui, pour obliger un ami... Mais vous comprenez bien que je ne resterai pas dans une position pareille!

ASCANIO.

Mais que pouvons-nous faire?

FÉDÉRIC.

Eh! parbleu!... demander dès demain la rupture de ce mariage!... et il faudra bien que je l'obtienne... ou sinon!...

ASCANIO.

Je respire! Mais d'ici là...

FÉDÉRIC.

D'ici là, Rebecca ne sera pour moi que la femme d'un ami...

GIANINA, qui, pendant ce temps, a causé bas avec les prisonniers qui sont au fond du théâtre.

Eh! oui, vraiment... il revient au pouvoir...

TOUS.

Est-ce possible!...

PEPITO.

C'est sûr! (Montrant un officier qui vient d'entrer et auquel il a été parler.) Voilà un officier du prince qui lui apporte sa mise en liberté... et l'invitation de se rendre à l'instant, avec lui, au palais.

FÉDÉRIC, à l'officier, après avoir lu le papier.

Je vous suis, monsieur.

GIANINA, qui a été regarder du haut de la tour.

Et tout le peuple qui l'attend en bas... avec des bannières et des cris de joie... Les entendez-vous?

TOUS.

AIR : La trompette guerrière. (*Robert le Diable*.)

Quelle double victoire!
Et pour lui quel beau jour...
La puissance et la gloire,
Le bonheur et l'amour!

FÉDÉRIC, à Ascanio.

Ce soir vous serez libre, ainsi que mon beau-père,
(A Gianina.)
Dis-lui qu'à mon hôtel il suive Rebecca;
Moi, je vais au palais.

GIANINA.

La chose est singulière,
Quel drôle de mari... sans sa femme il s'en va!

Ensemble.

PEPITO et GIANINA.

Quelle double victoire!
Et pour lui quel beau jour!
La puissance et la gloire,
Le bonheur et l'amour!

ASCANIO.

Ah! pour lui quelle gloire!
Pour moi quel triste jour!
(Regardant Fédéric.)
Mais en lui je veux croire,
Ainsi qu'en son amour!

FÉDÉRIC, regardant Ascanio.

C'est œuvre méritoire
De combler son amour,

Et c'est la seule gloire
Que je veux en ce jour!

(Frédéric sort par la porte à droite. — On entend, au dehors, des hourras et des acclamations. — Ascanio, Gianina, Pepito et les prisonniers saluent Frédéric qui s'éloigne.)

ACTE DEUXIÈME

Un riche boudoir dans l'hôtel Palavicini. — Porte au fond, deux portes latérales. — A gauche, un guéridon et un rouet; à droite, une table.

SCÈNE PREMIÈRE.

REBECCA est seule, assise dans un grand fauteuil; deux bougies à moitié brûlées sont placées sur une table à droite.

A lui!... pour toujours!... et depuis hier soir me voilà dans son palais... dans ce boudoir!... Oh! je l'ai reconnu tout de suite, oui; c'est celui où je suis venue pour la première fois, il y a un an, avec mon père, le marchand joaillier, qui venait pour vendre au riche seigneur... et moi, m'avançant derrière lui en baissant les yeux... j'osais à peine entrer dans ce lieu dont aujourd'hui je suis la maîtresse... Car je suis chez moi... (Avec joie et à demi-voix.) Et, mieux encore! chez lui!... Et, lorsque hier ses gens, sa livrée... tout ce monde me saluait en m'appelant madame la marquise, j'étais si heureuse, qu'ils m'ont peut-être crue fière... Ils se trompaient... C'est que madame la marquise... (Avec joie.) Madame la marquise!... ça veut dire sa femme! Comment ça s'est-il fait?... je n'en sais rien encore... il m'avait défendu de le lui demander... Et puis, à peine si je l'ai vu... depuis qu'il est mon mari!... car mon mari... j'aime ce mot-là... mon mari était au palais, près du grand-duc, et il est rentré me dire que le conseil le retiendrait dehors une partie de la nuit.

(S'approchant du guéridon à gauche et s'asseyant.)

AIR : Ne nous trahissez pas tous deux. (*Lestocq.*)

Mais la nuit s'avance déjà !
On va le retenir jusqu'à
    L'aurore !
Les ministres, ça fait frémir,
Ne peuvent donc pas à loisir
    Dormir !
Mais leurs femmes... c'est différent...
Je sens que le sommeil me prend...
Je vois ces traits... chers à mon cœur...
Rêver à lui... c'est le bonheur...
    Encore !...
O doux sommeil... merci... merci...
Absent... tu me rends un mari...
    Chéri...

SCÈNE II.

FÉDÉRIC, sortant de la porte à gauche, REBECCA, endormie.

FÉDÉRIC.

Jamais nuit ne m'a paru aussi longue !... Et tant d'événements m'ont agité depuis hier, qu'il m'est impossible de... (Apercevant Rebecca.) Ah ! mon Dieu... Rebecca ! ici, dans ce fauteuil ! Elle n'est donc pas rentrée dans son appartement...

REBECCA, dormant.

Je t'aime !

FÉDÉRIC, écoutant.

Elle parle en dormant !...

REBECCA, de même.

Je t'aime !... et depuis si longtemps...

FÉDÉRIC.

Elle rêve à Ascanio!... Pauvre enfant!... J'ai déjà, hier soir, adressé ma demande en nullité au souverain chapitre et au cardinal-légat qui en est le président... Il m'a assuré que la décision ne pouvait être douteuse! Et, en effet... union entre un catholique et une juive... il n'en faut pas davantage aux yeux du Saint-Siège. Et si je ne puis plus, comme je le voulais, faire épouser ma veuve à Ascanio, je la lui rendrai du moins libre et pure!... je l'ai juré!...

REBECCA, dormant.

Fédéric!...

FÉDÉRIC.

Mon nom!...

REBECCA, de même.

Fédéric!... à lui!... toujours à lui!...

FÉDÉRIC, vivement.

Toujours! Non, non, qu'elle se rassure!... ce ne sera pas pour longtemps; demain, je l'espère bien... Et, d'ici là... quelque ennuyeux que ce soit, je vais tout lui dire... (Il fait quelques pas et s'arrête près du fauteuil.) Elle dort si bien!... et la réveiller pour lui donner des explications qui, après tout, ne sont pour moi, ni faciles, ni agréables!... Ascanio s'en chargera, c'est bien le moins!... Je veux seulement qu'à son réveil, elle trouve le bonheur... là! (Montrant la table à droite.) Je vais lui écrire tout uniment la vérité... Que je ne l'aime pas, que je ne l'ai jamais aimée... et que, ce matin, dans quelques heures, tous nos liens seront rompus!

(Il se met à la table à droite et écrit.)

REBECCA, à gauche.

Fédéric!... (S'éveillant et regardant autour d'elle.) Ah! c'est lui...

FÉDÉRIC, à la table.

La voilà réveillée!... N'importe!... achevons!...

(Il continue à écrire.)

REBECCA, s'approchant de lui.

Vous voilà donc de retour, monsieur?...

FÉDÉRIC, écrivant.

A l'instant même!... et je reviens avec des nouvelles qui vous feront plaisir.

REBECCA.

Si elles vous en font, à vous!...

FÉDÉRIC.

A moi?... (Cessant d'écrire et la regardant, à part.) Il n'est pas à plaindre, le chevalier, et je conçois sa folie!... Je n'avais jamais fait attention à cette petite Rebecca... elle est charmante avec ces nouveaux habits... elle a des manières nobles, distinguées... La fille de l'orfèvre a l'air d'être née marquise!

REBECCA, étonnée.

Comme vous me regardez, monseigneur!

FÉDÉRIC, souriant.

Eh! mais!... n'est-il pas permis de regarder...

REBECCA.

Sa femme!... si vraiment!...

FÉDÉRIC, à part et se levant.

Surtout quand elle doit l'être pour si peu de temps! (Haut.) Je vous disais donc, mon enfant, que je me suis occupé du chevalier Ascanio del Dongo... Il est libre depuis hier soir!

REBECCA, tranquillement.

Tant mieux! j'en suis enchantée!

FÉDÉRIC, la regardant avec malice.

Vous me dites cela bien froidement... On m'a cependant assuré qu'il vous avait aimée... un peu...

REBECCA, naïvement.

Oh! beaucoup!... Il venait très-souvent chez mon père.

FÉDÉRIC.

Et on le dit si aimable, qu'il devait vous plaire!

REBECCA.

A moi!... non...

FÉDÉRIC, d'un air d'incrédulité.

En vérité?

REBECCA, tranquillement.

Jamais.

FÉDÉRIC, à part.

Au fait, elle n'est pas obligée de me l'avouer... (Haut.) Je connaissais ses goûts et ses idées, j'ai fait accueillir la demande qu'il faisait d'une sous-lieutenance... j'en avais le pouvoir, car je reviens du palais où, malgré mes refus fondés sur mon inexpérience et ma jeunesse, il m'a fallu accepter la part de puissance que l'on m'offrait... Vous allez me trouver bien faible ou bien ambitieux!

REBECCA.

Non, vraiment, car le pouvoir ne présente en ce moment que des difficultés, des haines ou des périls!... l'accepter est d'un homme de cœur et d'un honnête homme!

FÉDÉRIC, avec satisfaction.

Vraiment!

REBECCA.

Il est toujours permis de se retirer quand tout va bien et qu'il n'y a plus de dangers!

FÉDÉRIC, lui prenant la main.

C'est ce que je me suis dit.

REBECCA.

C'est très-bien, monseigneur... c'est bien!

FÉDÉRIC, à part, la regardant.

Allons, Ascanio aura là une femme de bon conseil!... Du jugement!... de nobles sentiments... ça ne se trouve pas tous les jours, même chez les duchesses... (Haut, à Rebecca.) Ainsi donc, mon enfant, vous ne concevez pas qu'on aime les titres et les honneurs?...

REBECCA.

Il y a des gens à qui cela est nécessaire... mais vous, monseigneur, vous n'en avez pas besoin pour être honoré... et aimé! (Baissant les yeux.) C'est ce qu'ils disent tous!...

FÉDÉRIC.

Est-ce aussi votre pensée?...

REBECCA.

Il serait bien étonnant que votre femme ne fût pas de l'avis de tout le monde!

FÉDÉRIC.

Et moi je dis, Rebecca, que les titres et les honneurs, vous les méritiez mieux que personne...

REBECCA.

Moins je serai en vue, plus je me croirai à ma place... Une plus modeste m'eût sans doute mieux convenu, (Souriant.) mais, telle qu'elle est... c'est égal... il faut bien se résigner...

FÉDÉRIC.

Oui, je le sais, résignée à me consacrer votre vie.

REBECCA.

C'était déjà fait et depuis longtemps.

FÉDÉRIC.

Que dites-vous?

REBECCA.

Me croyez-vous donc une ingrate?... N'est-ce pas vous qui nous avez défendus et protégés?... n'est-ce pas vous qui m'avez rendu mon père?... Vous pouvez oublier vos bienfaits... mais pour moi (Montrant son cœur.) ils seront toujours là! et croyez que ma reconnaissance, mon amitié, mon...

FÉDÉRIC.

Merci, mon enfant, merci!... (A part.) Il ne lui manquait plus que cela... un bon cœur!... En vérité, Ascanio est trop heureux! et l'on aurait soi-même un choix à faire, qu'on ne pourrait demander ni espérer rien de mieux.

11.

REBECCA, s'approchant de lui.

Qu'avez-vous donc?...

FÉDÉRIC.

C'est qu'en vous écoutant, en vous regardant... j'oubliais une lettre que j'ai commencée !

REBECCA, avec joie.

En vérité?

FÉDÉRIC.

Une lettre qui m'avait semblé d'abord la plus aisée du monde à écrire, et qui me paraît maintenant beaucoup plus difficile.

REBECCA.

Allons donc !... est-ce que rien est difficile pour vous?...

FÉDÉRIC, lentement et la regardant.

J'y aurai quelque mérite, je vous le jure... et peut-être, s'il ne tenait qu'à moi... Mais j'ai promis, j'ai donné ma parole.

REBECCA, vivement.

Il faut la tenir, monseigneur ! (Doucement et s'approchant de lui.) Si je pouvais vous y aider...

FÉDÉRIC, vivement.

Non... au contraire !

REBECCA.

Je comprends ! c'est quelque secret d'État !...

FÉDÉRIC.

Oui... oui, un travail important !

REBECCA.

Et vous craignez ma curiosité !... Rassurez-vous !... je ne suis pas du tout curieuse... Mais je pourrais vous gêner, et je me retire !

FÉDÉRIC, la retenant.

Non pas ! restez, je vous prie, (A part.) pour le peu de temps que cela doit durer... (Haut.) Ne me privez pas de votre présence... A moins que vous n'ayez peur de vous ennuyer...

RÉBECCA.

Je ne m'ennuie jamais!

FÉDÉRIC, à part.

Une qualité de plus !...

REBECCA, montrant la table à gauche.

Cette nuit, j'ai vu là un rouet.

FÉDÉRIC.

Celui de ma mère, que je conserve.

REBECCA, courant le chercher.

Un meuble de famille... tant mieux!

FÉDÉRIC, à part, la regardant.

C'est inconcevable!... elle n'a pas l'air d'être malheureuse! ou plutôt, comme elle le disait tout à l'heure, résignée à son sort, elle s'y soumet. (Avec un soupir.) Allons, achevons cette lettre!

(Il se remet à écrire; pendant ce temps, Rebecca a été chercher le rouet et une chaise, et revient se placer tout à côté de Fédéric.)

FÉDÉRIC, levant les yeux et regardant quelque temps en silence Rebecca qui file avec beaucoup d'attention; à part.

Une jolie nuit de noce!

REBECCA.

AIR : Je possède un réduit obscur.

COUPLETS.

Premier couplet.

Oui, votre mère était, dit-on,
Des vertus le modèle ;
Et ce meuble, dans son salon,
Est presque une leçon !
A mes yeux il rappelle
Que le travail fidèle

Doit aujourd'hui, comme jadis,
Habiter mon logis.

(Frédéric cesse d'écrire, se lève et la regarde.)

Deuxième couplet.

Pour vous la gloire !... et, Dieu merci !
Pour moi plus douces chaînes ;
A l'État se doit mon mari,
Moi, je me dois à lui !
Je ne veux que ses peines,
Elles seront les miennes,
Et quand le malheur reviendra,
Je serai toujours là !

FÉDÉRIC, debout, et la regardant toujours.

AIR : C'en est fait, je me risque. (*La Part du Diable.*)

Si naïve et si belle, à la voir, à l'entendre,
(Portant la main à son cœur.)
Quel sentiment vient ici m'agiter !...
De ce charme inconnu je ne puis me défendre.
Non, non, non, je n'y puis résister...

(Frédéric fait un pas vers Rebecca, puis s'arrête.)

Ensemble.

FÉDÉRIC.

Qu'ai-je dit ! quoi ! j'oublie
Ma parole et l'honneur !
L'honneur veut que je fuie
Ce charme séducteur.
Grand Dieu ! quelle est ma peine !
Ce trésor que je vois,
Cette femme est la mienne.
Si je veux, c'est à moi !
A moi !

REBECCA.

Oui, je suis son amie,
A moi seule est son cœur.
O bonheur de ma vie !
O moment enchanteur !
Ah ! je respire à peine,

Mais ce n'est plus d'effroi !
Sa main presse la mienne,
Il m'aime, je le vois,
Je le vois !

FÉDÉRIC, se rapprochant d'elle.

Le bonheur qui t'est dû, je saurai te le rendre,
En tous les temps sur moi tu peux compter.
Oui, crois en ma promesse et l'ami le plus tendre...
Ah ! je n'y puis plus résister...
Non... je n'y puis plus résister !

(Il la presse sur son cœur et l'embrasse, puis s'éloigne d'elle vivement.)

Ensemble.

FÉDÉRIC.

Qu'ai-je fait ? quoi ! j'oublie
Ma parole et l'honneur !
Il faut donc que je fuie
Ce charme séducteur.
Fuyons ! car j'oublirais mon serment et l'honneur !

REBECCA, à part.

Oui, je suis son amie,
A moi seule est son cœur,
O bonheur de ma vie !
O moment enchanteur !
En lui seul est ma vie ainsi que mon bonheur !

(Fédéric s'élance par la porte à gauche et disparaît.)

SCÈNE III.

REBECCA, seule, et le regardant sortir.

Parti !... C'est égal !... il m'aime, j'en suis sûre ; mais il y a quelque chose qu'il voulait m'avouer... et il n'osait pas ! C'est comme moi... je n'ai jamais pu lui dire que je l'aimais de toute mon âme, que je l'avais toujours aimé !... Ça allait venir quand il s'en est allé !... Pourquoi s'en est-il allé ?... et aussi brusquement ?... sans même achever ce rapport... ce travail si important !... (S'approchant de la table.)

Si je regardais où il en est resté!... rien que pour voir! (S'arrêtant.) Oh! non... c'est un secret d'État... et je lui ai dit que je n'étais pas curieuse... (S'approchant de la table en détournant la tête et emportant le rouet.) C'est vrai... je ne suis pas du tout curieuse... Qui vient là?... Ah! mon Dieu! il est jour depuis longtemps.

SCÈNE IV.

REBECCA, UN LAQUAIS, en grande livrée.

(Le laquais s'approche de la table où brûlent encore les bougies; il les éteint, les emporte, et, en se retournant, aperçoit Rebecca.)

LE LAQUAIS, avec étonnement.

Madame la marquise! (A part, avec malice.) Déjà levée! et déjà dans son boudoir, je ne m'y attendais pas! (Haut.) Je viens prendre les ordres de madame...

REBECCA.

Je n'en ai pas à donner... Prenez ceux de monsieur...

LE LAQUAIS.

Une jeune fille demandait à parler à madame... j'ai dit que madame n'était pas visible et ne recevait pas de si bon matin.

REBECCA.

Eh! pourquoi donc?... quel est son nom?

LE LAQUAIS.

Gianina!...

REBECCA, à part.

Quel bonheur!

LE LAQUAIS.

Gianina Pepito!

REBECCA.

Pepito?... Comment!... est-ce qu'elle aussi serait mariée?... Qu'elle entre! qu'elle entre... (Le laquais va à la porte et fait signe à Gianina d'entrer. Rebecca court au-devant d'elle.) C'est donc toi... te voilà !

GIANINA.

Oui, madame la marquise.

REBECCA.

Ah! marquise, pas pour toi! (Au laquais d'un air poli.) Laissez-nous, monsieur, je vous prie.

GIANINA, de même.

Oui... si ça ne vous gêne pas... ça nous fera plaisir.

(Le laquais s'incline et sort.)

SCÈNE V.

GIANINA, REBECCA.

REBECCA.

Tu es donc mariée?

GIANINA.

Comme vous, depuis hier !... Nous n'avons pas perdu de temps. Quand mon oncle a vu les cinq mille ducats que Pepito possédait, grâce à vous! il a dit oui... (Baissant les yeux.) Dame! moi, je n'ai pas dit non... et ça a été fait tout de suite... ça n'est pas long en Italie... en un instant on se trouve bénis... et unis!... Allez, mes enfants! Mais ça ne m'a pas fait oublier la promesse que je m'étais faite de venir ici de bon matin.

REBECCA.

Pour me voir...

GIANINA.

Et pour savoir!... Aussi me v' là... Voyons, dites-moi vite ce qui est arrivé depuis que je vous ai quittée?...

REBECCA.

Il y a... que je suis ravie, enchantée et heureuse!

GIANINA.

C'est comme moi...

REBECCA.

D'abord, je suis arrivée ici avec mon père.

GIANINA.

Je le sais bien.

REBECCA.

Parce que mon mari était au palais... et on m'a reçue comme une princesse... comme une reine!

GIANINA.

C'est juste... Et après?

REBECCA.

Et puis, on m'a menée là... (Montrant la porte à droite.) dans ma chambre à coucher... Tu la verras... on y est comme dans une châsse... de la soie bleue et de la dorure du haut en bas.

GIANINA.

C'est gentil!... Et après?

REBECCA.

Un balcon en marbre donnant sur un jardin délicieux... et ce jardin donne sur un autre, celui de l'hôtel del Dongo... Nous sommes voisins!

GIANINA.

C'est drôle! Après?...

REBECCA.

Mais j'ai mieux aimé rester ici... parce que c'est ce boudoir... tu sais... ce boudoir dont je t'ai parlé...

GIANINA.

Je sais! je sais!... Et après?

REBECCA.

On nous y a servi à souper avec mon père, qui est resté à causer avec moi, et qui s'est retiré au moment où l'on a annoncé M. le marquis.

GIANINA, avec satisfaction.

Ah!... Eh bien?...

REBECCA.

Il était superbe! en grand habit de cour... qui lui allait si bien! Et il m'a dit, avec une voix pleine de douceur : « Pardon, mon enfant, des affaires d'État me retiendront dehors une partie de la nuit... »

GIANINA, étonnée.

Tiens!...

REBECCA.

Et il est parti en me disant : « Rentrez dans votre appartement et dormez! » Ah bien oui!... j'ai bien mieux aimé l'attendre... là, dans ce fauteuil.

GIANINA, d'un air de mécontentement.

Tiens!...

REBECCA.

Et il était bien tard quand il est rentré!

GIANINA, avec joie.

Ah! Eh bien?...

REBECCA.

Il avait un travail très-important et très-pressé, et il s'est mis à son bureau.

GIANINA, d'un air de reproche.

Tiens!...

REBECCA.

Et moi, j'ai pris mon rouet... que voilà!

GIANINA, stupéfaite.

Bah!...

REBECCA.

Mais, au lieu de travailler... il s'est mis à me regarder...

GIANINA, avec contentement.

Ah!... Eh bien?...

REBECCA.

Et à me dire des choses... les plus gracieuses du monde... d'un air si tendre et si troublé...

GIANINA, vivement.

Eh bien?...

REBECCA.

Et comme il causait... là, tout près... je crois qu'il m'a embrassée...

GIANINA, respirant avec satisfaction.

Ah! enfin!... Eh bien?...

REBECCA.

Eh bien! eh bien!... il m'a quittée et il est parti!

GIANINA, étonnée.

Encore?...

REBECCA.

Qu'est-ce que tu as donc?

GIANINA.

Rien! (A part.) Il paraît que c'est comme ça chez les ministres.

REBECCA.

Et toi, Gianina?

GIANINA.

Ah! dame... moi, je n'ai pas eu de réceptions de reine ni de princesse... ni des appartements tendus en soie et en or, et Pepito n'est pas un grand seigneur... mais... mais il est très-aimable... très-aimable!

REBECCA.

Je crois bien! il n'a que cela qui l'occupe!... Il n'a pas, comme mon mari, des travaux importants, des rapports... (Montrant le papier qui est resté sur la table à droite.) comme celui-ci... à écrire toute la nuit.

GIANINA, qui est près de la table, prenant vivement le papier et le parcourant des yeux.

Un rapport! (Y jetant un coup d'œil.) Ah! mon Dieu!...

REBECCA, de loin.

Ne lis pas! ne lis pas!... C'est un secret d'État! C'est donc bien terrible! car te voilà toute tremblante!... J'ai eu bien raison de ne pas regarder!

GIANINA.

Oui, sans doute. (A part.) Elle en serait morte!

REBECCA.

Mais, puisque le mal est fait, dis-moi ce qu'il y a?

(Pendant que Rebecca remonte le théâtre pour voir si personne n'écoute, Gianina traverse la scène et passe à gauche en déchirant le papier, dont elle met les morceaux dans sa poche.)

GIANINA.

Ce qu'il y a?... (A part.) Vouloir, dès ce matin, rompre son mariage parce qu'elle aime Ascanio!

REBECCA, revenant près d'elle.

Eh bien! tu dis donc?

GIANINA.

Je dis... qu'il se trompe! que ce n'est pas possible!... et que, s'il y a quelqu'un au monde dont je répondrais autant que de moi... et plus encore peut-être, c'est... (En ce moment, la porte à droite s'entr'ouvre, et l'on voit Ascanio qui passe la tête. Il n'est pas vu de Rebecca, qui lui tourne le dos; mais Gianina, qui est en face de lui, l'aperçoit et pousse un cri perçant.) Ah!

(Au cri de Gianina, Ascanio rentre dans la chambre à droite.)

REBECCA.

Qu'as-tu donc?...

GIANINA, portant la main à ses yeux.

C'est à confondre!... c'est à ne pas croire!

SCÈNE VI.

REBECCA, GIANINA, FÉDÉRIC, sortant de la porte à gauche.

FÉDÉRIC, vivement.

Ce cri que j'ai entendu!... Qu'y a-t-il? quel danger? Est-ce vous, Rebecca?...

REBECCA.

Non, monsieur... rassurez-vous, je n'ai rien...

FÉDÉRIC, d'un air affectueux.

Dites-vous vrai?

REBECCA.

Je vous remercie... de votre inquiétude et de votre bonté!... C'est Gianina, ma compagne, ou plutôt la signora Pepito, que je vous présente, car elle est mariée à Pepito, votre ancien geôlier.

FÉDÉRIC, avec impatience.

Eh bien... Gianina?...

REBECCA.

Prise de je ne sais quelle frayeur, s'est mise à crier tout à coup et sans motif.

GIANINA, à part.

Sans motif!... J'en tremble encore!...

(On entend dans la chambre à droite tomber un meuble.)

GIANINA, avec effroi.

O ciel!

FÉDÉRIC.

Avez-vous entendu?

REBECCA, d'un air indifférent.

Oui! là, dans ma chambre à coucher! (A Gianina.) N'est-ce pas?

GIANINA, effrayée.

Non, non, je n'ai rien entendu du tout.

REBECCA, de même.

Si, vraiment! le bruit d'un meuble qu'on renversait.

FÉDÉRIC, sans y faire attention.

Une de vos femmes, sans doute!

GIANINA, vivement.

Oui... c'est cela même... une de vos femmes!

REBECCA, tranquillement.

Non, aucune n'est entrée.

GIANINA, à part.

Est-elle maladroite!

FÉDÉRIC.

En tout cas, nous allons voir...

GIANINA.

Mais... s'il y avait quelque danger... quelque conspirateur...

FÉDÉRIC.

Allons donc!... rien à craindre!...

(Fédéric est entré dans la chambre à droite.)

SCÈNE VII.

GIANINA, REBECCA.

GIANINA, avec désespoir.

C'en est fait! tout est perdu!

REBECCA, naïvement.

Eh! pourquoi donc?...

GIANINA.

Pourquoi?... Comment!... quand votre mari, qui avait déjà des idées... va trouver caché, à cette heure-ci et de grand matin, dans votre chambre à coucher...

REBECCA.

Qui donc?

GIANINA.

Le petit Ascanio.

REBECCA, riant.

Ascanio... Tu perds la tête !

GIANINA.

Je l'ai vu tout à l'heure... vu !...

REBECCA, haussant les épaules.

Allons donc ! ce n'est pas possible.

GIANINA.

Mais, je l'ai vu !

REBECCA.

Tais-toi ! C'est Fédéric !

SCÈNE VIII.

Les mêmes ; FÉDÉRIC, sortant de la chambre à droite.

FÉDÉRIC, à part.

L'imprudent !...

REBECCA, courant au-devant de lui.

Eh bien ! monsieur ?

FÉDÉRIC, froidement.

Eh bien !... nous nous trompions... Il n'y avait personne.

GIANINA, étonnée.

Personne !...

FÉDÉRIC.

J'ai tout visité, je n'ai rien vu.

GIANINA.

Ah !... si monsieur n'a rien vu...

FÉDÉRIC.

Absolument.

REBECCA.

Quand je te le disais !...

GIANINA, bas, à Rebecca.

C'est égal... il est jaloux !...

REBECCA, de même.

Lui ! allons donc !...

GIANINA, de même.

D'Ascanio !... J'en ai les preuves !

REBECCA, de même.

Si ce n'est que ça... je me charge de le détromper...

GIANINA, de même.

Mais...

REBECCA, de même.

Va, va, j'en réponds...

GIANINA, de même.

Ah !... dès que madame en répond... (A part, en sortant.) C'est égal, c'est bien étonnant tout de même !

(Elle sort. — Toute la fin de cette scène s'est dite à droite, à demi-voix, pendant que Frédéric est assis à gauche dans un fauteuil, plongé dans ses réflexions. — Rebecca a fait signe à Gianina de sortir par la porte à droite.)

SCÈNE IX.

FÉDÉRIC, toujours assis, REBECCA, revenant lentement du fond du théâtre vers Frédéric, qu'elle examine avec attention.

FÉDÉRIC, à part.

Risquer de la compromettre et ne pas croire à ma parole !... Pour l'honneur de celle qui doit lui appartenir, je l'ai engagé à repartir par où il était venu, par le balcon qui donne sur nos jardins, et personne ne l'a vu ! Mais je ne sais pourquoi, en le trouvant là... dans la chambre de ma femme... ou plutôt de la sienne... je n'ai pu me défendre d'un mouvement de...

REBÉCCA.

Monsieur!... j'ai à vous parler...

FÉDÉRIC.

En vérité?...

REBECCA.

Et à vous gronder...

FÉDÉRIC.

Moi?...

REBECCA.

Oui... car je pense qu'entre mari et femme, quand on a quelque chose l'un contre l'autre, il faut se le dire tout de suite, tout de suite!

FÉDÉRIC, froidement.

Par ce moyen-là, vous ferez toujours bon ménage...

REBECCA, avec tendresse.

N'est-ce pas?

FÉDÉRIC.

Eh bien! donc?

REBECCA, timidement.

Eh bien! ce n'est pas moi... c'est Gianina qui prétend que vous êtes jaloux...

FÉDÉRIC.

Jaloux!

REBECCA, avec tendresse.

Ça n'est pas vrai, n'est-ce pas?... ce n'est pas possible!

FÉDÉRIC, avec émotion.

Moi, jaloux!... eh! de qui donc?...

REBECCA, le regardant en souriant.

Ah! à la manière dont vous dites ce mot-là... il y a quelque chose... Oui, jaloux d'Ascanio, parce que je vous ai raconté tantôt qu'il venait souvent chez mon père! Mais il n'était pas dangereux, je vous le jure... mes pensées n'étaient pas là...

FÉDÉRIC.

Tenez, mon enfant, ne prenez pas la peine de vous justifier... je vous crois... je suis même persuadé que vous ignoriez ce matin son imprudente visite.

REBECCA, vivement.

Oh ciel! c'est donc vrai?... il aurait osé!... Et qui a pu l'y autoriser?...

FÉDÉRIC.

Vous le saurez tout à l'heure, car j'ai engagé Ascanio à courir à la chancellerie épiscopale, où l'acte qu'il attend doit être expédié maintenant.

REBECCA.

Qu'est-ce que cela signifie?...

FÉDÉRIC.

Que c'était le meilleur moyen de répondre à d'injustes soupçons. (Voyant s'ouvrir la porte du fond.) Voici, je pense, qui vous expliquera tout.

SCÈNE X.

REBECCA, ASCANIO, FÉDÉRIC.

ASCANIO, courant à Fédéric.

Ah! mon ami, je ne sais comment vous remercier, car je sors du palais Farnèse, où l'on m'a remis ce paquet pour vous et pour madame la marquise.

(Le présentant à Rebecca.)

REBECCA, prenant le paquet.

Les armes du Saint-Siège!... (Décachetant le paquet dont elle jette l'enveloppe sur le guéridon à gauche, et lisant.) « D'après l'arrêt « de ce jour, rendu par le chapitre suprême et le cardinal-« légat... »

ASCANIO.

Oui, vraiment, lisez!...

REBECCA, parcourant quelques lignes à voix basse.

« Mariage entre un catholique et une juive, annulé et
« rompu à tout jamais ! »

ASCANIO, avec joie.

A jamais !

REBECCA, se frottant les yeux.

Je me trompe, sans doute !...

ASCANIO, de même.

Non, non, lisez...

REBECCA, parcourant encore le parchemin.

« Sur la demande de M. le marquis de Palavicini... »
(S'appuyant sur le guéridon, à gauche, où elle pose le parchemin.) Ah !
c'est vous... monsieur le marquis, vous qui avez de-
mandé...

FÉDÉRIC.

Oui, madame, c'est moi !

ASCANIO.

Noble et généreux ami, qui hier n'avait contracté ce
mariage que pour vous laisser après lui un titre et un nom
nécessaires à notre bonheur...

REBECCA, avec la plus grande émotion.

Quoi ! ce n'était point par amour !...

ASCANIO, vivement.

Rassurez-vous ! il n'y pensait même pas... il vous connaissait à peine, et, fidèle à sa parole, il s'est empressé de
rompre des nœuds à tous les deux pénibles...

REBECCA, à part, avec désespoir, et tombant assise près du guéridon.

Ah !...

ASCANIO.

Et, libre maintenant, rien ne vous empêche de donner
votre main à celui que vous aimez !

REBECCA, avec fierté, et se relevant.

Mais je n'aime personne, monsieur, et ne vous ai jamais
aimé !

ASCANIO et FÉDÉRIC.

Qu'entends-je !

REBECCA.

Et je vous demanderai maintenant, moi, pauvre fille que tout le monde abandonne, et qui n'ai plus d'autre bien que mon honneur, qui a pu vous autoriser à vous introduire ce matin dans un appartement qui était alors le mien ?... et de quel droit...

ASCANIO.

Du droit que vous m'aviez donné vous-même, en acceptant autrefois le mariage secret que je vous proposais, et, s'il faut vous rappeler, ce billet écrit de votre main...

REBECCA, regarde le papier et le lui rend, en lui disant froidement.

Ce billet n'est pas de moi !... Ce n'est pas là mon écriture ! vous pouvez vous en assurer...

FÉDÉRIC, étonné.

Que dites-vous ?

REBECCA, avec dignité.

Quant à cet acte, qui sépare à jamais le chrétien de la juive, connaissant la manière dont ce mariage s'est fait, c'est moi qui en aurais sollicité la rupture, si vous m'en aviez prévenue !... Il me rend, grâce au ciel, ma liberté, et, le premier usage que j'en veux faire est de sortir de ce palais, où je n'ai plus le droit de rester !... Veuillez faire avertir mon père !

AIR : Pour moi, pour mon père. (*Les Diamants de la Couronne.*)

Ensemble.

REBECCA, à part.

O honte nouvelle
Que tout me révèle !
Fortune cruelle
Qui viens m'abuser !
(Haut.)
Le nœud qui nous lie
Pesait sur ma vie,

Et ma seule envie
Est de le briser!

FÉDÉRIC.

Je rêvais pour elle
Chaîne douce et belle,
Une erreur nouvelle
Vient nous abuser!
Le nœud qui nous lie
Pesait sur sa vie,
Et sa seule envie
Est de le briser!

ASCANIO.

Dédaigné par elle,
O sort infidèle!
Fortune cruelle
Qui viens m'abuser!
Bonheur que j'envie,
Bonheur de ma vie,
Ta main ennemie
Vient de le briser!

ASCANIO.

Ce billet n'est pas d'elle!... et de qui donc vient-il? Ah! vous aviez deviné hier, c'est mon gouverneur qui, pour m'attirer dans le piège... Je cours lui faire tout avouer... ou l'assommer!

Ensemble.

REBECCA.

O honte nouvelle, etc.

FÉDÉRIC.

Je rêvais pour elle, etc.

ASCANIO.

Dédaigné par elle, etc.

(Rebecca sort par la porte à gauche, et Ascanio par celle du fond.)

SCÈNE XI.

FÉDÉRIC, seul, rêvant ; puis UN LAQUAIS.

Elle n'aime pas Ascanio !... elle n'aime personne, a-t-elle dit ?... et cependant, cette nuit, pendant son sommeil, à qui pensait-elle, en disant : « Je t'aime ! »... Et tout à l'heure encore près de moi, son émotion... Allons, quelle folie !... me voilà aussi absurde, aussi présomptueux qu'Ascanio... moi ! homme raisonnable !... ou qui du moins devrais l'être !... (Voyant entrer un laquais.) Qui vient là ?

LE LAQUAIS.

Quelqu'un demande à parler à monseigneur.

FÉDÉRIC.

Je n'y suis pour personne !

LE LAQUAIS.

Il insiste et dit que son nom est Pepito.

FÉDÉRIC.

Pepito ! attends !... (A part.) Le mari de Gianina !... et Gianina est l'amie, la confidente peut-être de Rebecca... (Haut.) Fais entrer Pepito... Lui seul, entends-tu bien ?... (Le laquais sort et Fédéric va s'asseoir près du guéridon.) Car, enfin, ce divorce si aisément obtenu, n'est peut-être pas impossible à révoquer. Le cardinal m'est dévoué, et son empressement même le prouve !... (Prenant les papiers qui sont restés sur le guéridon à gauche, et retirant une lettre qui est restée dans l'enveloppe.) « Je vous envoie, mon cher marquis, signé de moi et du « souverain chapitre, l'acte de séparation que vous sollicitez « avec tant d'instances... Votre sécurité peut être désormais « complète, car dans nos lois, comme dans la loi française, « ceux que le divorce a une fois séparés ne peuvent plus « jamais être réunis !... » (S'arrêtant et froissant la lettre.) Définitif !... irrévocable !... Allons, éloignons des rêves insensés...

12.

SCÈNE XII.

FÉDÉRIC, PEPITO.

FÉDÉRIC, se retournant et apercevant Pepito qui entre en saluant.
C'est toi, Pepito !... qui t'amène ?

PEPITO, le saluant.
Je viens, monseigneur, vous apporter mes félicitations au sujet de votre mariage !

FÉDÉRIC, à part.
Ça se trouve bien !

PEPITO.
Je ne suis pas le seul ! Ils disent tous : « Il y a bien des grands seigneurs libéraux, qui ne le sont qu'en paroles, mais celui-là, c'est différent ! il épouse la fille d'un marchand !... il fait alliance avec le peuple... et le peuple est pour lui... Vive le marquis et la marquise ! »

FÉDÉRIC.
C'est bon... c'est bon !...

PEPITO.
Oh ! je vous réponds que ce mariage-là vous fera un honneur infini !...

FÉDÉRIC, à part, et souriant avec ironie.
Ça se trouve à merveille, et mon divorce va produire alors un excellent effet. (haut.) Eh bien ! qu'est-ce qui t'amène ? qu'est-ce que tu veux ?

PEPITO.
Ce que je veux ?

Air du vaudeville de *Jeu de six francs*.

Dans cette prison je me damne !
Geôlier ! c'est un métier d'enfer,
Et dans les octrois ou la douane

Je veux une place en plein air. (*Bis.*)
Pour me changer, faut qu'on m'la donne...
Queu bonheur d'pouvoir respirer,
Et d'empêcher les gens d'entrer
Moi qui n'laissais sortir personne!

Et alors je venais...

FÉDÉRIC.

Mais, pour obtenir une place, il faut des titres et je ne vois pas les tiens.

PEPITO.

Vous ne les voyez pas! je le crois bien!... Je ne suis pas de ceux qui se vantent et qui disent : J'ai fait ci... j'ai fait ça!... Moi, au milieu des dangers les plus horribles... qui vous menaçaient...

FÉDÉRIC, vivement.

Eh bien?...

PEPITO.

Je me suis tu!... j'ai gardé le silence... mais aujourd'hui je ne crains pas de le dire... c'est moi que... j'ai tout bravé pour vous! Hier, ce billet que vous avez reçu... à travers vos barreaux...

FÉDÉRIC.

Quoi!... c'est toi... dont le courage et le désintéressement...

PEPITO.

Oui, sans doute... Je ne vous ai rien demandé pour ça, vous le savez!... Vous me direz que j'avais touché cinq mille ducats avec quoi j'ai épousé Giannina... Je ne dis pas non... mais de vous je n'ai rien reçu encore!... et voilà pourquoi je venais...

FÉDÉRIC, avec émotion.

Mais ces cinq mille ducats... pour me délivrer... qui te les avait donnés?

PEPITO.

Ça... je ne puis pas le dire... mais peu importe !

FÉDÉRIC, vivement.

Comment !... peu importe !... Je n'ai peut-être qu'un ami, qu'un seul ami au monde et je ne le connaîtrais pas ! Parle ! dis-moi son nom ?

PEPITO.

Je ne le peux pas.

FÉDÉRIC.

Et pourquoi ?

PEPITO.

Parce que je ne le sais pas ! vrai, monseigneur, je ne le sais pas !

FÉDÉRIC.

Tu me trompes !... et si tu t'obstines à te taire, n'attends rien de moi !

PEPITO, à voix haute.

V'là qui est injuste !... car, enfin, quand on ne sait pas...

SCÈNE XIII.

LES MÊMES ; GIANINA, sortant de la porte à droite.

GIANINA, à part.

Qu'y a-t-il donc ?

FÉDÉRIC, sans voir Gianina et continuant à menacer Pepito.

Bien plus, pour avoir trahi ton devoir et t'être laissé séduire, je t'envoie ce soir coucher en prison !

GIANINA, s'avançant vivement.

Eh bien ! par exemple !... coucher en prison !... lui, mon mari !... et pourquoi, s'il vous plaît ?

FÉDÉRIC.

Parce qu'il refuse de parler !

PEPITO.

Sur ce que je ne sais pas!

GIANINA.

Qu'est-ce que ça fait? parle toujours!

PEPITO.

Sur ces cinq mille ducats... que toi seule... connais!

FÉDÉRIC, vivement, et s'adressant à Gianina.

Est-il vrai? Gianina, tu connaîtrais?...

GIANINA, riant.

C'est selon!... Monseigneur a-t-il toujours des idées sur le petit Ascanio?

FÉDÉRIC, avec impatience.

A quoi bon?... et quel rapport?

GIANINA, de même.

Croit-il encore que l'on pense à lui?

FÉDÉRIC, de même.

Eh non!... je viens d'avoir ici même la preuve du contraire...

GIANINA, à demi-voix.

Je le crois bien!... Car, avant d'être votre femme, celui qu'on aimait, celui qu'on a toujours aimé... c'est vous, monseigneur.

FÉDÉRIC, hors de lui.

Que dis-tu?

GIANINA.

Oui, certainement... Tenez, moi, j'avais du bon vouloir pour Pepito, la preuve c'est que... vous voyez! mais jamais ça n'a été à ce point-là...

PEPITO.

Comment, madame Pepito?...

GIANINA, à Pepito.

Je m'en serais bien gardée... (A Fédéric.) car la pauvre fille en perdait la tête, elle en était folle, monsieur!...

FÉDÉRIC.

Est-il possible!

GIANINA.

Dame!... tant que vous avez été riche et puissant, personne ne s'en est douté... pas même moi! mais quand vous avez été malheureux, quand vous avez été en prison... elle a manqué en mourir!... et si elle n'a donné que cinq mille ducats pour vous délivrer...

FÉDÉRIC.

C'était elle!...

GIANINA.

C'est qu'elle n'avait pas davantage... sans cela...

FÉDÉRIC, à part, avec désespoir.

C'est elle!... et séparés pour jamais!

GIANINA.

Oui, c'est elle, qui vous aime plus que sa vie... Écoutez, monsieur, écoutez-moi bien, si vous aviez le cœur de lui faire de la peine, elle en mourrait, voyez-vous, sans se plaindre et sans rien dire... Ça ne s'rait pas comme moi... (A Pepito.) Ah! bien oui... on m'entendrait... (Regardant Fédéric, qui vient de se diriger vers la table.) Eh bien! qu'a-t-il donc?

FÉDÉRIC, à part.

Séparés pour jamais!...

PEPITO, le regardant.

Il se trouve mal!...

GIANINA, de même.

Il pleure!... de joie, sans doute, et de ce que je lui dis là!... (Allant à lui.) N'est-ce pas, monseigneur, ça vous fait plaisir?

PEPITO.

D'avoir, comme moi, une femme si charmante et si bonne.

GIANINA.

Une femme qui vous aime tant!

FÉDÉRIC, assis près de la table.

C'est bien... laissez-moi!... (A part.) Ah! je n'en étais pas digne!... Mais elle ne voudra maintenant ni me voir ni m'entendre... (Haut.) Gianina, écoute... tu vas lui demander... non, tu vas seulement lui dire....

GIANINA.

M'est avis que vous ferez mieux de lui dire vous-même... car la voici.

FÉDÉRIC, se levant vivement.

O ciel!

SCÈNE XIV.

LES MÊMES; REBECCA, sortant de la porte à gauche. Elle entre lentement, lève les yeux, aperçoit Frédéric et fait un pas pour sortir. Frédéric la prévient, se met devant la porte du fond, et Rebecca court se réfugier près de Gianina.

REBECCA, tremblante.

Que me voulez-vous, monsieur?

FÉDÉRIC.

Rien!... Pas même implorer mon pardon, mais vous voir encore une fois!

REBECCA, avec dignité.

Je ne vous comprends pas, monsieur!

FÉDÉRIC.

Eh! puis-je comprendre moi-même tout ce qui s'est passé dans mon cœur?... Hier... je ne connaissais pas le trésor que je cédais à un autre! Mais depuis... vous ne me croirez pas, Rebecca, et c'est pourtant la vérité... depuis, j'aurais donné ma vie pour être aimé de vous...

REBECCA, qui l'a écouté avec joie.

Que dit-il?

GIANINA.

Eh bien, qu'est-ce qui lui manque donc?

FÉDÉRIC.

AIR : Tu ne vois pas, jeune imprudent. (*Les Chevilles de maître Adam.*)

Et j'ai repoussé pour toujours,
J'ai méconnu ce bien suprême!
Et ces nœuds, charme de mes jours,
Ont été brisés par moi-même!
Ah! puisqu'à tout jamais le sort
Détruit le rêve qui m'enivre,
Je pars... Pourquoi vivrais-je encor
Quand pour vous je ne peux plus vivre?

(Il fait quelques pas pour sortir.)

REBECCA, vivement.

Fédéric, restez!... restez!... (Fédéric redescend le théâtre. — Rebecca avec émotion.) Vous m'aimez donc?

FÉDÉRIC.

Je n'ai plus le droit de vous le dire!

REBECCA.

Et si je puis d'un mot... mais tantôt, je serais morte plutôt que de le prononcer, si je puis d'un mot rendre nulle leur nullité...

FÉDÉRIC, reprenant vivement l'acte de divorce qui est resté sur le guéridon à gauche.

Que dites-vous?

REBECCA.

Oui, monsieur, reprenez ce vilain acte que je ne veux pas regarder et lisez vous-même! Comment y a-t-il là... au milieu de la page?

FÉDÉRIC, prenant le papier d'une main tremblante.

« Déclarons ce mariage nul pour avoir été contracté « entre un chrétien et une juive. »

PEPITO et GIANINA, poussant un cri et redescendant le théâtre.

O ciel!

REBECCA, à Fédéric.

Depuis le jour où vous et votre père alliez être condamnés... il y a de cela un an! moi qui toute ma vie avais été séparée de vous... je ne voulus pas l'être encore par delà le tombeau... et sans en parler à personne des miens, pas même à mon père...

GIANINA.

Eh bien?

REBECCA.

J'ai couru en secret abjurer ma croyance.

FÉDÉRIC, poussant un cri de joie et la pressant sur son cœur.

Ah! est-il vrai! toi Rebecca, avoir embrassé notre croyance!...

GIANINA.

C'est bien! c'est la bonne!

REBECCA.

Je l'ignore! (s'adressant à Fédéric.) Mais c'est la tienne!...

L'IMAGE

COMÉDIE-VAUDEVILLE EN UN ACTE

EN SOCIÉTÉ AVEC M. SAUVAGE

THÉATRE DU GYMNASE. — 17 Avril 1845.

PERSONNAGES.	ACTEURS.
LE BARON DE KÉRANDAL, banquier..... MM.	Klein.
LÉOPOLD, jeune peintre.............	Montdidier.
PIERRE MAUCLERC, paysan breton.....	Geoffroy.
MADELEINE, paysanne............. Mme	Doche.

En Bretagne, dans le château de Kérandal, non loin de la mer.

L'IMAGE

Une salle basse d'un vieux château. — Porte au fond. Portes latérales. Grandes croisées donnant sur des bouquets de bois, au travers desquels on aperçoit la mer, dans le lointain.

SCÈNE PREMIÈRE.

LE BARON, en costume de chasse, LÉOPOLD, un album à la main;
ils entrent par le fond.

LE BARON.

C'est vous, Léopold!... vous, que je retrouve au fond de la Bretagne!...

LÉOPOLD.

Moi-même, mon cher baron... Car je crois que vous êtes baron?

LE BARON.

Comme tout le monde!... pour mon plaisir et pour mon argent! Banquier, voilà le solide, le nécessaire! baron...

LÉOPOLD.

Le superflu.

LE BARON.

La baronnie de Kérandal... une propriété superbe!...

J'ai lu ça, un matin, dans mon journal, au coin de mon feu, à Paris... située en Bretagne, au bord de la mer... douze cents arpents!...

LÉOPOLD.

Une vue superbe.

LE BARON.

Trois mille francs d'impositions; j'ai acheté!... Et j'y viens...

LÉOPOLD.

Pour la chasse.

LE BARON.

Et pour les élections... Ils n'ont rien dans ce pays... pas de députés!

LÉOPOLD.

Et vous vous mettez sur les rangs?

LE BARON.

Vous l'avez dit... De malheureux paysans, sans moyens, sans éducation, sans esprit, et que je tiens...

LÉOPOLD.

A représenter... à la Chambre.

LE BARON.

Je m'en crois digne!... Tout le monde me l'assure; et j'allais ce matin, mon fusil sur l'épaule, cherchant des perdreaux et des phrases à effet pour mon premier discours... quand, tout à coup... ô rencontre imprévue et pittoresque!... j'aperçois, sur la pointe d'un rocher, un peintre, son album à la main, dessinant un de mes points de vue...

LÉOPOLD.

Sans votre permission... C'était moi.

LE BARON.

Ce jeune artiste que m'avait recommandé la petite marquise de Brevannes, ma parente... Et, je dois en convenir :

AIR du vaudeville de *Voltaire chez Ninon*.

Vous avez fait, moi, je suis franc,
Un portrait charmant de ma femme.

LÉOPOLD, modestement.

Monsieur... il était ressemblant !

LE BARON.

Mais, et c'est là que je vous blâme,
Sombre, misanthrope et bourru,
De visites vous êtes chiche !
Et l'on ne vous a plus revu...
Vous êtes donc devenu riche ?
Seriez-vous donc devenu riche ?

LÉOPOLD.

Au contraire !... Mes capitaux se composent de deux billets de cinq cents francs; c'est tout ce que j'ai pour visiter l'Europe, en commençant par la Bretagne.

LE BARON.

Pourquoi donc alors me négligiez-vous? Que diable ! je vous l'ai dit... je suis baron, je suis banquier... je suis bon enfant... En fréquentant les gens riches, on a l'air de l'être, et souvent ça vous aide à le devenir ! La baronne, ma femme, qui vous estime beaucoup, vous a envoyé cet hiver plusieurs invitations...

LÉOPOLD.

Je l'en remercie... et vous aussi.

LE BARON.

Ça m'aurait fait plaisir de vous avoir... parce qu'un peintre... un artiste... ça fait bien dans un salon... Les arts... et la banque, vous comprenez... Mais il paraît que vous n'allez nulle part.

LÉOPOLD.

C'est vrai !...

LE BARON.

Et je ne vous ai vu à Paris que dans une seule maison...

Il y a près de deux ans... ma foi!... C'était au faubourg Saint-Germain, chez cette petite marquise de Brevannes, une femme délicieuse, ravissante... (A Léopold, qui tressaille.) Qu'avez-vous donc?

LÉOPOLD.

Rien, monsieur, rien... (Avec intérêt.) Vous la connaissiez beaucoup?

LE BARON.

Nous étions alliés... parents éloignés, par ma femme... Et, dans le peu que je l'ai vue... il est vrai que je suis un amateur... je me rappelle lui avoir fait une déclaration...

LÉOPOLD.

Vous, monsieur?...

LE BARON.

Qui l'a fait éclater de rire... parole d'honneur!... Tout le monde l'adorait, excepté son mari... Un sabreur, un libertin, un joueur! qui aurait mangé, à lui seul, toute son immense fortune... Il avait commencé... Et l'on dit même que, lorsqu'elle refusait de signer et de s'engager pour lui, il levait la cravache sur elle...

LÉOPOLD.

Et vous l'avez souffert!... vous, ses parents, ses amis! (A part.) Ah! si je l'avais su! ah! si j'avais été alors à Paris... (Haut, avec colère.) Son mari, voyez-vous, son mari...

LE BARON.

Eh bien?

LÉOPOLD.

En arrivant de Rome... j'ai couru à son hôtel... Il n'y était plus... Parti!...

LE BARON.

A Calcutta, rien que cela! Et que lui vouliez-vous, mon cher?...

LÉOPOLD, avec rage.

Le tuer... (Se reprenant.) Pour des raisons personnelles... et particulières...

LE BARON.

C'est différent.

LÉOPOLD.

Mais, patience... il reviendra! et je le tuerai, vous dis-je!

LE BARON.

Je vous en défie.

LÉOPOLD.

Moi!...

LE BARON.

Je vous en défie!

LÉOPOLD.

Et pourquoi?...

LE BARON.

Parce qu'il est mort... en duel... On a été sur vos brisées!

LÉOPOLD, stupéfait.

Mort! lui!... le marquis!...

LE BARON.

Il n'y a pas à en douter... C'est son adversaire, dont je suis le banquier, son adversaire lui-même qui me l'a écrit... J'ai reçu la lettre hier, et le journal de ce matin publie la nouvelle... Voyez plutôt... (Lui remettant le journal, et lui indiquant le passage qu'il lit avec lui.) « A Calcutta, où il était allé « pour refaire sa fortune... Tué en duel... depuis plus d'un « an... à la suite d'une scène de jeu!... »

LÉOPOLD, lui rendant le journal, que le baron jette sur la table, à droite.

C'est vrai... c'est vrai... Il aura donc impunément outragé et torturé sa pauvre femme!...

LE BARON.

Ah ça! mon cher... c'est donc pour la marquise... une reconnaissance?...

LÉOPOLD.

Qui ne finira qu'avec moi. Je lui dois tout! Pauvre et inconnu... sans appui... sans protecteurs... je mourais de faim dans mon sixième étage...

LE BARON.

Parbleu!... Il fallait bien vous faire connaître.

LÉOPOLD.

Et comment? On avait refusé à l'Exposition mon premier ouvrage... J'avais la fièvre, le délire... et, dans ma fureur, j'avais déchiré la toile de mon tableau avec un couteau que j'allais tourner contre moi-même... lorsqu'on frappe à ma porte... et je vois une jeune dame suivie d'un domestique en livrée!... De la mansarde voisine, où elle venait de porter des secours, elle m'avait entendu, sans doute; car, d'une voix douce et bienveillante, elle me dit : « Vous êtes peintre, monsieur? — Oui, madame. — Je viens vous commander un tableau. Courage! allons, du courage! » Je ne sais ce que je devins, ni ce que je lui répondis... Je crois seulement que, de surprise, je tombai à ses pieds. Mais, le lendemain je courus à son hôtel, où ce luxe qui l'environnait, ces glaces, ces peintures, ces riches étoffes d'or et de soie, frappèrent à peine mes yeux; je ne voyais qu'elle... Ange par la bonté, elle l'était encore par les traits,.. ces traits qu'on eût adorés seulement comme peintre... et je l'étais... Ah! mieux encore déjà!

AIR de Lantara.

Dans ces lieux, à sa voix fidèles,
Tous les talents venaient se rassembler;
Et contre ses peines cruelles
On la voyait auprès d'elle appeler,
Pour oublier et pour se consoler,
Les arts, dont l'ascendant suprême
Ou dont le pouvoir enchanteur
Ajoute encore un charme au bonheur même,
Dérobe une larme au malheur!

LE BARON.

Et votre tableau... celui qu'elle vous avait commandé?

LÉOPOLD.

Il fut reçu... celui-là; il eut les honneurs de l'Exposition... Tout le monde en fit l'éloge... Peu m'importait... Mais elle!...

elle le trouva bien... Elle le plaça dans son boudoir... sous
ses yeux! Ah! ce jour-là fut le plus heureux de ma vie! Ce
fut le seul... Je sentais bien que j'avais besoin de voir l'Italie et d'étudier les grands maîtres... Mais un tel voyage...
m'était impossible... Elle m'avait deviné, sans doute... car
je reçus d'elle une lettre, c'est la seule que je possède...
« Voici, me disait-elle, de quoi faire un voyage de deux ans
« en Italie... On se disputera un jour vos tableaux... Moi,
« qui spécule, je m'y prends d'avance et vous achète les
« deux premiers. Courage, Léopold !... Ce nom-là porte bon-
« heur en peinture. Vous partez pauvre et inconnu comme
« Léopold Robert... vous reviendrez comme lui. » Ah! elle
avait raison de me le citer... Je n'avais pas son génie; mais,
comme lui, j'avais dans le cœur une de ces passions dont
on ne guérit pas; comme lui, mes regards s'étaient élevés
trop haut, et, en proie à un amour insensé, je me disais
comme lui : La gloire expiera tout! Aussi je travaillais avec
ardeur, avec succès... avec quelque talent... Oui, oui, j'en aurais eu... ils le disaient tous... Et moi, je sentais que, pour
éclore, ce talent n'avait besoin que de son regard... Je revenais à Paris, heureux de la revoir... et le coup le plus
imprévu, le plus fatal !... J'apprends que, depuis plusieurs
mois... tant de jeunesse... de fraîcheur... de beauté... Ah!
monsieur... c'est horrible!

LE BARON.

Eh! oui... sans doute... en 1832... ce fléau qui ne respectait rien !... Et subitement... en quelques heures... avant
qu'on ait eu le temps de nous écrire... car aucun de ses parents n'était à Paris... pas même son mari... qui, alors, buvait et chassait dans ses terres!

LÉOPOLD.

Et ce mari !... ce mari ! Ah! pour ma vengeance... il devait mourir plus tard.

LE BARON.

Ou plus tôt... avant sa femme, par exemple... pour la

laisser libre et heureuse... Mais il y a des gens qui ne savent rien faire à propos. Et la marquise, savait-elle au moins à quel point vous l'aimiez?

LÉOPOLD.

Elle ne s'en doutait même pas! Jamais je n'aurais osé le dire, ni à elle... ni à personne au monde. Et si, aujourd'hui, je vous fais un tel aveu, c'est qu'elle n'est plus... c'est que parler d'elle est le seul bonheur que j'éprouve. Je n'en ai pas d'autre... Il ne me reste rien... pas même son image!

AIR d'*Aristippe*.

Quand sur ma toile et d'une main craintive
Je veux tracer ses traits... de souvenir!
Son ombre, hélas! m'échappe... fugitive,
   Et je ne puis la retenir...
Sous mes pinceaux je ne puis la saisir.
Portrait chéri, muet et doux langage,
Souvenir d'elle, espoir de ma douleur,
Je vous demande en vain... et son image
   N'existe plus que dans mon cœur!

LE BARON.

N'est-ce que cela, mon pauvre garçon?... Eh bien! si je vous donnais le plaisir de la voir encore...

LÉOPOLD.

Vous... monsieur le baron!

LE BARON.

Et non pas en peinture!

LÉOPOLD.

Vous voulez rire de moi!

LE BARON.

Nullement! Je suis ici depuis deux jours, et, hier matin, j'ai aperçu une jeune fille du village, Madeleine, une espèce de petites niaise, une vachère, une laitière, dont la ressemblance avec la marquise est prodigieuse.

LÉOPOLD.

Ce n'est pas possible !

LE BARON.

Non pas que ce soit absolument la même chose... mais, dans l'air... dans l'ensemble de la figure... il y a tant d'analogie, qu'en l'apercevant je n'ai pu m'empêcher de dire : Ah ! mon Dieu !... Je l'ai dit trois fois.

LÉOPOLD.

Et comment expliquer une telle bizarrerie... un tel jeu du hasard ?...

LE BARON.

D'une manière très-naturelle, et sans être un savant... je ne suis pas de l'Académie des sciences, Dieu merci !... mais je me suis rappelé que le vicomte d'Auray, père de la marquise, avait fait, en 1815, la guerre de la Vendée, et que, pendant près de trois mois, il avait habité ce pays... Or, le vicomte, royaliste pur et galant chevalier, aimait toutes les Vendéennes, surtout quand elles étaient jeunes et gentilles, et la mère de Madeleine était, dit-on, fort jolie... ce qui fait que Madeleine et la marquise pourraient bien être parentes de très-près.

LÉOPOLD.

Je comprends ! et cette idée seule me cause une émotion que je ne puis vous rendre... Où est Madeleine ?... où pourrai-je la voir ?

LE BARON.

Ici même... car elle apporte, tous les matins, le lait pour la consommation du château... Et, tenez... je l'entends...

LÉOPOLD, portant la main à son cœur.

Ah ! mon Dieu !

SCÈNE II.

MADELEINE, portant un pot de lait à la main et un autre sur sa tête, entre en chantant, LE BARON, LÉOPOLD.

LÉOPOLD, pousse un cri à la vue de Madeleine.

Ah!

MADELEINE, entrant.

AIR d'une Ronde normande.

Les filles de Bretagne
Ont des cœurs de rocher;
Mais quand l'amour les gagne
Et vient les ébrécher,
Ah! vertinguè!
Ah! sus ma fé!...
Ah! youp! et youp! et youp! et youp! ma fé!
Ça n'en finit jamé!
Youp! et youp! et youp! et youp! et youp!
Ah! youp!

LÉOPOLD, regardant toujours Madeleine.

C'est à confondre!...

MADELEINE, après avoir posé ses pots à terre.

C'est le fils à Jean-Pierre
Qui me fait les doux yeux!
Il n'a château ni terre,
Mais il est amoureux...
Ah! vertinguè!
Ah! sus ma fé!...
Ah! youp! et youp! et youp! et youp! ma fé!
Q' ça n'finira jamé!
Youp! et youp! et youp! et youp! et youp!
Ah! youp!

LÉOPOLD, qui pendant ce temps l'a toujours contemplée avec une expression de surprise et de douleur.

Les mêmes traits!... les mêmes yeux!... Je crois la voir!... (S'avançant vers elle avec égarement.) Non, il est impossible que ce ne soit pas!...

MADELEINE, lui faisant une révérence.

Qu'y a-t-il pour votre service, mon beau monsieur?...

LÉOPOLD, à part.

Pas la moindre surprise... pas la moindre émotion à ma vue!... Et moi, je suis tremblant et me soutiens à peine...

LE BARON, lutinant Madeleine.

Eh bien! Madeleine... c'est donc le lait que tu apportes!...

MADELEINE.

Laissez donc!... et à bas les mains! Vous êtes un enjôleur et un gouailleur.

LÉOPOLD, qui est retombé sur le fauteuil, à part.

Ah! ce n'est plus elle! pourquoi a-t-elle parlé!

LE BARON.

Moi! un... comme tu disais tout à l'heure?

MADELEINE.

Oui... et à mes dépens, encore... parce que, pendant que vous m'en contiez hier... je me suis trompée de deux ou trois mesures de lait...

LE BARON, riant.

Vraiment?

MADELEINE.

Sans compter ce que j'ai renversé... à cause de vos gestes... Tout ça c'est à mes frais... je le paierai!

LE BARON.

Laisse donc!

MADELEINE, pleurant.

Ah! que oui... je le paierai... ma tante me l'a dit... et ça n'est pas juste, car c'est vot' faute... mon bon Dieu!

LE BARON.

Eh bien! voyons, ne pleure pas. Qu'est-ce qu'il te faut?

MADELEINE, essuyant ses yeux.

Vingt sous, mon doux seigneur, et je vous aimerons bien!...

LE BARON, riant.

Vingt sous!... Est-elle juive, la petite Bretonne!... Pour ce prix-là, dans le pays, on aurait trois ou quatre jattes de lait...

MADELEINE.

Dame!... quand c'est un grand seigneur qui cause le dommage, c'est plus cher...

LE BARON.

Il y a un tarif? Eh bien, soit!... à condition...

MADELEINE.

Pas de conditions... Je veux mes vingt sous!

LE BARON, cherchant à lui prendre la main.

A condition que tu m'écouteras... et que tu seras moins effarouchée. Que diable!... on paiera le dommage, s'il y en a...

MADELEINE.

Je n'écoute rien. Mes vingt sous! il me les faut!...

LÉOPOLD, se levant, avec impatience.

Tes vingt sous... Tiens! tiens! et tais-toi!

MADELEINE, regardant ce que lui a donné Léopold.

Vingt sous en or!... mon beau seigneur... un jaunet! Que vous faut-il pour cela?

LÉOPOLD, brusquement.

Rien que ton silence... Tais-toi... ne parle pas!...

(Musique. — Madeleine se tient debout et tout étonnée. — Le baron reste un peu à l'écart. — Léopold contemple quelques instants la jeune fille avec émotion et douleur, fait un pas vers elle en lui tendant les bras, et va pour lui parler ; mais il s'arrête, cache sa tête dans ses mains, fond en larmes et s'enfuit.)

SCÈNE III.

MADELEINE, LE BARON.

LE BARON, à part, regardant sortir Léopold.

Ah! c'est à ce point-là!...

MADELEINE.

Qu'est-ce qu'il a donc, ce jeune homme? est-ce que je lui faisons peur?

LE BARON.

Au contraire, tu lui causes trop d'émotion.

MADELEINE.

Moi! à cause?...

LE BARON.

A cause que tu ressembles exactement à une grande dame... une marquise dont il est amoureux.

MADELEINE.

C'est drôle!

LE BARON.

Le plus drôle... c'est qu'il a adoré cette grande dame... sans avoir jamais osé le lui dire...

MADELEINE.

Et pourquoi qu'il n'y dit pas maintenant?

LE BARON.

Parce qu'elle est morte.

MADELEINE.

Ah! vous me faites peur! Je ressemble donc à une morte?

LE BARON.

Eh non! c'est de son vivant qu'il l'adorait... et, maintenant, c'est encore plus fort, ce qui est absurde... parce que, enfin, il n'y a pas d'éternels amours, et, quand les gens n'y sont plus, on pense à d'autres... Mais, lui, rien ne peut le consoler.

MADELEINE.

Pauvre jeune homme!

LE BARON.

Ah! vois-tu, c'est un peintre, un artiste; ce n'est pas comme nous autres, cela vous a une tête exaltée... de l'imagination...

MADELEINE.

Ah! vous n'en avez pas, vous!

LE BARON.

Je suis banquier... c'est-à-dire raisonnable...

MADELEINE.

Et cette grande dame?...

LE BARON.

Ah! tu es curieuse... et ça t'intéresse?

MADELEINE.

J'voulions seulement vous demander... si elle était jolie...

LE BARON, galamment.

Puisqu'elle te ressemble.

MADELEINE, après un moment d'hésitation.

Ah! oui, je comprends, c'est un compliment que vous me faites...

LE BARON, à part.

Est-elle bête, celle-là!... Mais ça n'en vaut que mieux. (Haut.) C'est une qualité à ajouter à toutes les autres... car tu en as beaucoup... Tu es jolie, Madeleine, et, vrai, ça serait du bien perdu ici, en Bretagne.

MADELEINE.

Quoi que vous voulez dire?... je comprends pas...

(Elle range ses pots, met du lait dans un vase à crème, etc.)

LE BARON.

Tant mieux!... c'est bon signe... (A part.) Tandis qu'à Paris... en prenant la peine de la former... avec de belles robes et quelques parures, ça me ferait de l'honneur... Il est vrai que ma femme, madame la baronne... Il n'y a que cela de gênant... mais on pourrait trouver quelques moyens... (A Madeleine.) Où demeure ta tante?

MADELEINE, revenant vers lui.

A l'entrée du parc, dans la maison du garde... c'est la mère à Pierre Mauclerc... vot' garde...

LE BARON.

C'est juste! un imbécile...

MADELEINE.

Non, monsieur... c'est mon cousin.

LE BARON.

C'est cela même. (A part.) C'est dans le sang.

MADELEINE.

AIR : Mon galoubet.

C'est mon cousin! (Bis.)
Il est méchant, il est sauvage,
Il est colère, il est taquin
Et détesté dans le village.

LE BARON, parlant.

Et puis?...

MADELEINE.

Mais, j' n'en peux pas dir' davantage...
C'est mon cousin.

LE BARON.

C'est juste!... tu dois le défendre. Mais c'est lui que j'entends!

SCÈNE IV.

Les mêmes ; PIERRE, en garde champêtre.

PIERRE, entrant par le fond et parlant au dehors.

Ah! tu fais le fier?... tu ne veux rien donner?... Tu seras couché sur mon procès-verbal!

LE BARON.

Qu'est-ce, Pierre?

PIERRE, l'apercevant, à part.

Dieu! monsieur le baron! (Haut.) C'est rien, monseigneur, c'est un délinquant... On ne voit que ça... Ils vont dans la forêt faire du bois mort... avec du bois vert... et alors faut m'entendre crier... Parce que les intérêts de monseigneur avant tout, et je mets sur le procès-verbal tous ceux...

LE BARON.

Qui ne te donnent pas pour boire!

PIERRE, regardant Madeleine.

Qu'est-ce qui a dit cela?... des envieux, des mauvaises langues... La preuve que je n'épargne personne... pas même ma famille, c'est que j'ai dénoncé hier ma cousine, Madeleine, ici présente... pour avoir laissé aller ses vaches dans le pré de monseigneur, et que, compris mes déboursés et mes honoraires, il y a amende de trois écus...

MADELEINE.

A moi?...

PIERRE.

A toi... délinquante!...

MADELEINE, pleurant.

Et des injures encore par-dessus le marché... sans compter les frais. Mon Dieu!... mon Dieu! comment que je pourrai jamais payer tout cela?...

LE BARON.

Allons, ne te désole pas... C'est grave!... très-grave!... mais on verra à arranger cette affaire-là.

PIERRE.

C'est ça... toujours des protections...

LE BARON.

Dénoncer ta cousine!... Tu es aussi un fonctionnaire trop intègre.

PIERRE.

Le paysan breton est comme ça... Quand il s'obstine une fois à quelque chose... et moi, je suis obstiné à l'honneur... à la probité... et à ma rancune contre celle-ci... Car je la haïs, c'te fille-là... Dieu! je la haïs-t-y!

MADELEINE.

Et pourquoi, mauvais cœur?

LE BARON.

Oui, pourquoi?

PIERRE.

Qu'est-ce qu'elle avait besoin de quitter nos parents, chez qui elle était, à Paimpol, pour venir habiter ici... cheux nous... chez ma mère... qui me choyait autrefois, et qui, depuis ce temps-là, me rudoie toujours?... Toutes les préférences sont pour elle... Quand je reviens à la maison, il n'y a plus de lard salé, plus de soupe aux choux... Faut que je la fasse moi-même... que je la mange, moi... C'est moi qui fais tout dans la maison.

MADELEINE.

Dame! je suis dehors... je suis à mes bêtes...

PIERRE.

C'est à moi que tu dois être... à moi, qui ai tout le mal... car j'en ai, que ça me casse bras et jambes... Aussi, quand je vois les laquais de monseigneur, bien habillés, bien nourris, bien chauffés... et rien à faire!... Voilà un noble état, que je me dis. Et il me passe par la tête, à moi paysan, des idées de grandeur et d'ambition... que ça me vient par bouffées et m'empêche de dormir !

LE BARON.

Quoi, vraiment, tu aspires ?...

PIERRE.

A être laquais !... C'est mon idée... c'est mon rêve...

LE BARON.

Troquer contre une livrée ta fierté et ton indépendance !

PIERRE.

Au contraire !... c'est pour être indépendant !... Quand on se sert et qu'on se nourrit soi-même, on meurt de faim ; mais quand on sert les autres, disait ce matin votre valet de chambre, on n'en prend qu'à son aise, et on est son maître.

LE BARON, à part.

C'est bon à savoir.

PIERRE.

Et si monseigneur voulait m'emmener avec lui à Paris... quand il y retournera... et me donner une place... indépendante... à son service...

LE BARON.

J'entends !... Ce n'est pas impossible... (Regardant Madeleine.) Nous combinerons cela... en famille... Viens m'en reparler tantôt... quand j'y aurai réfléchi... (A Madeleine qui a pris un de ses pots à lait.) Eh bien ! Madeleine, où vas-tu ?

MADELEINE.

Porter mon lait à l'office...

LE BARON, lui montrant l'autre pot au lait.

Et le reste ?...

MADELEINE.

Pour faire le beurre et les fromages... Ma tante va venir m'aider...

PIERRE.

C'est ça! et, pendant ce temps-là, ma soupe se fera toute seule.

LE BARON.

Et qui t'empêche d'aller déjeuner à l'office ?

PIERRE, avec joie.

Comme surnuméraire ?... C'est dit...

AIR de M. ADOLPHE ADAM.

Ou d' la brod'rie, ou des cordons,
 Ou bien de la livrée,
De tout c' qui brille, or ou galons,
 Mon âme est enivrée.

J' m'installe auprès
 De vos laquais
Et, m'attablant sans honte,
Sur ma futur' dignité j' vais
 Prendre un fameux à-compte!

Ensemble.

LE BARON et MADELEINE.

Oui, telle est son ambition,
 Qu'il aime la livrée.
De ce qui brille, or ou galon,
 Son âme est enivrée.

PIERRE.

Ou d' la brod'rie, ou des cordons, etc.

(Madeleine sort par la porte à gauche, et Pierre par le fond.)

SCÈNE V.

LE BARON, puis LÉOPOLD.

LE BARON, réfléchissant.

Oui!... c'est une combinaison à méditer... combinaison d'autant plus ingénieuse... que ce ne serait pas moi... ce -

serait ma femme elle-même... qui la ferait venir près d'elle. (Se retournant vers le fond et apercevant Léopold, qui entre en rêvant.) Ah! c'est notre amoureux romanesque. Toujours dans les ombres et les nuages! (Haut.) Eh bien! mon pauvre Léopold!

LÉOPOLD, sortant de sa rêverie.

Ah! je suis plus malheureux qu'auparavant, et cette fatale ressemblance, loin de consoler ma douleur, ne fait que l'irriter encore!... Ce sont ses traits, c'est son image! Image vivante, qui ne dit rien à mon cœur... Portrait exact et pourtant infidèle, car je n'y retrouve ni son expression, ni sa pensée, ni son âme... C'est toujours l'absence, ou plutôt ce n'est qu'un marbre... une statue...

LE BARON.

Soit! mais c'est une jolie statue!

LÉOPOLD.

Eh! qu'importe l'extérieur ou l'enveloppe... Ce qui est tout pour moi, c'est le sentiment, c'est le feu qui l'anime.

LE BARON.

Comme vous voudrez, mon cher; moi, je tiens à l'enveloppe! Et, vous-même, vous avez beau dire, vous vous y laisseriez prendre.

LÉOPOLD.

Moi?

LE BARON.

Je le parierais!

LÉOPOLD.

Moi! oublier la marquise, moi lui comparer une autre femme!... ou avoir, en ce monde, une seule pensée qui ne soit pas pour elle!... Je le voudrais que je ne pourrais pas; je vous le répète, cette vue m'est pénible et me rend malheureux.

LE BARON.

Tant pis ; car j'avais, à ce sujet même, un service à vous demander...

LÉOPOLD.

Un service !...

LE BARON.

Pour moi et pour madame la baronne.

LÉOPOLD.

Parlez, monsieur...

LE BARON.

Ma femme n'a pas de portrait de la marquise... qu'elle regrette et qui était sa parente ; ce portrait, à Paris, en face du sien, ferait un admirable effet... Il vous suffit pour cela de quelques séances...

LÉOPOLD, vivement.

Oui ! vous avez raison... C'est le seul moyen qu'elle nous soit rendue.

LE BARON.

Allons, venez...

LÉOPOLD.

Oui, je vous suis... (Ils font une fausse sortie, Madeleine paraît ; Léopold s'arrête tout à coup.) Ah ! mon Dieu !

LE BARON, venant à lui.

Qu'avez-vous ?

(Léopold lui montre Madeleine, qui vient d'entrer par la gauche. Le baron et Léopold sont en ce moment au fond du théâtre. Madeleine apporte une baratte à battre le beurre.)

LE BARON, serrant la main de Léopold.

Comme vous tremblez !

LÉOPOLD.

Oui... cette vue me cause une émotion dont je ne suis pas maître... Que vient-elle faire ici ?...

LE BARON.

Battre du beurre..

LÉOPOLD.

Ah ! taisez-vous !

LE BARON.

Je comprends, ça n'est ni poétique ni sentimental ; mais c'est comme ça... Maintenant... (Montrant son costume de chasse.) je vais m'habiller ; j'agis sans façon, faites-en autant et à tantôt, à dîner... Adieu, mon cher, adieu...

(Il sort par le fond.)

SCÈNE VI.

MADELEINE, sur le devant du théâtre. Pendant la fin de la scène précédente, elle a versé dans la baratte le lait qui était dans l'un de ses pots ; elle s'est assise et se met à battre le beurre. LÉOPOLD, du fond du théâtre, la regarde quelques instants en silence, puis il s'approche, prend une chaise, et vient s'asseoir auprès d'elle.

MADELEINE, se retournant vivement.

Quoi ! c'est vous, monsieur... vous v'là ?...

LÉOPOLD.

Oui, Madeleine.

MADELEINE.

On m'a appris que ça vous faisait mal de me voir.

LÉOPOLD.

Ah ! on te l'a dit... Eh bien ! oui... dans le premier moment, c'était une sensation pénible... et douloureuse...

MADELEINE.

AIR : Voltigez, hirondelles. (FÉLICIEN DAVID.)

Que faut-il que je fasse ?...
Dam ! vous m'intimidez !
D'effroi mon sang se glace...
(Se détournant de lui.)

D'un autr' côté, de grâce,
Regardez! regardez! regardez!

####### LÉOPOLD.

Non, ma douleur s'apaise!
Mes yeux, vers toi guidés,
Ne trouvent rien qui ne leur plaise...

####### MADELEINE, se retournant vers lui.

Alors, tout à votre aise,
Regardez! regardez! regardez!

####### LÉOPOLD, regarde quelques instants Madeleine avec émotion, avec amour, puis, cédant au délire qu'il éprouve, il s'écrie, hors de lui :

Louise!

####### MADELEINE.

Ce n'est pas mon nom, monsieur!

####### LÉOPOLD.

Je le sais... mais, plus je te regarde, plus il me semble que c'est elle! (Il s'éloigne avec une sorte d'effroi, puis se calmant.) Et pourquoi, dans ma douleur, renoncer à l'instant d'illusion et d'ivresse que m'offre le hasard, ou plutôt le ciel?... A ceux que le malheur accable, Dieu daigne envoyer des rêves consolateurs... Au pauvre, il donne la richesse... au condamné, il accorde sa grâce... à la mère qui a perdu son enfant, il lui rend ses caresses... à moi, il me rend celle que j'aime; et, plus heureux qu'eux tous, je ne dors pas, je veille... c'est elle que je revois... Et, ce que, de son vivant, le respect m'eût empêché de lui dire, Dieu me permet de l'adresser à son ombre... à son image... (Revenant à Madeleine, avec exaltation.) Louise, si tu savais combien je t'ai aimée! Louise, mon seul bonheur... toi, que j'appelle et que je pleure... (Regardant Madeleine.) Dieu! des larmes dans ses yeux!

####### MADELEINE.

Dame! monsieur, de vous voir dans cet état-là...

####### LÉOPOLD.

Et, ton cœur bat!... ta main tremble!...

MADELEINE.

C'est que vous me dites là des choses... qu'il me semble... qu'une honnête fille ne doit pas entendre.

LÉOPOLD.

Ah! pardonne à mon égarement, à mon délire, et rassure-toi, de grâce!... ce n'est pas à toi que je les ai adressées...

MADELEINE.

AIR : Je sais attacher des rubans. (*Le Frère Philippe.*)

Je l'vois bien ! mais, j'en fais l'aveu,
Moi, qu'sans esprit le ciel fit naître,
Je crains de m'embrouiller un peu,
Je crains de ne pas m'y r'connaître.
Et c'est bien difficile enfin,
Quand ma main est là dans la vôtre,
De s'persuader que cette main
Est, en c'moment, celle d'une autre,
Oui, quand vous tenez là ma main,
Faut s'dire qu'c'est celle d'une autre!

LÉOPOLD, la regardant avec étonnement.

Quoi, vraiment?... tu as fait attention à cela! Ce marbre renferme donc quelque étincelle?...

MADELEINE.

Je ne comprends pas trop ce que vous me dites là, monsieur... Ça n'est pas étonnant... nous autres filles de Bretagne, nous ne savons que ce qu'on nous apprend... et on ne nous apprend rien !...

LÉOPOLD, à part.

Elle a raison, ce n'est pas sa faute; et moi qui, ce matin, l'injuriais au lieu de la plaindre et de lui venir en aide !... Pourquoi ne pas cultiver et développer son intelligence?... Ce sera Louise elle-même, et non plus seulement son image... Oui, oui, c'est Louise qui m'inspire un tel dessein! et, si je réussis, ce sera mon œuvre à moi, et ma création! (Allant vivement à Madeleine.) Mon enfant... je ne vous quitte plus...

MADELEINE.

Comment! monsieur... et ma tante?

LÉOPOLD.

Ça n'empêche pas... C'est un ami qui veille sur vous et vous protège! Je travaillerai, je ferai des tableaux pour vous gagner une dot... Ce que Louise a fait pour moi... je le ferai pour son image... votre fortune... votre bonheur....

MADELEINE.

A moi! mon beau monsieur... Tant de bontés... Qu'ai-je fait pour cela?

LÉOPOLD.

Vous lui ressemblez, ça me suffit. (Lui prenant la main.) Voyons, parlez-moi franchement... Avez-vous un amoureux?

MADELEINE, baissant les yeux.

Faut-il dire?...

LÉOPOLD.

Sans doute.

MADELEINE.

Eh bien!... pas encore.

LÉOPOLD.

A votre âge?...

MADELEINE.

Dame! dans ce pays, on est si arriéré... ou plutôt je croyais ne pas en avoir!... Mais là, tout à l'heure... pendant que vous serriez ma main... Oh! excusez... je veux dire la sienne...

LÉOPOLD.

Eh bien?

MADELEINE.

Eh bien!...

AIR : Aussitôt que je t'aperçois. (*Azémia.*)

Tout à l'heure, en vous entendant
La voix et l'âme émues,
Me dir' pour ell' votre tourment...
Puis des phras' inconnues...
Et puis cet amour si brûlant...
(Portant la main à son cœur.)
Qu'ça vous fait chaud... en l'écoutant,
Oui, ça vous brûle en l'écoutant!...
C'que vous éprouviez pour c'te dame,
Il me semblait, au fond de l'âme,
Que je pourrais bien (*Ter.*) Dieu merci!
A mon tour l'éprouver aussi!

LÉOPOLD, étonné.

Ah! vraiment! Et, quand ces idées-là te sont venues, tu pensais sans doute à quelqu'un?

MADELEINE, soupirant.

Pardi!...

LÉOPOLD.

Quelqu'un du pays?

MADELEINE.

Oui... quelqu'un d'ici...

LÉOPOLD.

Eh bien! si c'est un brave et honnête garçon, qui mérite ton affection, il faut l'épouser; nomme-le moi!

MADELEINE, vivement.

Ah ben! non...

LÉOPOLD.

Et pourquoi?

MADELEINE.

D'abord, parce que je ne suis pas assez sûre de ce qui se passe là... (Montrant son cœur.) Écoutez donc, on peut ben se tromper; et puis, j'avons idée qu'il ne voudrait pas de moi...

LÉOPOLD.

Lui! il serait bien difficile!... Tu es si jolie, si naïve et si franche!... Voyons, Madeleine, à moi, ton ami... dis-moi tout.

UNE VOIX, au dehors.

Madeleine! Madeleine!

MADELEINE.

C'est ma tante qui m'appelle...

LÉOPOLD, avec impatience.

Elle vient bien mal à propos!

MADELEINE.

Les tantes arrivent toujours comme ça! Mais elle me gronderait, si je la faisais attendre.

LA VOIX, au dehors.

Madeleine! Allons donc!

LÉOPOLD.

Tu me diras son nom plus tard?...

MADELEINE.

Oui... monsieur... plus tard... peut-être... Adieu... monsieur...

LÉOPOLD.

Adieu, Madeleine... adieu!

SCÈNE VII.

LÉOPOLD, la suivant des yeux.

Oui, pauvre fille, je me charge de ton bonheur; c'est un devoir maintenant, car je l'ai promis à Louise... Et puis, qui sait, comme disait le baron, c'est peut-être sa sœur! Aussi, dès que je connaîtrai celui qu'elle préfère... je m'entendrai avec le baron... (S'approchant de la table, à droite.) Et quand je devrais faire et lui vendre tous les tableaux dont (Ouvrant son album.) j'ai là les projets ou les esquisses... (Il s'est assis et se met à dessiner.) C'est lui que j'entends !

SCÈNE VIII.

LE BARON et PIERRE, entrant par le fond, LÉOPOLD, à droite et toujours à dessiner.

LE BARON, tenant des papiers à la main et parlant à Pierre.

Et moi, je te dis que j'en suis sûr et que j'en réponds.

PIERRE.

Allons donc !

LE BARON.

Je te dis qu'elle t'aime.

PIERRE.

Elle, Madeleine ?... ma cousine !...

LÉOPOLD, se levant vivement, à part.

Oh ciel !... ce serait lui !...

LE BARON, à Léopold.

Vous êtes à travailler, ne vous dérangez pas, mon cher; nous traitons là une affaire qui vous intéresserait peu...

LÉOPOLD, à part.

Si vraiment... à ma gentille Madeleine... un mari comme celui-là !...

(Il se rassied et les écoute en ayant l'air de travailler.)

PIERRE, au baron.

Après tout, quand j'y pense, vous pourriez bien avoir raison ! car je me rappelle maintenant bien des petites choses... Souvent elle pleurait toute seule... et, surtout depuis que j'ai fait la cour à la grande Marianne... la fille du cabaretier...

LE BARON.

Tu vois bien !... Et, ce matin, quand tu la maltraitais

devant moi... elle ne s'en plaignait pas... et elle avait même commencé par prendre ta défense...

PIERRE.

Mon Dieu! je ne dis pas non; c'est possible... Et quoique je ne l'aime pas, c'te fille... il se peut bien qu'elle m'aime, qu'elle en brûle, qu'elle en dessèche... Ça n'serait pas la première au village...

LÉOPOLD, à part.

Dieu me pardonne! c'est un fat!

PIERRE.

Mais quand ça serait, où ça nous mènerait-il?

LE BARON.

Je m'en vais te le dire : tu voulais, ce matin, entrer chez moi comme laquais...

PIERRE, s'essuyant la bouche.

Je le veux, et bien plus encore depuis que je sors de l'office.

LE BARON.

Mais, pour entrer chez moi, qui suis un homme rangé... un homme marié, il ne s'agit pas de rester garçon.

PIERRE.

Ça se trouve à merveille, j'ai demandé ce matin en mariage la grande Marianne, la fille du cabaretier, qui a cent bons écus de dot.

LE BARON.

C'est possible... mais la grande Marianne ne me convient pas; elle est laide, elle est rousse; je n'aime pas les rousses...

PIERRE.

Ni moi non plus... mais elle a cent écus.

LE BARON.

Ça annonce un mauvais caractère, et elle en a un...

PIERRE.

Oui, mais elle a cent écus...

LE BARON.

Et comme ta femme viendrait avec toi à Paris, dans mon hôtel, où tout est élégant et distingué, je ne veux pas une femme de chambre qui dépare... Voilà pourquoi je tiens à Madeleine... Ainsi, qu'elle te convienne ou non... tu n'entreras pas chez moi, si tu ne l'épouses pas...

PIERRE, se promenant vers le côté où est Léopold.

V'là qui mérite réflexion... parce qu'enfin, Madeleine n'est pas mal; elle m'aime, d'abord, c'te pauvre fille; elle n'est pas rousse, c'est vrai; mais elle a bien des qualités, que n'a pas la grande Marianne.

LÉOPOLD, bas, à Pierre.

Si tu épouses la grande Marianne, je te promets, moi, cinq cent francs.

PIERRE, de même.

Comptant?

LÉOPOLD, tirant un billet de sa poche et le lui donnant.

Les voilà!

PIERRE.

C'est différent! (Se frottant l'oreille, et marchant vers le baron, qui pendant ce temps, a feuilleté ses papiers.) Écoutez donc, monseigneur...

LE BARON.

Eh bien!... voyons, dépêche-toi, car il y a des électeurs du pays qui m'attendent dans ma salle à manger... Es-tu décidé?

PIERRE.

Oui, sans doute; parce que, nous autres paysans, nous n'avons rien que notre parole...

LE BARON, brusquement.

J'entends, vous n'avez rien. Eh bien?

PIERRE.

Eh bien ! ma parole, je l'ai donnée à la grande Marianne et à son père, qui lui baille cent écus en mariage, et une autre personne, qui s'intéresse à elle, lui donne de plus cinq cents francs...

LÉOPOLD, à part.

Je suis tranquille maintenant !

(Il se remet à dessiner.)

PIERRE.

Ça fait huit, c'est une somme ! c'est quelque chose, surtout quand on tient à sa parole.

LE BARON, avec colère.

Et Madeleine ?...

PIERRE.

Madeleine n'a rien...

LE BARON.

Et ma place ?

PIERRE.

C'est à vous... c'est pas à elle.

LE BARON, à voix basse, et l'amenant par la main au bord du théâtre.

Eh bien ! pour en finir, car je suis pressé, j'ajoute à la place, mille francs de dot.

PIERRE.

Ah ! mon Dieu !

LE BARON, lui imposant silence en regardant Léopold.

A la condition que tu épouseras Madeleine... sinon, pas de place ni de dot... Je vais retrouver mes électeurs. (Apercevant Madeleine qui entre.) Voici Madeleine, fais ta demande ; et que, ce soir, tout soit terminé et conclu.

(Il sort par le fond.)

SCÈNE IX.

MADELEINE, PIERRE, LÉOPOLD.

LÉOPOLD, à part et dessinant.

Je l'aurai du moins sauvée, malgré le baron, malgré elle-même, d'un homme qui ne méritait pas son affection, et qui l'aurait rendue malheureuse.

PIERRE.

C'est moi que vous cherchiez, cousine ?

MADELEINE, se dirigeant vers la porte à droite qu'elle ouvre.

Non, Pierre, j'vas chez Mme Léonard, la femme de charge, qui m'a fait demander...

PIERRE, la tirant par le bras.

A d'autres !... Vous v'là toute troublée et toute honteuse; j'savons ce que ça veut dire, et je vais droit au fait, parce que, nous autres paysans, nous ne connaissons pas les façons et les semblants : la franchise avant tout !... Voilà assez longtemps, Madeleine, que vous êtes malheureuse et que vous souffrez en secret... Eh bien ! moi aussi, je vous aime...

MADELEINE, étonnée.

Quoi que vous me dites là ?

PIERRE.

Pour le bon motif... A preuve que je viens vous demander en mariage.

LÉOPOLD, qui s'est levé avec indignation.

Vous, Pierre ? lorsque vous avez promis d'épouser la grande Marianne, et quand vous avez reçu pour cela...

PIERRE.

Cinq cents livres ! Les voilà... je vous les rends, parce que le paysan est honnête avant tout. Je n'aime que ma petite Madeleine, et je lui offre ma personne, et une belle place, et mille francs de dot.

LÉOPOLD.

Ce n'est pas vrai, Madeleine.

PIERRE.

C'est vrai ; car c'est M. le baron qui me les a promis, et il est plus riche et plus généreux que vous, qui n'en donniez que la moitié... Aussi, il entend et il veut que ce mariage se fasse...

MADELEINE.

Et moi, je ne le veux pas...

PIERRE.

AIR : Il n'est pas temps de nous quitter. (*Voltaire chez Ninon.*)

Est-il possibl'... vous refusez !
Mill'francs !... un' fortune aussi grande ?

MADELEINE.

C'est les mill' francs q'vous épousez ;
Je n'entends pas qu'on me marchande.
Par monseigneur soyez donc marié,
Son argent, vous pouvez le prendre,
Moi, je garde mon amitié...
Mon amitié n'est pas à vendre !

PIERRE.

Quoi ! vous gardez votre amitié ?...

MADELEINE.

Mon amitié n'est pas à vendre !

LÉOPOLD, avec enthousiasme.

Madeleine ! (Lui prenant la main.) voilà du cœur et de nobles sentiments... C'est bien... très-bien...

PIERRE.

Et moi, je dis que c'est mal ; c'est très-mal... C'est une volerie, parce qu'elle n'a pas le droit de m'enlever ainsi une belle place et une fortune ; mais elle aura beau faire, ça sera...

MADELEINE.

Ça ne sera pas...

PIERRE.

Et pourquoi?

MADELEINE.

Parce que je ne t'aime pas.

PIERRE, haussant les épaules.

Allons donc!

MADELEINE.

Parce que tu ne me plais pas.

PIERRE, de même.

Allons donc! vous ne ferez accroire ça à personne... Dites plutôt qu'il y en a d'autres qui, maintenant, vous plaisent mieux... des nouveaux-venus, des étrangers... monsieur, que voilà.

MADELEINE.

Par exemple!

LÉOPOLD.

Moi! qu'elle a vu aujourd'hui pour la première fois...

PIERRE.

Ce n'est pas la première fois.

MADELEINE.

Voulez-vous bien vous taire!

PIERRE.

Je l'ai aperçue, hier, dans les grands aliziers, où elle était blottie; elle entr'ouvrait les branches comme ça, et, pendant que vous dessiniez en face d'elle sur un rocher... elle vous regardait avec une attention et une émotion...

MADELEINE.

Ça n'est pas vrai!

PIERRE.

Et, quand je lui ai dit : « Quoi que tu fais là? » elle en a été toute rouge et toute honteuse.

MADELEINE.

Ce n'est pas vrai, je venais d'arriver...

PIERRE.

Elle y était depuis longtemps, et tellement qu'elle en avait laissé échapper ses vaches, qui étaient à un quart de lieue de là, dans les prés de monseigneur, dont j'ai dressé procès-verbal.

MADELEINE.

Ça n'est pas vrai!...

PIERRE.

Elles sont là pour le dire! et si tu ne m'épouses pas, je publie ton inconduite.

MADELEINE.

Par exemple!

PIERRE.

Vue et légalisée par les autorités locales...

LÉOPOLD.

Comment! malheureux, tu oserais?...

PIERRE.

Et elle est perdue de réputation dans le pays.

AIR : O miracle ! O spectacle ! (Cagliostro.)

Oui, je compte
Sur sa honte
Pour en avoir raison !
C'te vachère
Fait la fière ;
Mais c'est bon... oui, c'est bon !
Tu t' crois forte,
Il n'importe,
Bientôt tu me le paîras.
Oui, ma chère,
T'as beau faire,
C'est moi q't'épouseras.

MADELEINE.

Mais écout' moi !...

PIERRE.

C'est inutile !

LÉOPOLD.
Tu ne crains pas!...

PIERRE.
J'suis aguerri.

MADELEINE.
C'est un méchant!

LÉOPOLD.
Un imbécile!

PIERRE.
Ça n'empêche pas d'être un mari.

Ensemble.

MADELEINE.
Pareil conte,
Sur mon compte,
Est une trahison!
Je n'crains guère
Ta colère...
Va, c'est bon, oui, c'est bon!
J'suis pas forte,
Mais n'importe,
Bientôt tu m'le paîras.
T'as beau faire,
Je l'espère,
Jamais tu n'm'épouseras!

LÉOPOLD.
Pareil conte,
Sur son compte,
Est une trahison!
Je modère
Ma colère;
Mais c'est bon, oui, c'est bon!
Faible ou forte,
Il n'importe,
Tant que mon cœur battra,
La vachère,

Je l'espère,
Jamais ne t'épousera.

PIERRE.

Oui, je compte, etc.

(Pierre sort par le fond.)

SCÈNE X.

MADELEINE, LÉOPOLD.

MADELEINE, assise à droite et pleurant.

Ah! mon Dieu! mon bon Dieu! qu'est-ce que je vais devenir?

LÉOPOLD.

Rassure-toi, Madeleine; on ne le croira pas...

MADELEINE.

Mais, vous le croirez, vous, monsieur! et c'est là le plus terrible... vous allez supposer des choses...

LÉOPOLD.

Moi! nullement, je le jure...

MADELEINE.

Si fait, si fait, je le vois bien; vous vous imaginerez, comme il le dit... que j'étais hier à vous regarder en cachette...

LÉOPOLD.

Ce n'est pas vrai?

MADELEINE, se levant.

Si; mais tout simplement et sans mauvaise intention. Je me disais, tout ébahie : « Qu'est-ce que c'est donc que ce beau monsieur qui n'est pas du pays, et qui est là en plein soleil, sur un rocher, à tirer des lignes sur du papier? Est-ce que ça serait l'ingénieux du département?... » Voilà, monsieur, pas autre chose!...

LÉOPOLD.

C'est tout naturel, et je te crois!

MADELEINE.

Je l'espérons ben... Faudrait avoir bien peu de cœur pour songer à quelqu'un qui n'est jamais à ce qu'il fait, qui vous regarde sans vous voir... et vous dit : Je vous aime, en pensant à une autre; car c'est une autre que vous aimez!...

LÉOPOLD.

Oui, et je l'ai perdue!... et elle n'est plus!

MADELEINE, soupirant.

C'est encore pis!... La beauté, ça se fane, ça vieillit; mais un souvenir, c'est toujours jeune.

LÉOPOLD, étonné.

Que dis-tu? Voilà une pensée et une expression...

MADELEINE.

Dame! je vous donne ça comme ça m'est venu.

LÉOPOLD.

Et c'est très-bien... Car, tu ne sais pas, Madeleine, non-seulement tu es jolie, mais tu es aussi très-aimable!

MADELEINE.

En vérité!... Dame! en vous écoutant, peut-être que ça se gagne?

LÉOPOLD.

Quelques mois de soins et d'études te donneront une autre existence et une forme nouvelle. Alors rien ne te manquera, alors tu seras aussi charmante, aussi séduisante...

MADELEINE.

Que la marquise?...

LÉOPOLD, embarrassé.

Eh! mais... d'une autre manière...

MADELEINE, avec regret.

Ah! c'est celle-là, c'est la sienne que je voudrais; mais

c'est impossible aux filles d'chezx nous... Elle était donc bien belle?...

LÉOPOLD.

Ravissante... adorable!...

MADELEINE.

Et vous disiez, pourtant, que je lui ressemblais; vous mentiez donc, monsieur?

LÉOPOLD, la regardant.

Non! Elle avait ce que tu n'as pas... la distinction et l'élégance; mais tu as plus de naïveté et d'abandon... (Regardant Madeleine.) Quant à ses yeux, ils étaient...

MADELEINE.

Plus beaux?

LÉOPOLD.

C'est possible! Mais ils respiraient la fierté ou bien la froideur et l'indifférence... tandis que les tiens ont une expression de reconnaissance, d'amitié, presque de tendresse...

MADELEINE.

Vous trouvez?

LÉOPOLD.

Ensuite, s'il faut te le dire... toi, Madeleine, tu n'as rien; et la marquise avait un nom, de la naissance, une immense fortune...

MADELEINE, secouant la tête.

Ce qui est un grand avantage pour elle!

LÉOPOLD, vivement.

Non! pour toi; à mes yeux, du moins; car, en aimant une personne riche, on a l'air d'aimer sa richesse... Aussi, dans son salon, je me tenais à l'écart... muet et réservé, je l'adorais de loin, et jamais je n'ai osé lui dire: Je vous aime.

MADELEINE, avec joie.

Jamais, monsieur!

LÉOPOLD.

Jamais! Tandis qu'auprès de toi, je l'ai osé tout de suite.

MADELEINE.

La belle avance, ça n'était pas pour mon compte !

LÉOPOLD.

En partie, du moins !... Car mon seul vœu, Madeleine, le vœu d'un ami, c'est de te voir heureuse, c'est de te trouver, si je le puis, quelqu'un digne de toi.

MADELEINE.

Je vous remercions, moi, monsieur ; ce n'est pas la peine.

LÉOPOLD.

Et pourquoi ?

MADELEINE.

Parce que je voulons rester comme je suis.

LÉOPOLD.

Ne pas te marier ?

MADELEINE.

Jamais... j'y suis décidée.

LÉOPOLD.

Et quelles raisons ?

MADELEINE.

Chacun a les siennes ; et je vous prions de ne pas me les demander. Mais vous, monsieur ?...

LÉOPOLD.

Moi !... grand Dieu !... peux-tu le penser ?... Fidèle à celle que j'aime, rien ne me la fera oublier ; maintenant surtout que son souvenir est là, près de moi, souvenir vivant qui semble renaître en toi, Madeleine, et réunir les deux sentiments les plus doux de la vie, l'amour et l'amitié... Aussi, désormais, ta présence m'est nécessaire, je ne pourrais plus m'en passer, et tous mes jours, tous mes instants s'écouleront près de toi.

MADELEINE.

Ah ! je le voudrions comme vous, monsieur ; mais je sentons bien que ça ne se peut pas.

LÉOPOLD.

Que veux-tu dire?

MADELEINE.

Que c'est, pour vous, un amusement... un jeu qui trompe votre douleur... Mais, pour moi, pauvre fille, qui n'ai pas l'habitude d'être aimée, le semblant a trop l'air d'une réalité... c'est trop difficile à distinguer, et si j'allais confondre et me méprendre?... C'est peut-être déjà fait!

LÉOPOLD.

Oh! ciel! que dis-tu?

MADELEINE.

Aussi, monsieur, s'il est vrai que vous avez quelque amitié pour la pauvre Madeleine... j'ai une grâce à vous demander.

LÉOPOLD.

Laquelle?

MADELEINE.

Vous ne me refuserez pas, n'est-il pas vrai?

LÉOPOLD.

Quelle qu'elle soit, je te le jure.

MADELEINE.

Au nom de la marquise... pour elle!

LÉOPOLD.

Pour elle... et pour toi!...

MADELEINE.

Eh bien! monsieur, c'est de quitter ce pays, de partir aujourd'hui même, et de ne plus me revoir.

LÉOPOLD.

Quoi! Madeleine, renoncer à mon bonheur?

MADELEINE.

Moi, votre bonheur? je n'en suis que l'image.

LÉOPOLD.

Qu'importe ! si elle me rattache à la vie... si elle me console... si elle me fait du bien !

MADELEINE.

Et si ça me fait du mal... à moi ! Oui... je ne sais ce que j'éprouve... (Montrant sa tête.) là, (Montrant son cœur.) et puis là... Par ainsi, m'est avis que si vous restiez davantage, ça finirait mal... il arriverait pour moi des malheurs.

LÉOPOLD.

Tu le crois ?

MADELEINE.

J'en suis sûre...

AIR : Ah! Lulli. (REBER.)

Un' pauvre fille vous implore,
Vous la sauverez du danger ;
Vous seul pouvez me protéger...
Moi, qui tout bas m' disais encore :
　　C'est lui, c'est lui,
Qui s'ra mon frère et mon ami !

LÉOPOLD.

Tu le veux, et, malgré ma peine,
Pour jamais je quitte ce lieu...
Un baiser... le baiser d'adieu !...
(Madeleine s'éloigne.)
Tu me refuses, Madeleine ?

MADELEINE, se rapprochant.

Nenni ! nenni !
C'est pour mon frère et mon ami !

(Il l'embrasse.)

SCÈNE XI.

Les mêmes; PIERRE, puis LE BARON, paraissant à la porte du fond.

PIERRE.
Ah! qu'est-ce que je vois là?
(Madeleine s'enfuit par la porte à droite, qui est restée ouverte, et qu'elle referme après elle.)

LE BARON, entrant après Pierre.
Qu'y a-t-il donc?

PIERRE.
Madeleine, ma fiancée, celle que vous voulez absolument me faire épouser pour mille livres...

LE BARON, avec impatience.
Eh bien?

PIERRE.
Ce monsieur l'embrassait.

LE BARON, avec colère.
Lui?... Léopold!...

PIERRE.
Lui-même; je l'ai vu.

LE BARON, bas à Pierre, le calmant.
Allons, tais-toi... je te donne quinze cents francs.

PIERRE.
Ah!... A la bonne heure!

LE BARON, à Léopold.
Ah çà! mon cher ami, tendre Céladon, beau ténébreux, qui deviez éternellement pleurer votre bergère... il me semble que les nôtres vous ont bien vite consolé, et que, malgré votre douleur, vous vous permettez...

LÉOPOLD.
Épargnez-moi, monsieur le baron, des railleries qui ne

peuvent m'atteindre, et qui seraient sans but... Je ne nie point l'émotion que j'ai éprouvée à la vue de cette jeune fille... Vous-même en connaissez la cause... Mais, quel que soit l'intérêt que je lui porte ou l'affection qu'elle m'inspire, cela ne me fera pas rester un jour de plus dans ce pays, et, décidé à partir, je faisais mes adieux à Madeleine... avec sa permission.

PIERRE.

Ah! dame! si c'étaient des adieux... c'est différent, parce que les adieux... ce sont des circonstances...

LE BARON.

Atténuantes... tu le vois bien.

PIERRE, à Léopold.

Alors, excusez, monsieur...

LE BARON, à Léopold.

Oui, mon cher, pardonnez-nous d'avoir eu un instant des idées... et de vous avoir supposé des intentions... Cela arrive à tout le monde...

LÉOPOLD.

Je n'en ai pas d'autres que de continuer ma route...

LE BARON.

Aujourd'hui?

LÉOPOLD.

A l'instant même!

LE BARON.

Permettez... permettez! j'ai votre parole, et j'y tiens beaucoup, pour moi et pour ma femme, que j'attends demain ou après. Vous m'avez promis un portrait de la marquise, et nous ne trouverons jamais une pareille occasion.

LÉOPOLD.

C'est possible; mais, je vous l'avoue, ce projet, qui m'avait charmé ce matin, me sourit beaucoup moins maintenant... et j'y suis peu disposé.

LE BARON.
Cela vous viendra ! il ne s'agit que de commencer.
LÉOPOLD.
Et puis, je n'ai rien de ce qu'il me faut... rien pour peindre... J'ai laissé ma boîte à couleurs à l'auberge où je suis descendu, à la *Pomme de Pin*.
LE BARON.
Chez le père de la grande Marianne... On va vous l'aller chercher. (A Pierre.) Pierre, cela te regarde... va vite et reviens.
PIERRE.
Oui, monseigneur, ce ne sera pas long.

(Il sort.)

SCÈNE XII.
LE BARON, LÉOPOLD.

LE BARON.
Vous partirez après, mon cher, si cela vous convient, vous en êtes le maître, et je ne vous retiens plus ; mais je ne veux pas que mes frais de toilette soient perdus.
LÉOPOLD.
Que voulez-vous dire ?
LE BARON.
Qu'il m'est venu une idée.
LÉOPOLD.
Ah !
LE BARON.
Oui, vraiment ; en Bretagne, on n'a que cela à faire ; en voilà deux ou trois qui m'arrivent depuis ce matin, et celle-ci est au sujet de ce portrait... J'ai donné mes ordres à Mme Léonard, ma vieille gouvernante. Elle a cherché ce qu'il y avait de plus frais et de plus élégant dans les robes

et les atours de Mme la baronne ma femme, et elle va habiller Madeleine en grande dame, en marquise, pour rendre la ressemblance encore plus frappante.

LÉOPOLD, vivement.

En vérité ?

LE BARON.

Et pour qu'elle vous serve ainsi de modèle.

LÉOPOLD.

Oui... oui... je comprends !

LE BARON.

Ah ! mon gaillard ! l'idée vous plaît, et, dès qu'on vous rappelle la marquise, voilà sur-le-champ votre tête qui se monte... Vous ne refusez plus, maintenant ?

LÉOPOLD, rêvant.

Mais comment ? sous quel aspect ?...

LE BARON, comme inspiré.

Attendez !... avec une corbeille de fleurs !

LÉOPOLD, rêvant, sans l'écouter.

Oui... elle les aimait.

LE BARON.

AIR de la contredanse de Cendrillon.

Vous approuvez, je le vois, mon dessein,
L'idée en est poétique et nouvelle.
En bon parent, je vais ici, pour elle,
En un instant dévaster mon jardin.

Dans ce tableau je veux partout des fleurs ;
   Je veux que ma cousine brille
   Au milieu des roses, ses sœurs...
   C'est presque un tableau de famille !

Ensemble.

LÉOPOLD.

Il a raison ; j'approuve son dessein :
Dans ce tableau dont elle est le modèle,

Il faut des fleurs fraîches comme elle,
Et qui n'auront, comme elle, qu'un matin.
LE BARON.
Vous approuvez, je le vois, mon dessein, etc.
(Il sort par la porte à gauche.)

SCÈNE XIII.

LÉOPOLD, seul.

Oui... oui... je le lui avais promis, et il faut bien tenir ma parole, d'autant plus qu'elle est antérieure à celle donnée à Madeleine... Mais aussitôt le portrait fini, je partirai... je le dois.
(Regardant vers la droite.)

SCÈNE XIV.

LÉOPOLD, MADELEINE, habillée en grande dame, sort de la porte à droite.

(Musique. — Air de Félicien David : *Mon bien-aimé d'amour s'enivre*.)
LÉOPOLD, reculant étonné.
Ah! qu'ai-je vu?... Mes yeux ou mon cœur ne me trompent-ils pas?... Cette fois, c'est à en perdre la raison!... Louise! Louise!... est-ce vous? (Madeleine lui fait, de la tête, un signe négatif. — Soupirant.) Non!... ce n'est que toi!

MADELEINE.
Que l'on vient d'habiller ainsi. Qu'est-ce que ça veut dire, monsieur? et qu'est-ce qu'on va faire de moi?

LÉOPOLD.
Ton portrait... qu'on m'avait demandé... et que je leur avais promis... Moi, retracer ton image pour eux, pour la leur livrer... Non... ils ne l'auront pas!... Ça m'est impossible maintenant!... (Regardant autour de lui.) Mais, avant qu'on

vienne, laisse-moi prendre de toi, dans ce costume, une simple esquisse au crayon... pour moi, pour moi seul!...

MADELEINE, troublée.

Mais je croyais, monsieur, que vous m'aviez promis de quitter ce château!

LÉOPOLD.

Raison de plus pour emporter avec moi, et mon bonheur et cette image que j'ai tant désirée... Je partirai après... je te le jure!

MADELEINE.

Alors dépêchez-vous donc!

LÉOPOLD, courant prendre son album.

M'y voici! C'est l'affaire d'un instant, et, quand je t'aurai quittée, il me rappellera sans cesse cette journée, et toutes les émotions si cruelles et si douces que j'ai éprouvées auprès de toi... Ne t'impatiente pas, je me dépêche. (Musique. — Il s'est assis près de la table à droite, et a ouvert son album. Voyant Madeleine qui s'est placée derrière le fauteuil.) Non... ne te place pas ainsi, derrière ce meuble,... je ne puis te voir...

MADELEINE change d'attitude, et se place à côté du siège.

Comme ça... c'est-y mieux?... ou bien comme ça?... (Elle appuie son coude sur le dos du fauteuil, et pose sa tête sur sa main.)

LÉOPOLD, la contemplant.

Ah! qu'elle est belle!...

MADELEINE.

Eh bien! monsieur, vous ne dessinez pas?

LÉOPOLD.

Pardon... je n'y pensais plus...

MADELEINE.

Dame! c'est que c'est fatigant de rester comme ça tout debout...

LÉOPOLD.

Tu as raison. (Lui indiquant le fauteuil.) Assieds-toi dans ce fauteuil, en face de moi. (Elle est assise.) Bien! (Il dessine.)

Deux minutes seulement. (Il s'arrête.) Tes yeux... non pas fixés sur la terre... je ne puis les voir... Lève-les... vers moi.

MADELEINE.

Est-ce bien, monsieur ?

LÉOPOLD, dessinant.

Oui... regarde-moi... toujours...

MADELEINE.

Est-ce bien?

LÉOPOLD, avec émotion.

Non... ne me regarde pas, ça m'empêche de travailler.

MADELEINE.

Dame! monsieur, arrangez-vous; il faut pourtant avoir les yeux levés ou baissés.

LÉOPOLD.

Ni l'un... ni l'autre... Attends... Sais-tu lire?

MADELEINE.

Non, monsieur, c'est bien malheureux pour moi.

LÉOPOLD.

C'est égal... tu feras comme si tu lisais... (Il prend le journal, qui est sur la table, et le lui donne.) Tiens!... prends ce journal... (Il va reprendre son album et se met à dessiner ; puis s'adressant à Madeleine, qui a l'air de lire le journal.) Bien !... ne remue pas, reste immobile... (L'orchestre redit en sourdine l'air qui commence cette scène.) Ah! mon Dieu! qu'a-t-elle donc? Elle paraît troublée... ses mains tremblent!... elle laisse échapper ce papier... Elle se trouve mal! (Courant à elle, et se jetant à genoux.) Madeleine... Madeleine, reviens à toi!...

SCÈNE XV.

LÉOPOLD, à gauche, à genoux devant Madeleine, lui faisant respirer des sels; LE BARON, sortant de la porte à gauche, avec une corbeille de fleurs; PIERRE, au fond, tenant la boîte à couleurs à la main.

PIERRE, poussant un grand cri et laissant tomber la boîte à couleurs.
En voici bien d'une autre !

LE BARON, courant à lui.
Veux-tu te taire !

PIERRE.
Me taire ! quand ce monsieur est là, à genoux devant ma prétendue !... devant celle que vous voulez me faire épouser pour quinze cents francs !

LE BARON, lui serrant la main.
Je t'en donne deux mille !

PIERRE.
Ah !... A la bonne heure !

LE BARON, à Pierre.
Tu vois bien que c'est un jeu.

LÉOPOLD, toujours à genoux, se retournant vers le baron.
Venez donc ! elle se trouve mal.

LE BARON, à Pierre.
Vite chez moi... des sels... mon flacon...

PIERRE.
Ou un verre d'eau fraîche... J'y vais !... Mais veillez sur eux... pour empêcher le dommage... Il y en a déjà assez... comme ça...

(Il sort.)

SCÈNE XVI.

LE BARON, près de la porte à droite, renvoyant Pierre; sur le devant à gauche, MADELEINE, assise dans le fauteuil, et LÉOPOLD, toujours auprès d'elle.

LÉOPOLD.

Non... non... elle revient!... (A demi-voix, avec tendresse.) Adieu, Madeleine!... adieu, je pars!

MADELEINE, le retenant et à voix basse.

Non ! restez maintenant !

LÉOPOLD, étonné.

Que dit-elle ?

LE BARON, revenant.

Eh bien?...

MADELEINE, apercevant le baron revenu près d'elle.

Ce n'est rien... rien, monseigneur... la fatigue, la chaleur... et l'étonnement...

LE BARON.

De te trouver si belle... n'est-ce pas? Mais puisque vous étiez déjà en séance... que je ne vous dérange pas... Continuez... (Regardant Madeleine.) Ah! comme tu te tiens! C'est la tenue qui fait la grande dame... La taille droite... comme moi... (Elle se lève.) Pas mal!... La démarche aisée... comme moi... (Elle fait quelques pas.) Pas mal du tout, pour une paysanne... Le regard coquet et railleur!... (Elle le regarde en souriant.) Très-bien, ma foi!... véritable grande dame! (D'un ton ironique.) Eh bien!... quelles nouvelles, chère marquise?

MADELEINE, l'imitant, en jouant de l'éventail.

De très-curieuses, mon cher baron !

LE BARON, riant, et s'adressant à Léopold.

Bravo! c'est cela!

MADELEINE, de même.

On prétend que, pour se soustraire à d'indignes traitements, la petite marquise de Brevannes a fait courir le bruit de sa mort,

(Musique.)

LÉOPOLD, avec étonnement.

Grand Dieu !...

LE BARON, riant.

Qu'est-ce qu'elle dit ?... qu'est-ce qu'elle dit ?...

MADELEINE, d'un ton plus grave.

Que, pendant ce temps, elle se tenait cachée chez sa vieille nourrice, au fond de la Bretagne...

LÉOPOLD, dont le trouble augmente.

O ciel !

LE BARON, de même.

Comment !

MADELEINE.

Décidée à y rester toujours... si la mort de M. de Brevannes, qu'elle vient d'apprendre, ne l'avait rendue à la vie et (Tendant la main à Léopold.) à la liberté.

LÉOPOLD, hors de lui et tombant à genoux.

C'est elle ! Louise !

LE BARON, de l'autre côté, en faisant autant.

Ah ! pardon ! pardon, madame !

SCÈNE XVII.

LES MÊMES ; PIERRE, apportant un verre d'eau sur une assiette. Il aperçoit Madeleine debout entre les deux hommes à ses genoux. Il pousse un cri et laisse tomber l'assiette.

PIERRE.

Deux, maintenant !... deux !... à la fois !... Et vous aussi, monsieur le baron !...

LE BARON.

Qu'est-ce qu'il a donc celui-là ?

PIERRE.

Une prétendue... que vous vouliez me faire épouser pour deux mille francs !...

LE BARON.

Va te promener !

PIERRE.

Je ne fais que ça !

LE BARON.

Que diable ! tu es trop susceptible, tu finiras par me ruiner !

LÉOPOLD, à la marquise.

Quoi ! c'est donc bien vrai !... La marquise, que j'aimais tant...

LA MARQUISE.

C'était moi !

LÉOPOLD.

Et... Madeleine, dont j'étais aimé...

LA MARQUISE.

C'est moi !

PIERRE.

Et moi ? il ne me reste donc rien que la grande Marianne et les cinq cents francs que monsieur m'a donnés, ce qui, joint aux deux mille francs de monsieur...

LE BARON.

Du tout ! Je ne donne rien !...

LA MARQUISE.

Je les donnerai, moi.

PIERRE.

Quel bonheur ! j'ai deux mille cinq cents francs !...

LA MARQUISE.

Et tu ne m'épouses pas ! nous y aurons tous gagné !...

(A Léopold.) Et vous, Léopold, mon véritable ami, parlez-moi franchement : de la marquise ou de... c'te pauvre Madeleine... laquelle aimiez-vous le mieux ?

LÉOPOLD.

Ne me le demandez pas !

AIR du vaudeville du *Baiser au porteur*.

De choisir, hélas ! il me coûte...
Je le voudrais... et ne le peux !

LA MARQUISE.

Il faut alors, et dans le doute,
Vous les donner toutes les deux.

LÉOPOLD.

Dieu puissant ! j'ai donc en partage
Et le ciel même et sa félicité !...
Votre vue en était l'image,
Mais votre amour est la réalité !

LA MARQUISE, au public.

Lorsque, voyageuse étrangère,
J'arrive en de nouveaux climats,
Un seul espoir, peut-être téméraire,
En ces lieux a guidé mes pas,
Près de vous a guidé mes pas :
J'avais rêvé votre suffrage
Et les bravos de l'hospitalité...
Messieurs, applaudissez l'*Image*,
Et je vais croire à la réalité !

JEANNE ET JEANNETON

COMÉDIE-VAUDEVILLE EN DEUX ACTES

EN SOCIÉTÉ AVEC M. VARNER

Théâtre du Gymnase. — 29 Avril 1845.

PERSONNAGES.   ACTEURS.

GALUCHET, ouvrier bijoutier . . . . MM. NOEL.
M. COQUEBERT, joaillier. . . . .   LANDROL.
ANATOLE, son fils . . . .   GEOFFROY.
UN VALET. . . . .   ALFRED.
UN NOTAIRE. . . . .   —

JEANNE,   } filles de Galuchet. . . . . { Mmes MELCY.
JEANNETON, }   DESIRÉE.
LA MARQUISE D'AUBERVILLIERS. . . . .   LAMBQUIN.

À Paris : chez Galuchet, au premier acte; chez Coquebert, au deuxième acte.

JEANNE ET JEANNETON

ACTE PREMIER

L'intérieur d'une mansarde. — Porte dans le fond et portes latérales. A gauche, sur le devant, un petit établi avec un vieux fauteuil. Au troisième plan, une croisée, et dans le fond une cheminée, sur laquelle se trouvent une lampe de cuivre et un pot de jasmin. A droite, sur le devant de la scène, un petit guéridon portant une corbeille à ouvrage; dans le fond, un buffet.

SCÈNE PREMIÈRE.

JEANNE et JEANNETON, chacune à un coin du théâtre. Jeanne, à droite, est occupée à coudre, et Jeanneton, à gauche, à calculer.

JEANNETON, à part.

J'ai beau faire... je trouve toujours pour la semaine trente francs de recette et trente-cinq francs de dépense... C'est terrible pour un caissier... car c'est moi qui tiens la caisse... Pendant que ma sœur travaille... pauvre fille!... (Regardant Jeanne, qui lui tourne un peu le dos, et qui a laissé tomber son ouvrage.)

depuis un quart d'heure elle n'a pas levé la tête... repassons encore mon addition, et remettons-nous vite à l'ouvrage.

JEANNE, à part, lisant un papier qu'elle vient de tirer de sa poche.

« Jamais mon père ne consentira à notre mariage... Ce « soir... à onze heures, je serai à votre porte... Fiez-vous « donc à moi, qui vous aime et qui suis majeur. Signé, « ANATOLE. » Ah! monsieur Anatole, que me demandez-vous là... Et ce *post-scriptum* : « Si vous consentez, mettez « le pot de fleurs sur la fenêtre. » Jamais! jamais!... Quitter mon père, qui est si bon... et ma pauvre sœur Jeanneton...

JEANNETON, poussant un cri.

Là!... je trouve trente-sept francs maintenant!... Sept francs... au-dessous de nos affaires.

JEANNE.

Qu'est-ce que tu as donc?

JEANNETON.

Ce que j'ai!... ce que j'ai!... Je n'ai rien... voilà le mal!... Ça va si vite, la dépense... Et toi qui, devant notre père, as parlé hier de la fête de Saint-Cloud...

JEANNE.

Eh bien!... est-ce que ça ne te ferait pas plaisir d'y aller?...

JEANNETON.

Au contraire! C'est si amusant les mirlitons et la danse... Car on nous aurait fait danser... je l'espère bien!

JEANNE.

Et moi, j'en suis sûre!... (A part.) Ce pauvre Anatole!

JEANNETON.

Mais ça coûterait encore!...

JEANNE.

C'est vrai! Ah! si jamais je pouvais devenir riche... faire un beau mariage... C'est là mon rêve.

JEANNETON.

C'est celui de toutes les jeunes filles.

JEANNE.

Assurer un sort à mon père!... cinq ou six cents livres de rentes!

JEANNETON.

Bah! tu n'es guère généreuse... moi, je lui en donne toujours cinq ou six mille pour le moins...

JEANNE.

Tu épouses donc des ducs... ou des marquis?

JEANNETON.

Dame! quand on y est... ça n'en coûte pas plus!

JEANNE.

Moi... je me contenterais d'un beau jeune homme... qui aurait beaucoup d'amour et un peu de fortune... C'est si joli, la fortune... quand on en a.

JEANNETON.

Oui, sœur... Mais quand on sait s'en passer, ça revient au même.

SCÈNE II.

Les mêmes; GALUCHET.

GALUCHET.

AIR : Les gueux, les gueux. (BÉRANGER.)

Les gueux, les gueux,
Sont des gens heureux,
Ils s'aiment entre eux,
Vivent les gueux!

Si le pauvre a d' la souffrance,
Dieu lui donn' pour l'alléger,
Gaîté, travail, espérance,
Et les chansons d' Béranger.
　　Les gueux, les gueux, etc.

JEANNE.
Comme vous avez l'air content!

JEANNETON.
Et fatigué!

GALUCHET.
J'ai couru... pour perdre moins de temps.

JEANNETON.
Et comme vous avez chaud!

GALUCHET.
Ça ne sera rien... Donne-moi un verre d'eau...

JEANNETON.
Laissez donc!... Un verre de vin, s'il vous plaît.

GALUCHET.
Allons donc... est-ce qu'il y en a ici?

JEANNETON.
Certainement... Nous faisions tout à l'heure nos comptes avec ma sœur... Vous pouvez vous reposer un peu aujourd'hui.

GALUCHET.
Vous croyez?

JEANNE.
Oui, mon père.

JEANNETON.
Notre mois est bon... nous sommes en avance.

GALUCHET.
Moi qui craignais de l'arriéré.

JEANNETON.
Au contraire!... Demandez à ma sœur, elle connaît comme moi le total... N'est-ce pas?

JEANNE, lui présentant un verre pendant que Jeanneton lui verse.
C'est vrai!

JEANNETON.

Buvez, mon père!... buvez sans crainte... nos affaires vont bien.

JEANNE.

Et iront encore mieux... je vous le promets.

JEANNETON.

Je le crois bien!... Avec de l'ordre et de l'économie, on s'en tire toujours.

GALUCHET.

Eh bien! tu dis vrai, ma Jeanneton, et un bonheur n'arrive jamais seul... Vous ne vous douteriez pas de ce que je rapporte là... un billet de banque!...

JEANNETON.

Ah bah!

JEANNE.

Allons donc!

GALUCHET.

AIR : Un homme pour faire un tableau. (Les Hasards de la guerre.)

La chose est bizarre, en effet,
Et doit vous paraîtr' singulière :
Un billet d' banque en mon gousset
Des gros sous l'asile ordinaire !
De se rencontrer avec eux
Il aurait rougi, je parie ;
Mais par un hasard fort heureux...
(Frappant sur sa poche.)
Il n'a pas trouvé d' compagnie !

JEANNE, s'appuyant sur le dos du fauteuil, à gauche.

Contez-nous donc cela !

JEANNETON, s'asseyant sur le bras du fauteuil à droite.

Nous vous écoutons.

GALUCHET.

Ah! où est le temps où je vous tenais toutes les deux sur mes genoux?... Vous êtes trop grandes maintenant, et c'est

16.

dommage!... Mais vous êtes plus gentilles... ça se compense. Or donc, comme je vous le disais, ce jour-là j'étais un peu gris.

JEANNETON.

Du tout! vous ne nous disiez pas ça, car ça ne vous arrive jamais.

GALUCHET.

Maintenant non... mais autrefois! Voyez-vous, mes enfants, quand l'ouvrier a eu toute la semaine du travail et de la misère, il est tout naturel que, le dimanche ou le lundi, il se donne un peu de bon temps et de bonheur.

JEANNETON.

Quand on boit, on est donc heureux?

GALUCHET.

Non... mais on rêve qu'on l'est, c'est la même chose. Or, votre mère, qui était une belle femme, comme toi, Jeanne, et une femme de tête, comme toi, Jeanneton, votre mère avait beau me gronder, elle n'avait pas pu me corriger de ce bonheur-là, qu'elle appelait un défaut.

JEANNETON.

Elle avait raison.

GALUCHET.

Voyez-vous ça, mam'selle Galuchet!... ou plutôt madame J'ordonne... car c'te fille-là, c'est la morale en cornette et en jupon... Eh bien! donc... rien n'y avait fait... Quand je me suis vu avec deux jeunes filles, qui n'avaient que moi pour père et mère...

AIR de *Préville et Taconnet*.

Je compris là, sans avoir grand mérite,
C' que m'imposait un aussi doux fardeau.
Au marchand d' vin soudain je fis faillite,
Et connaissance avec le porteur d'eau.
Oui, je me dis : plus d' ribotte et d' bombance,
Puisqu'à présent de guide je vous sers;
Pour vous apprendre à marcher droit, je pense...
Qu'il faut d'abord ne plus marcher d' travers.

Et c'est à vous que je dois ça.

JEANNE.

Ah! mon bon père!

GALUCHET.

Minute!... faut pas se vanter!... De temps en temps... de loin en loin... je retombais... pas souvent... Mais enfin, une fois... ce fut la dernière... M. Coquebert, mon bourgeois, le joaillier qui me faisait travailler, m'avait donné à monter un diamant de deux mille francs. La tête un peu comme je vous disais... je l'ai perdu.

JEANNE et JEANNETON.

O ciel!

GALUCHET.

Ah! dame! il a fallu travailler pour regagner ça, et malgré tous mes efforts j'en devais encore près de la moitié... lorsque hier je reçois avis qu'il y a pour moi à la poste une lettre chargée... J'y vais ce matin... et tenez, mes enfants, tenez... lisez-moi ça...

JEANNE, lisant.

« Vous devez mille francs à M. Coquebert : les voici.
« Quant à votre nouveau créancier, ne vous en inquiétez
« pas, ne cherchez pas à le connaître, et permettez-lui seu-
« lement de signer : L'ami des honnêtes gens et des bons
« ouvriers. »

JEANNETON.

C'est-y bien possible?

JEANNE, lui montrant la lettre.

Vois, plutôt.

JEANNETON, poussant un cri.

Ah!

JEANNE.

Qu'as-tu donc?

JEANNETON.

Rien !... Mais je dis que c'est un brave jeune homme.

GALUCHET.

Qu'est-ce qui te dit que c'est un jeune homme ?

JEANNETON, lui rendant la lettre.

Au fait, c'est peut-être un vieux.

GALUCHET, repoussant la lettre.

Non, non, garde ça, Jeanneton... toi qui es le caissier et le ministre des finances. Nous paierons M. Coquebert... Et maintenant que nous n'avons plus de dettes, vive la joie !... Tout ce que je gagnerai désormais...

JEANNETON.

Il faudra l'économiser.

GALUCHET.

Laisse donc ! c'est trop ennuyeux.

JEANNETON.

Mettre de côté pour les mauvais jours.

GALUCHET.

Il n'y en aura plus !... Il n'y avait que ça qui me tourmentait.

JEANNETON.

Et si vous étiez malade, mon père ?

GALUCHET.

Je ne le serai pas... je ne veux pas l'être !... Je suis si heureux quand je vous vois là, près de moi, à la maison... je travaille en vous regardant, et l'ouvrage va tout seul... Et le dimanche donc !... quand nous sortons tous les trois, et que je vous tiens chacune sous le bras... avec votre jolie tournure, votre bonnet rose et votre figure... idem... et que ceux qui passent se retournent pour vous regarder encore, et ont de ces airs qui disent : Morbleu ! v'là de jolies filles !... Vous ne voyez pas ça, vous autres.

JEANNETON, souriant.

Si, mon père.

JEANNE, de même.

Et ça nous fait plaisir.

GALUCHET.

Et à moi donc!... J'aime qu'on vous trouve belles!... Aussi demain nous irons à Saint-Cloud... c'est la fête.

JEANNETON.

Non pas... car pour ça il faut de la toilette et ça coûte cher.

GALUCHET.

Puisque nous sommes en avance... tu me l'as dit.

JEANNETON.

Pas assez !

GALUCHET.

Ça me regarde.

JEANNETON.

Mais, mon père...

GALUCHET.

Ne vas-tu pas thésauriser pour tenter les voleurs ?... L'argent qui dort... peut faire de mauvais rêves... (On frappe.) Hein!... qui vient là?...

JEANNETON, allant ouvrir.

N'avez-vous pas déjà peur?... C'est M. Anatole... le fils de M. Coquebert.

JEANNE, avec émotion.

Anatole !

(Elle s'assied près de l'établi de Galuchet, qui ôte son habit, met son tablier, vient se placer près d'elle devant une petite table, et travaille.)

SCÈNE III.

JEANNE, GALUCHET, ANATOLE, JEANNETON.

ANATOLE, un peu troublé.

Bonjour, monsieur Galuchet, votre serviteur, mesdemoiselles... je venais, parce que je craignais...

GALUCHET.

Quoi donc, mon jeune bourgeois ?

ANATOLE, de même.

De ne pas vous trouver.

GALUCHET.

Et c'est pour ça que vous veniez ?

ANATOLE, troublé et regardant Jeanne.

Du tout ! mais pour ces diamants qu'il faut remonter entièrement et au plus vite... car mon père dit que c'est pressé... c'est pour une noce... Et alors, en votre absence, je les aurais remis... à l'une de vos filles... à Mlle Jeanneton, qui, je crois, est l'aînée.

GALUCHET.

Non pas.

ANATOLE.

Ah ! c'est Mlle Jeanne ?

GALUCHET.

Encore moins !

ANATOLE.

Il me semble cependant qu'il faut qu'il y en ait une... qui soit la plus âgée... je veux dire la plus jeune.

GALUCHET.

C'est ce qui vous trompe... elles m'ont été données toutes deux le même jour.

ANATOLE.

Ah! elles sont jumelles?

GALUCHET.

Comme vous dites... Le même âge et le même nom... Jeanne Galuchet... Mais j'en ai appelé une Jeanneton pour la distinguer.

JEANNETON.

Et il me semble, mon père, que notre parrain, si c'est vous, ne s'est pas mis en frais d'imagination... car il ne manque pas de noms.

GALUCHET.

Je n'en ai pas voulu d'autre... C'était celui de votre mère... Marie-Jeanne Galuchet... Une brave femme... mes enfants... l'honneur du quartier... Et vous serez comme elle, n'est-ce pas?

ANATOLE, à part, regardant toujours Jeanne, qui baisse les yeux.

Elle ne me regarde pas... elle ne me dit rien... Impossible de savoir si elle consent.

JEANNETON.

Asseyez-vous donc, monsieur Anatole.

ANATOLE.

Je vous remercie, mademoiselle... (S'asseyant.) J'aime autant rester debout.

JEANNETON, lui approchant une chaise, le trouve assis.

Ah!... si c'est comme ça que vous restez debout!... (Elle s'assied.) C'est donc pour une noce... ces diamants-là?... peut-on les voir?

ANATOLE, lui remettant un écrin.

Oui, mademoiselle... le contrat se signe demain... demain!... (Regardant Jeanne.) Il est bien heureux le marié!

JEANNETON.

C'est selon... Si celle qu'il épouse... est vieille ou laide... et je le parierais.

GALUCHET, à son établi, et travaillant.

En voilà une idée!... Et qu'est-ce qui te le fait croire?

JEANNETON.

C'est que les diamants sont superbes !... Et si elle a besoin de tout ça pour être belle... c'est mauvais signe.

AIR : Halte-là !

La femm' qui n'est pas jolie,
Ou qui l'est d'puis trop longtemps,
Fait bien, quand ell' se marie,
D'avoir de beaux diamants!

GALUCHET.

Ils remplac'nt ce qu'on regrette,
Font oublier les absents.
Mais tu peux t'passer, Jeannette,
De leurs feux éblouissants,
(Montrant tour à tour Jeanneton et Jeanne.)
Dix-huit ans (*Bis.*)
Valent tous les diamants!

ANATOLE, avec dépit.

C'est vrai... mais c'est peu de chose que la beauté... c'est mon avis, du moins.

JEANNETON, à part.

Et il est tout à fait désintéressé dans la question.

ANATOLE, regardant toujours Jeanne.

C'est le caractère qui fait tout... et il y en a qui, sous prétexte qu'elles sont jolies... ne craignent pas de désoler ceux qui les aiment.

JEANNETON, regardant Anatole et sa sœur.

Ça serait bien mal!

ANATOLE, de même.

N'est-ce pas?... Qui semblent prendre à tâche de leur faire de la peine... et de les désespérer... mais on prend son parti, (Il tourne le dos de sa chaise à Jeanne et s'adresse à Jeanneton.) et on les oublie.

JEANNETON.
C'est ce qu'on peut faire de mieux !

ANATOLE, toujours tourné vers Jeanneton.
N'est-ce pas, mademoiselle ?

GALUCHET, à gauche, et regardant Jeanne, qui se lève.
Eh bien ! qu'as-tu donc ?... comme te voilà pâle !

JEANNE, à demi-voix.
Rien... mon père... ne faites pas attention... un mal de tête affreux.

GALUCHET, se levant vivement.
Toi !... ma pauvre fille !... (Regardant sur la cheminée.) Parbleu ! je le crois bien... du jasmin dans cette caisse... Il y a de quoi vous asphyxier... Attends ! attends ! (Pendant que Jeanne fait quelques pas afin d'entendre ce que dit Anatole, qui parle bas, à droite, à Jeanneton, Galuchet va ouvrir la fenêtre qui est au fond du théâtre et y place en dehors la caisse de jasmin, puis revient à Jeanne.) Eh bien !... mon enfant... cela va-t-il mieux ?...

ANATOLE, se levant et s'adressant à Jeanneton, qu'il salue.
Adieu, mademoiselle...
(Il va prendre son chapeau, qui est au fond du théâtre, et aperçoit le vase que Galuchet vient de placer sur la fenêtre.)

JEANNETON.
Adieu, monsieur.

ANATOLE, à part.
Dieu ! quel bonheur ! Elle consent ! elle m'attendra ce soir !

JEANNETON, à Anatole qui vient de renverser avec son chapeau la corbeille à ouvrage qui est sur la table.
Eh bien ! monsieur Anatole... qu'est-ce qui vous prend donc ?... Mes pelotons de fil et ma boîte aux épingles que vous venez de jeter par terre...

GALUCHET.
Oh ! la boîte aux épingles !...

ANATOLE.

Ce n'est rien... ne faites pas attention.

JEANNETON.

Vous aller m'aider, s'il vous plaît, à les ramasser.

ANATOLE, mettant un genou en terre.

Trop heureux !

JEANNE, se retournant et voyant le vase sur la fenêtre, court fermer la croisée ; — à part.

Dieu ! qu'ai-je vu ?... (Haut, et courant à Anatole.) Monsieur... monsieur... ne croyez pas...

GALUCHET, qui est au fond du théâtre, passant entre eux deux.

Eh bien ! où vas-tu donc ?

JEANNE.

Aider ma sœur à chercher...

GALUCHET, montrant Anatole, qui s'est mis à genoux pour ramasser les pelotons de fil.

Ils sont déjà deux... qui s'entendent... et trop bien... peut-être... Le vois-tu là, à genoux devant elle ?...

JEANNE.

Quoi !... vous pourriez croire...

GALUCHET, à demi-voix.

Que c'est u galantin... Pourquoi 'pas ?... Jeanneton est bien assez jolie pour ça !... Mais à moi, vois-tu bien, ça ne me convient pas !

JEANNE, à voix basse.

Un jeune homme si riche !... qui aura deux cent mille francs de dot...

GALUCHET, de même.

Justement ! quand ces beaux messieurs-là enjôlent la fille d'un ouvrier... ça n'est pas pour la conduire devant M. le maire.

JEANNE.

Ah ! croyez bien, mon père, que jamais...

GALUCHET, lui prenant la main.

Toi, à la bonne heure!... tu es raisonnable et sérieuse, et ça éloigne les amoureux!... Mais cette Jeanneton est si gaie et si folle... que ça les encourage... Tiens, vois-tu, comme elle rit avec lui! (Il passe brusquement entre Jeanneton et Anatole, à qui il frappe sur l'épaule.) Que je ne vous retienne pas, monsieur Anatole... Vous direz à M. Coquebert... le respectable auteur de vos jours, que nous avons de l'argent à lui remettre.

ANATOLE, vivement.

Je reviendrai si vous voulez...

GALUCHET.

Non pas... Nous serons demain à Saint-Cloud, n'est-ce pas, Jeanneton?...

(Donnant une poignée de main à Anatole.)

AIR : Berce, berce, bonne grand' mère. (*La Berceuse*.)

On vous attend chez votre père,
Je vais serrer ces diamants!
(Bas à Jeanne, lui montrant Jeanneton.)
Veill' sur ta sœur! tâche surtout, ma chère,
D' l'interroger sur ses vrais sentiments!

ANATOLE, bas, à Jeanne.

Ce soir!... sinon, de douleur je succombe!

GALUCHET, bas, à Jeanne, montrant Jeanneton.

A ce danger sachons la dérober!
Avant de j'ter la pierre à cell' qui tombe
Soutenons-la, pour l'empêcher d'tomber!

Ensemble.

GALUCHET.

Pendant qu'il va retourner chez son père,
Je vais là-haut serrer ces diamants.
De Jeanneton je crains l'humeur légère,
Et veux d' son cœur connaîtr' les sentiments.

ANATOLE.

A mes projets bien loin d'être contraire,
Elle y répond et croit à mes serments;
S'il faut quitter celle qui m'est si chère,
Ce ne sera du moins pas pour longtemps!

JEANNE.

Avec prudence, aux regards de mon père,
Tâchons d' cacher le trouble de mes sens.
Ah! je ne sais que résoudre, que faire,
Et suis d'avance en proie à mill' tourments!

JEANNETON.

Ma pauvre sœur a beau dire et beau faire,
Ell' n' peut cacher le trouble de ses sens;
Mais j'obtiendrai ce soir l'aveu sincère
De c' qu'elle éprouve et d' ses vrais sentiments.

(Galuchet sort par la porte à gauche, et Anatole par la porte du fond.)

SCÈNE IV.

JEANNE et JEANNETON.

JEANNE, à part.

Est-ce que mon père aurait deviné juste... est-ce que, par hasard, ma sœur aurait fait quelque attention à Anatole?... Oh! non, ce n'est pas possible... (Haut.) Dis-moi donc, Jeanneton, comment trouves-tu M. Anatole?

JEANNETON, avec indifférence.

Ni bien, ni mal... (Regardant sa sœur avec attention.) Et toi?

JEANNE, avec embarras.

Oh!... il ne s'agit pas de moi... Mais lorsqu'il vient ici, et il vient souvent... est-ce qu'il te parle... avec un certain air?... Enfin... est-ce qu'il te ferait la cour?...

JEANNETON.

Pas le moins du monde! (Regardant sa sœur.) Et à toi?

JEANNE.

Oh! il ne s'agit pas de moi... Mais... souvent... mon Dieu, sans le vouloir... on s'occupe des gens... on y pense... Aussi, me préserve le ciel de te gronder!...

JEANNETON, souriant avec malice.

Tu es bien bonne!...

JEANNE.

Mais, enfin... s'il faut te le dire... mon père m'a chargée de t'interroger.

JEANNETON, gaiement.

Voilà qui est drôle!

JEANNE, avec chaleur.

Et à moi, qui suis ta sœur et ta meilleure amie... tu peux répondre avec confiance... Est-ce que tout à l'heure... M. Anatole ne t'a pas serré la main?

JEANNETON.

Jamais!... Et à toi?...

JEANNE, avec embarras.

Oh!... ce n'est pas de moi qu'il s'agit... et tu peux être bien tranquille.

JEANNETON.

Eh bien! Jeanne, je ne le suis pas!

JEANNE.

Que veux-tu dire?

JEANNETON.

Que tu étais presque jalouse de moi.

JEANNE.

O ciel!

JEANNETON.

Et que tu l'aimes.

JEANNE.

Tais-toi!

JEANNETON.

Tu l'aimes !

JEANNE.

Eh bien! oui... Il m'aime tant!... Et puis, ma sœur, il m'a
juré qu'il m'épouserait.

JEANNETON, lui prenant la main.

C'est possible!... Mais son père, consentira-t-il... le
crois-tu?

JEANNE.

Je ne crois pas !

JEANNETON.

Et tu y penses encore !... et tu l'écoutes... et tu ne lui as
pas déjà dit bien poliment : Faites-moi le plaisir de ne plus
revenir?

JEANNE.

C'est vrai! c'est vrai!... Mais c'est qu'alors je ne le ver-
rais plus.

JEANNETON.

Eh bien?...

JEANNE.

Eh bien! j'en mourrais de chagrin.

JEANNETON.

Non... non... on n'en meurt pas !...

AIR du vaudeville de *Partie carrée*.

On cach' ses pleurs, on tâche de sourire...

JEANNE.

A ces tourments, que gagne-t-on, ma sœur?

JEANNETON.

Ce qu'on y gagne?... Au moins l'on peut se dire :
J'ai fait mon d'voir! Ça vous donne du cœur.

JEANNE.

Oui, je l' conçois... une telle conduite

Vaudrait p't-être mieux... mais là, je l' sens bien,
Ça m' coûterait trop !

JEANNETON.

Où serait l' mérite,
Si ça ne coûtait rien ?

JEANNE.

Ah! on voit bien que tu n'as jamais aimé... que tu n'aimes rien...

JEANNETON, haussant les épaules.

Allons donc !

JEANNE, vivement.

Est-il possible ! tu saurais ce que c'est ?

JEANNETON, avec un soupir.

Je crois bien... et je ne me plains pas, moi !... je n'en parle à personne.

JEANNE.

C'est un tort !... On doit tout dire à sa sœur... Ainsi, Jeanneton, tu as aussi un amoureux ?

JEANNETON.

Et bien gentil encore ! dix-huit ou dix-neuf ans... un air si distingué !... une figure de demoiselle... avec une petite moustache.

JEANNE.

Et quand l'as-tu vu pour la première fois ?

JEANNETON.

Le jour où j'ai mis ma robe de percale blanche qui m'allait si bien !... tu sais ?... Je marchais sur la pointe du pied et avec tout le soin possible, au risque de montrer ma jambe... Lorsque tout à coup : gare ! gare ! C'était une voiture élégante... deux laquais derrière... des chevaux magnifiques qui me couvrent de boue du haut en bas... Les passants de rire... moi de pleurer... Et celui qui conduisait, le cocher, qui par hasard était le maître, s'élance à l'instant de sa voiture, et, voyant mon désespoir et l'état de ma toilette (car alors... je me trouvais en robe noire...) il se confond en excuses... il m'offre son bras... ses gens, sa voiture... Enfin, il voulait absolument me reconduire... Tu comprends que je ne voulus pas!... Mais le lendemain, mais tous les jours, dès que je sortais... je ne sais pas comment il avait découvert notre adresse... il me suivait sans me rien dire... Le moyen de s'y opposer...

JEANNE.

Et tu ne le regardais pas?

JEANNETON.

Jamais!... Je baissais les yeux... ce qui ne m'empêchait pas de voir qu'il était charmant... des cheveux blonds et de beaux yeux bleus... où brillaient la bonté, la franchise... et autre chose encore!... Et un jour, en rentrant, toi et mon père étiez sortis, je trouvai un grand carton renfermant des étoffes superbes... avec ces mots : « Pour la robe de « Mlle Jeanneton... » Le lendemain, c'étaient des bracelets, un collier et des boucles d'oreilles... toujours pour Jeanneton... Ah! dame! il fallut bien se décider à parler, et, ce jour-là même, comme il marchait près de moi dans la rue, je lui dis sèchement : « Je vous prie, monsieur, d'envoyer reprendre vos cadeaux... je n'en reçois point des gens que je ne connais pas. — Je suis le duc Octave de Blansac, me dit-il; mon hôtel est près d'ici... Je suis libre, maître de ma fortune, et, depuis que je vous ai vue, mademoiselle Jeanneton, je vous aime... » Et il disait ça d'un ton!... C'était vrai... ça se voit bien.

JEANNE.

Et ça ne te faisait rien?

JEANNETON, avec un soupir.

Eh! mon Dieu, si! Et, tout émue, je lui dis : « Écoutez, monsieur Octave, pouvez-vous m'épouser?... » Et lui, il faut lui rendre justice... il n'hésita pas, et me répondit sur-le-champ : « Non, mademoiselle! »

JEANNE, avec indignation.

Eh bien! par exemple!

JEANNETON.

C'était d'un honnête homme... qui ne voulait pas me tromper... Il a un nom... un rang et une famille qui le presse d'épouser une grande dame. « Je resterai garçon... mais ma vie se passera auprès de vous... » Je crois même qu'il a dit : « Auprès de toi. »

AIR du *Pot de fleurs.*

« Tous ces trésors dont je ne sais que faire,
« Ils sont à vous, ainsi que ma raison !
   « Enrichissez votre vieux père
« Et votre sœur... »

JEANNE.

Ah! le pauvre garçon!

JEANNETON.

« D'un seul espoir mon cœur se flatte,
« Ajouta-t-il, c'est d'embellir vos jours!
« Je ne veux rien... que vous aimer toujours,
   « Et je vous permets d'être ingrate.
« Oui, je ne veux que vous aimer toujours.
   « Dussiez-vous toujours être ingrate ! »

JEANNE.

Eh bien?

JEANNETON.

Eh bien! je l'ai été... car je l'ai repoussé... Je lui ai défendu de me parler, et il m'a obéi... Il me suit toujours de loin, sans être vu... il le croit, du moins.

JEANNE.

Ah! voilà que je le plains!

JEANNETON.

Enfin, il y a quelques jours... Ah! si tu savais comme il était pâle et changé!... Ça m'a fait un effet!... J'ai été droit à lui... je lui ai tendu la main et je lui ai dit : « Monsieur Octave, je vous en supplie, ne nous revoyons plus, car je

17.

ne sais pas ce qui arriverait! » Et je disais vrai!... « Ne vous retrouvez plus sur mon passage, je vous le défends... et, si vous m'aimez, donnez-m'en une preuve! »

JEANNE.

Laquelle?

JEANNETON.

« Votre famille vous presse de vous marier... Ayez ce courage... je le veux! »

JEANNE.

Et que t'a-t-il dit?

JEANNETON.

Il est devenu tout tremblant... Et puis, comme s'il rassemblait toutes ses forces, il m'a répondu : « Je me marierai; mais je vous aimerai toujours!... » Et je ne l'ai plus revu!

JEANNE.

Est-il possible!

JEANNETON.

Mais il veille encore sur nous... car ce billet... crois-tu que je n'aie pas reconnu l'écriture?

JEANNE.

Quoi! c'est de lui, ces mille francs?

JEANNETON.

Que nous ne pouvons pas garder...

JEANNE.

Que dis-tu?

JEANNETON.

Nous travaillerons jour et nuit, et, sans en parler à mon père, nous acquitterons sa dette... Mais ce présent, nous ne devons pas le recevoir... car ni toi... ni moi, ne pouvons le payer... Je le renverrai donc, comme le reste, à M. Octave.

JEANNE.

Ça lui fera trop de peine!

JEANNETON, avec émotion.

Tu crois?... (Avec résolution.) C'est égal, le devoir avant tout!

JEANNE.

Ah! c'est que tu ne l'aimes pas!

JEANNETON, avec passion.

J'en suis folle! je ne vois que lui! je ne rêve qu'à lui! Que de fois je me suis dit : Je n'ai qu'un mot à prononcer, et mes jours, qui sont voués au travail, vont s'écouler dans le bonheur et l'opulence... Au lieu d'aller à pied, avec des socques, j'aurais une bonne voiture... Au lieu de ma robe de percale, de riches étoffes et des diamants... Mieux encore, son amour, à lui!... Ah! c'était bien séduisant!... et vingt fois je me suis levée pour courir et lui dire : « Octave, me voici!... » Mais je me représentais à l'instant mon pauvre père qui m'adore, et que mon départ ferait mourir de douleur et de honte!...

JEANNE, avec émotion.

O ciel!

JEANNETON.

Je pensais à toi, ma sœur... dont j'empêchais à jamais le mariage... car, dans le quartier, quel honnête ouvrier voudrait entrer dans notre famille et épouser la sœur d'une fille déshonorée?

JEANNE, hors d'elle.

Ah! c'est fait de moi!

JEANNETON.

Qu'as-tu donc?

JEANNE.

Et lui qui viendra ce soir!...

JEANNETON.

Que veux-tu dire?

JEANNE.

Tu me jures de n'en jamais parler à mon père?

JEANNETON.

Pardine!... est-ce que je voudrais le tuer... cet homme?...

JEANNE.

Eh bien! malgré moi... et je ne sais comment... ce soir, à onze heures... M. Anatole sera à cette porte...

(On frappe.)

JEANNETON.

Silence!... on vient...

(Coquebert paraît.)

JEANNE, à part.

C'est son père!...

JEANNETON.

Monsieur Coquebert!

SCÈNE V.

Les mêmes; COQUEBERT.

COQUEBERT.

Galuchet est-il chez lui?

JEANNETON, à part.

Tiens! ce style!... comme s'il ne pouvait pas dire monsieur. (Appuyant sur le premier mot.) *Monsieur* Galuchet est là-haut et va descendre...

(Jeanne s'asseoit près de la table à gauche, et se met à travailler pour cacher son émotion. — Jeanneton est au milieu du théâtre, et Coquebert à droite.)

COQUEBERT, regardant les deux jeunes filles.

Elles sont charmantes, ces petites!... Je ne m'en étais pas encore aperçu.

JEANNETON, à part.

Il paraît qu'il a la vue basse!

JEANNE.

C'est bien de l'honneur pour nous, monsieur... que vous daigniez vous-même...

COQUEBERT.

Oui, d'ordinaire, c'est Galuchet qui vient prendre chez moi l'ouvrage et les commandes... c'est tout naturel... il est l'ouvrier...

JEANNETON.

Et vous êtes le maître !...

COQUEBERT.

Je n'en suis pas plus fier pour cela... croyez-le bien ! Pour être marchand joaillier un peu plus riche que d'autres... breveté de quelques souverains et de toute la noblesse ancienne et moderne... je ne me crois au-dessus de personne... Il n'y a plus maintenant ni rang ni distinction... nous sommes tous égaux, mon enfant.

JEANNETON, à part.

Ah! c'est mieux que je ne croyais... (Lui offrant une chaise. Haut.) Asseyez-vous donc, monsieur.

COQUEBERT, s'asseyant.

Aussi, je suis indigné... lorsque quelquefois, chez des grands seigneurs du faubourg Saint-Germain où j'arrive avec mes boîtes et mes écrins, j'entends dire du salon : « Qu'est-ce?... Coquebert le joaillier?... Qu'il attende! »

JEANNETON.

Ah! ils devraient dire : Monsieur Coquebert.

COQUEBERT.

Certainement, ça m'est dû! Cette petite fille-là a du jugement.

JEANNETON.

Et vous avez un fils?

JEANNE, bas, à sa sœur.

Prends garde!

JEANNETON, de même.

Sois donc tranquille, je vais arranger ça ! (Haut.) Un fils unique...

COQUEBERT.

Que j'ai élevé dans mes principes... pas d'orgueil ! pas de gloriole !... Il aura deux cent mille francs pour se faire avoué... épouser quelqu'un qui lui en apporte autant... pas moins...

JEANNETON.

Pas plus !

COQUEBERT, avec bonhomie.

Mon Dieu... il y aurait plus... je n'y regarderais pas, pourvu que mon fils soit heureux... Son bonheur avant tout.

JEANNETON, avec joie.

C'est l'essentiel... (Bas, à Jeanne.) Laisse-moi faire. (Prenant Coquebert à part, à droite du théâtre et à voix basse.) Et si, par exemple, monsieur, il aimait une jeune fille charmante qui eût du cœur, des vertus... et de l'amour pour lui...

COQUEBERT.

Et puis ?...

JEANNETON.

Et puis... rien... absolument rien que son amour... consentiriez-vous à leur mariage ?

COQUEBERT.

Moi ?... jamais !...

JEANNETON, avec indignation.

Jamais !... (A part.) Allons, il faut sauver ma sœur. (A voix basse, à Coquebert.) S'il en est ainsi, monsieur, je dois vous prévenir, par intérêt pour vous, de prendre garde à votre fils.

COQUEBERT, étonné.

Comment ?

JEANNETON, toujours à voix basse.

Vous croyez qu'il fait son droit?

COQUEBERT.

J'ai payé toutes ses inscriptions.

JEANNETON, de même.

Vous croyez que tous les jours il va?...

COQUEBERT.

Chez son avoué...

JEANNETON, de même.

Il vient ici!... (Sévèrement.) Ce qu'il faut empêcher!... (vivement.) Car ce soir, à onze heures, il sera à notre porte... pour une jeune fille dont il est épris!...

COQUEBERT.

O ciel!...

JEANNETON.

Et que, sans votre consentement... il veut épouser.

COQUEBERT, avec colère.

Vous, peut-être?

JEANNETON.

Tiens, c'te bêtise!... Est-ce que j'irais vous le dire?

COQUEBERT.

C'est juste! (Regardant Jeanne.) Alors c'est l'autre!

JEANNETON.

Ça vous regarde! Mais vous saurez du moins que la famille Galuchet l'ouvrier est une famille d'honnêtes gens!

COQUEBERT, tout troublé et réfléchissant.

Que viens-je d'apprendre?... Quoi! mon fils Anatole...

(Pendant ce temps, Jeanneton s'est rapprochée de sa sœur.)

JEANNE, qui, pendant la scène précédente, est restée près de la table à gauche, sans rien entendre de ce qui se disait à voix basse, à droite.

Eh bien?

JEANNETON, avec fermeté.

Il n'y faut plus penser!

JEANNE, se levant vivement.

O ciel!

JEANNETON, lui serrant la main.

Allons, sœur, allons, du courage!...

COQUEBERT, se rapprochant des deux jeunes filles.

Pardon, mesdemoiselles... il faut absolument que je parle à votre père... d'abord pour une noble et illustre dame, la marquise d'Aubervilliers... qui m'envoie... et puis pour les diamants de noce de son neveu, M. le duc de Blansac.

JEANNETON, avec émotion.

Ah!... M. Octave se marie?...

COQUEBERT, brusquement.

Oui, mademoiselle, et très-prochainement. Je vais même chez lui en sortant d'ici.

JEANNETON, portant la main à son cœur.

Ah!

JEANNE, bas, et lui serrant la main.

Ma sœur... ma sœur... du courage!

JEANNETON, de même.

J'en aurai! (Retenant Coquebert qui fait un pas pour sortir.) Monsieur, plus qu'un mot... Puisque vous devez voir M. Octave de Blansac, je vous prie de vouloir bien lui remettre (Tirant de sa poche l'enveloppe que lui a donnée Galuchet.) ce papier... qui renferme un billet de mille francs... (Coquebert la regarde d'un air étonné.) Il saura ce que c'est.

COQUEBERT.

Mais encore, de quelle part?

JEANNETON.

De la part de Jeanneton!

Ensemble.

Fragment de *la Sirène.*

JEANNE et JEANNETON, à part.
Je sens de douleur...

COQUEBERT.
Je sens de fureur...

JEANNE et JEANNETON.
Se briser mon cœur.

COQUEBERT.
S'indigner mon cœur.

JEANNE, à sa sœur.
Nous serons malheureus's ensemble.

COQUEBERT, à part.
Qu'il craigne son père, et qu'il tremble!

JEANNE, à sa sœur qui veut s'éloigner.
Où vas-tu?... près de moi demeure.

JEANNETON.
Devant lui, veux-tu que je pleure?

Ensemble.

JEANNE et JEANNETON.
Je sens de douleur, etc.

COQUEBERT.
Je sens de fureur, etc.

(Jeanneton entre dans la chambre à gauche.)

SCÈNE VI.

COQUEBERT, JEANNE.

COQUEBERT, s'avançant vers Jeanne.

Adieu, mademoiselle! Je vais prendre contre mon fils, et avant qu'il se doute de rien, des mesures de rigueur telles...

JEANNE, à part.
Dieu! comment l'avertir?... Ah! ce soir!...

COQUEBERT.
Et je saurai bien! (Se retournant.) Hein?... Qui vient là?... (Voyant entrer la marquise d'Aubervilliers.) Madame la marquise!

SCÈNE VII.

JEANNE, COQUEBERT, LA MARQUISE.

LA MARQUISE, à Coquebert, qui s'incline devant elle.
Très-bien, mon cher Coquebert!... Vous voilà exact au rendez-vous... Avez-vous prévenu M. Galuchet de mon arrivée et de l'entretien particulier que je le priais de m'accorder?

COQUEBERT.
Je ne lui ai pas encore parlé... de l'honneur qui l'attendait...

JEANNE.
Mais je vais l'avertir, madame...

LA MARQUISE, la regardant.
Ah! c'est... cette jeune personne qui demeure avec lui.

COQUEBERT, avec humeur.
Sa fille, madame!

LA MARQUISE.
Oui... je comprends... (Regardant Jeanne avec intérêt.) Ces traits... cette physionomie... et, malgré son entourage, cet air si distingué!... (Elle fait un pas vers Jeanne.) Voulez-vous... mon enfant... (Avec émotion.) me permettre de vous embrasser?

JEANNE.
Comment donc!... madame... C'est trop d'honneur pour moi.

LA MARQUISE, après l'avoir embrassée.

Dites à M. Galuchet que je lui pardonne d'avoir fait attendre Coquebert... mais que je suis pressée... (La regardant.) maintenant surtout... et que je l'attends... moi, la marquise d'Aubervilliers.

JEANNE.

Ah! madame; il descend à l'instant même.

(Elle sort.)

SCÈNE VIII.

LA MARQUISE, COQUEBERT.

LA MARQUISE, regardant sortir Jeanne.

Ah! je l'aurais reconnue... devinée entre mille.

COQUEBERT.

Comme madame est émue!

LA MARQUISE.

Ce n'est pas sans raison... La jeune fille que vous venez de voir, mon cher Coquebert... est une personne qui, je crois, nous touche de très-près.

COQUEBERT, vivement.

En vérité!

LA MARQUISE.

Et vous pouvez d'avance préparer pour elle vos plus brillantes parures... car c'est... si je ne me trompe... une des plus riches héritières de France.

COQUEBERT, à part.

O ciel! et elle aime mon fils... et ils voulaient tous les deux se marier en secret. (Haut.) Mais comment se fait-il?...

LA MARQUISE.

Silence! voici monsieur Galuchet.

SCÈNE IX.

COQUEBERT, LA MARQUISE, GALUCHET, en habit de travail.

GALUCHET.

Pardon... excuse... madame la marquise, de me présenter ainsi devant vous... Jeanne m'a dit que vous étiez là... et de peur de vous faire attendre... j'ai gardé mon habit de travail... C'est notre uniforme, à nous autres ouvriers.

LA MARQUISE.

Et c'est justement à l'ouvrier que je veux parler... Je m'informais et faisais demander partout dans Paris la demeure de M. Galuchet, ouvrier en bijouterie, lorsque, ce matin, Coquebert, mon joaillier, m'a dit qu'il employait quelqu'un de ce nom... et je l'ai supplié de vous prévenir de ma visite pour aujourd'hui même.

GALUCHET.

En quoi puis-je être bon à madame la marquise?

LA MARQUISE.

Je vais vous le dire. (A Coquebert, qui approche un siège pour la marquise, et qui va en prendre un pour lui.) Que je ne vous retienne pas, mon cher Coquebert; je sais qu'on vous attend chez le duc Octave de Blansac, mon neveu, pour les diamants de sa corbeille.

COQUEBERT.

Ce n'est pas pressé.

LA MARQUISE.

Si, vraiment... On a eu tant de peine à le marier, qu'il ne faut pas lui donner de prétextes pour différer encore... A demain... à demain! J'aurai aussi des commandes à vous faire.

COQUEBERT, à part.

Diable!... Une riche héritière... ce n'est pas à négliger...

et comme... grâce au ciel, je ne sais rien encore, je peux toujours... dans mon ignorance...(Saluant la marquise.) Je vous laisse, madame.

(Il sort par la porte du fond.)

SCÈNE X.
LA MARQUISE, GALUCHET.

GALUCHET, debout et à part.

Que diable peut-elle me vouloir?...

LA MARQUISE, assise.

Écoutez-moi, monsieur... car j'ai beaucoup de choses à vous dire.

GALUCHET, prenant un tabouret, s'asseyant et s'adressant à la marquise.

Ne faites pas attention... ça vous sera plus commode et à moi aussi.

LA MARQUISE.

Vous êtes des environs de Valenciennes, monsieur Galuchet?

GALUCHET.

Oui, madame... ainsi que ma femme, ma pauvre Jeanne.

LA MARQUISE.

Vous avez connu le général Valincourt?

GALUCHET.

Tiens! c'te demande... un enfant du pays... le plus beau garçon de notre endroit, un conscrit qui, en passant par Iéna, Austerlitz et Wagram, est revenu général... et continuait toujours à se battre en soldat... si bien qu'après un coup de lance qu'il avait reçu à la frontière... on l'apporta chez nous... car c'est chez nous qu'il a logé... je m'en vante... A telles enseignes qu'il n'y avait pas de pain... mais il y avait de quoi le soigner... et le panser... Ah! dame! nous n'étions pas heureux, ni lui non plus... et pendant le peu de jours qu'il resta chez nous... il nous raconta comme quoi... lui, soldat de Bonaparte, était devenu amoureux d'une demoiselle d'ancienne et illustre maison... comme quoi depuis un an il l'avait épousée malgré sa mère, une marquise de haute noblesse qui détestait l'empereur...

LA MARQUISE, voulant l'interrompre.

C'est bien! c'est bien!

GALUCHET.

Non, ça n'est pas bien... car, furieuse de ce mariage que l'empereur avait ordonné, et auquel elle n'avait pu s'opposer... la marquise était partie avec toute sa fortune pour la Russie... Car cette femme-là... voyez-vous, madame, peu lui importait le bonheur de sa fille... ce n'était pas une mère... c'était une marquise...

LA MARQUISE.

Assez, assez, monsieur... la personne que vous jugez ainsi... c'était moi.

GALUCHET, troublé.

C'est différent!... fallait donc le dire... parce que lorsqu'on raconte...

LA MARQUISE, gravement.

Le temps modifie bien des opinions, monsieur.

AIR de la Jeune malade.

Tous les partis ont leurs jours de délire,
Tous les partis ont leurs jours de remords!
Si le malheur ne peut suffire
Pour absoudre de tous les torts,
Il sert du moins à celui qu'il accable,
Car pour un cœur et généreux et bon,
Plus on souffrit, moins on semble coupable,
Et le malheur est presque le pardon!

GALUCHET.

Excusez-moi, madame, excusez-moi... mon intention n'était pas...

LA MARQUISE.

Continuez !

GALUCHET.

Ah ! dame ! je ne sais plus où j'en suis... Je vous disais donc... ou plutôt non... je ne vous avais pas dit que quelque temps après, le général, qui était exilé à Bruxelles, repassa par chez nous ; il se rendait à Paris, en secret, c'était aux environs du 20 mars, et je le vois encore avec ce signe de ralliement, le bouquet de violettes qu'il portait à sa boutonnière, témoin qu'à cette époque, madame Galuchet, ma femme, était grosse de notre premier enfant... et de six mois passés encore... Si bien que le général lui dit : « Ma bonne Jeanne, ma femme en est à peu près au même point que toi... tu seras notre nourrice... — C'est convenu ! » que je m'écriai, et Jeanne partit plus tard pour Bruxelles, où était alors la femme du général... Là... et à quelques jours de distance, elle et madame de Valincourt mirent au monde chacune une petite fille, et ma femme se chargea de ramener les deux enfants au pays... Car, à peine rétablie, madame de Valincourt avait couru près de son mari, blessé de nouveau... mais cette fois, madame, ce fut la dernière !... Le pauvre général avait été frappé d'une balle par un de ces ennemis... chez lesquels alors vous étiez.

LA MARQUISE.

Monsieur...

GALUCHET.

Lui... il avait reçu ça... en France, sur cette terre qu'il avait défendue jusqu'au dernier moment... et où il se réjouissait du moins d'être enseveli... Ah ! il ne le fut pas seul !

LA MARQUISE, *essuyant ses larmes et lui faisant signe de se taire.*

Je sais... monsieur... je sais...

GALUCHET.

Oui, oui, votre pauvre fille... c'était trop de secousses, trop de fatigues pour elle... elle devait y succomber.

LA MARQUISE.

Je n'appris sa mort que longtemps après, au fond de mon exil... et, persuadée qu'il ne me restait plus rien de ma fille, je n'aurais jamais revu la France, sans une affaire d'une haute importance pour notre fortune, et plus encore pour notre nom, qui, après moi, doit passer à M. de Blansac, mon petit-neveu. Je suis donc revenue depuis un mois... et dans des papiers que m'a remis dernièrement un vieil ami du général, j'ai trouvé quelques lettres de ma fille à son mari, lettres qui rappellent une partie des détails que vous venez de me donner, et qui m'attestent que son enfant... que le mien, a été confié aux soins de Jeanne Galuchet, votre femme.

GALUCHET.

C'est vrai.

LA MARQUISE.

Et cet enfant existe encore?

GALUCHET.

Grâce au ciel!

LA MARQUISE.

Et elle est chez vous... avec vous?

GALUCHET.

Oui, morbleu! j'en réponds.

LA MARQUISE, avec transport.

Ah! j'en étais certaine!... C'est elle que j'ai vue ici... tout à l'heure.

GALUCHET, avec un soupir.

Pour ce qui est de ça, madame la marquise, ça n'est pas sûr.

LA MARQUISE, vivement.

O ciel! me serais-je trompée?

GALUCHET.

Je n'en sais rien.

LA MARQUISE.

Que voulez-vous dire?... Expliquez-vous, de grâce, expliquez-vous...

GALUCHET.

Ah! ce sont de mauvais jours que vous me rappelez là... (Portant la main à son front.) et des souvenirs... que j'ai eu tant de peine à oublier. Oui, oui... ma pauvre femme, ma Jeanne devait ramener de Bruxelles les deux enfants... qu'elle nourrissait... Dix-huit lieues à faire... ce n'était rien... Elle m'avait écrit qu'elle partirait le matin et qu'elle arriverait le soir. Mais le soir était venu... et pas de nouvelles de Jeanne... Je partis, interrogeant tout le monde sur la route... et à six lieues de chez nous, dans une auberge... Ah! que soient à jamais maudits ces étrangers!... ces infâmes! ils avaient tué Jeanne... une femme qui n'avait pour la défendre que les pleurs et les cris de deux pauvres enfants.

LA MARQUISE, avec effroi.

Et ces enfants?

GALUCHET.

Ah! je ne sais par quelle pitié... ou plutôt par quel hasard, ils les avaient épargnées. Mais les pillards! les lâches! ils les avaient dépouillées de tout... et ces pauvres enfants allaient mourir de froid, quand j'arrivai. J'emportai avec moi mon double trésor. Dieu me les a données, m'écriai-je, je les garderai toutes deux... Et toutes deux je les entourai des mêmes soins, du même amour, sans me demander laquelle était ma fille... Voilà, madame la marquise, ce que vous vouliez savoir.

LA MARQUISE.

Ah! c'est horrible!... Mais il est impossible que vou n'ayez pas quelques doutes, quelques soupçons sur l'enfan que je viens vous redemander et qu'il faut me rendre.

GALUCHET.

Le rendre, dites-vous?... le rendre?

LA MARQUISE.

Oui.... Votre fortune est entre vos mains... Parlez, que voulez-vous ?

GALUCHET.

Ce que je veux ?... les garder toutes deux.

LA MARQUISE.

Jamais ! jamais ! ne l'espérez pas... et il faudra bien que vous déclariez...

GALUCHET.

Je déclare que nul pouvoir au monde ne me les arrachera. Est-ce que je ne les ai pas sauvées et élevées toutes deux ?... est-ce que toutes les deux, demandez-leur, ne m'aiment pas comme leur père ?... est-ce que je peux maintenant les séparer dans mon affection ? Vous voyez bien, madame, que je n'ai rien à vous donner, rien à vous rendre... tout est à moi.

LA MARQUISE.

Un mot seulement, monsieur Galuchet. Tout le monde dit que vous êtes un honnête homme.

GALUCHET.

Le beau mérite !... Qui est-ce qui n'est pas un honnête homme ?... il n'y a que les fripons qui ne le soient pas.

LA MARQUISE, lui prenant la main.

Eh bien ! vous qui ne voudriez faire de tort à personne, vous ne craignez pas de ravir à une famille son bien le plus précieux, son unique héritière ?

GALUCHET.

Qu'est-ce que vous me dites là ?

LA MARQUISE.

Ce n'est rien encore...

AIR de la Femme mariée.

Votre tendresse est vive, elle est sincère ;
Vous donne-t-elle cependant
Le droit cruel que vous voulez vous faire,

De prononcer, d'ôter à cet enfant
Son nom, sa fortune et son rang?
Serait-ce là, je vous prends pour arbitre,
Le devoir d'un père? Oh! non, non,
Et ce serait abuser d'un beau titre,
Pour une mauvaise action!

GALUCHET.

Madame!

LA MARQUISE.

C'est contre mon gré que j'aurais recours à d'autres juges qu'à vous-même... Réfléchissez!... rappelez-vous!... Et quelque incertains... quelque faibles que soient vos souvenirs... nous nous en rapporterons à vous... à votre déclaration!... J'attends votre réponse... Adieu!... adieu!

(Elle le salue et sort.)

SCÈNE XI.

GALUCHET, seul.

(La nuit vient peu à peu. — L'obscurité est complète à la fin de la scène.)

Ma réponse... ma réponse... sera toujours la même... Je garde mes enfants... Moi décider... moi choisir entre elles... moi dire à l'une : Va être grande dame! va-t'en!... Et si celle-là est la mienne... c'est donc moi qui l'aurai chassée!... Ma pauvre Jeanne... ma pauvre Jeanneton!... Plus j'y pense... Oh! oui! je les aime également, et celle que je donnerais serait tout de suite celle que j'aimerais le mieux... Car Jeanne... Jeanne... c'est tout le portrait de ma femme... Et Jeanneton... c'est le mien... c'est mon caractère et mes idées... de la tête et du cœur... Et je pourrais... Allons donc! Qu'elle dise ce qu'elle voudra, cette vieille marquise... avec sa noblesse ancienne et sa tendresse arriérée... je la défie bien de savoir ce que je ne sais pas moi-même... Car, après tout, nulle preuve... nul indice... aucun moyen de découvrir laquelle des deux est à elle... Donc toutes deux sont à moi... c'est clair comme le jour... et je suis bien bon de m'inquiéter... Ne leur disons rien de cela, à ces chères enfants... Ne pensons qu'à leur bonheur et à leur plaisir... Demain à Saint-Cloud... cette fête dont elles se font tant de joie...

SCÈNE XII.

GALUCHET, JEANNE, sortant de la porte à gauche.

JEANNE, à part.

Voici l'heure... Il doit m'attendre... Dieu ! quelqu'un est ici... C'est mon père.

GALUCHET, réfléchissant.

D'ailleurs, et quand même j'y consentirais... est-ce qu'elles le voudraient... est-ce qu'elles pourraient se résoudre à me quitter ?... C'est impossible !

JEANNE, écoutant au fond du théâtre.

Que dit-il ?

GALUCHET, prenant une petite table où sont ses outils.

Notre joie.... notre bonheur à nous... c'est d'être ensemble !... toujours ensemble !... (S'asseyant devant la table.) Aussi, demain, quand je les aurai sous le bras, je veux qu'elles soient pimpantes et parées... elles le seront ! Allons, à l'ouvrage !... Elles doivent dormir maintenant... Et en travaillant comme ça pendant leur sommeil...

JEANNE, s'éloignant de la porte du fond.

O ciel !

GALUCHET.

AIR de Lantara.

Par là j'ajoute à ma journée
Ce que je puis dérober à ma nuit,
Et c'est une heure fortunée
Que celle où j'veille ainsi sans bruit. (*Bis*)

En ce moment, votre image chérie,
O mes enfants, vient encor me charmer,
Et le travail, qui double ainsi ma vie,
Double le temps où je peux vous aimer.

JEANNE, à part, avec attendrissement et se rapprochant du fauteuil où est assis son père.

Mon bon père !

GALUCHET, prend un briquet et allume une chandelle, en parlant.

Le docteur dit que ça abrège les jours... Qu'importe !... si c'est moi qui les quitte... et si mes filles ne me quittent jamais...

JEANNE, poussant un cri et tombant à genoux au milieu du théâtre.

Ah !

GALUCHET, stupéfait.

Jeanne ici !... à cette heure... Et ce trouble, ces larmes. (A part.) Est-ce qu'elle aurait entendu la vieille marquise ?... (Haut et la relevant.) Qu'as-tu, mon enfant ?... que me demandes-tu ?

JEANNE.

Grâce et pardon... mon père... car je suis bien coupable !... car un instant... j'ai pu avoir l'idée de vous abandonner.

GALUCHET.

Toi !

JEANNE.

Oui, n'écoutant qu'une tendresse insensée... j'allais fuir peut-être...

GALUCHET, poussant un cri de colère.

Ah ! (A part.) Et moi qui cherchais... (Avec colère.) Ce n'est pas là mon sang... ce n'est pas là ma fille... C'est celle de la grande dame.

JEANNE.

Mais là, tout à l'heure... je vous ai entendu... vous qui nous consacrez vos jours et vos nuits... et je me suis écriée :

« Je dirai tout à mon père... je resterai près de lui... et je
« n'aimerai que lui ! »

GALUCHET, la pressant dans ses bras.

Ah ! je la reconnais !... je la retrouve !... C'est à moi !... c'est mon bien !... c'est elle qui est ma fille ! (Se retournant vivement.) Hein ?

SCÈNE XIII.

JEANNETON, GALUCHET, JEANNE.

(Jeanneton sort de la porte à gauche, pendant que Galuchet et Jeanne se retirent à droite du théâtre.)

GALUCHET, voyant Jeanneton qui, sur la pointe du pied, s'approche de la porte.

Eh bien ! morbleu ! est-ce que celle-là veut aussi s'en aller ?

(Jeanneton va à la porte du fond, la ferme au verrou et à double tour, et prend la clef. — Elle se retourne et aperçoit son père.)

GALUCHET, sévèrement.

Que fais-tu là ?

JEANNETON.

Ne faites pas attention, mon père, je viens de fermer la porte (Montrant la clef qu'elle tient à la main.) et de retirer la clef.

GALUCHET.

Et pourquoi ?

JEANNETON, regardant Jeanne.

On ne sait ce qui peut arriver... et c'est toujours plus sûr.

GALUCHET, insistant.

Pourquoi ?

JEANNETON.

J'ai promis de ne pas vous le dire.

JEANNE.

Et moi, sœur, j'ai tout dit !

JEANNETON.

Ah ! ça vaut mieux ! (A Galuchet.) Mais vous pouviez dormir tranquille, mon père, j'étais là, moi, je veillais sur l'honneur de la famille !

GALUCHET, lui sautant au cou.

Ah ! Jeanneton !... Jeanneton... (A part.) Celle-là aussi est ma fille... la fille de l'ouvrier !...

(On frappe à la porte.)

JEANNE, avec émotion.

C'est Anatole !

JEANNETON, à Galuchet.

C'est lui !

GALUCHET, bas, à Jeanneton.

Qu'est-ce qu'il faut faire ?

JEANNETON.

Lui ouvrir maintenant... Nous sommes en force... il n'y a plus de danger.

GALUCHET, pendant que Jeanne va ouvrir.

Elle a raison... c'est à moi de parler au séducteur !

JEANNE.

Mon père !

GALUCHET, levant la main.

Et nous allons dialoguer ensemble d'une rude manière.

(Jeanneton cherche à retenir son père. La porte s'ouvre et paraît Coquebert.)

JEANNETON, GALUCHET, JEANNE, étonnés.

Dieu ! monsieur Coquebert !

SCÈNE XIV.

JEANNETON, près de la table, COQUEBERT, GALUCHET, JEANNE.

COQUEBERT.

Moi-même !

GALUCHET.

Et qu'est-ce qui vous amène à cette heure ?

COQUEBERT.

Vous allez le savoir, monsieur Galuchet... J'ai à vous dire que je sais tout, monsieur Galuchet...

GALUCHET.

Et moi aussi.

COQUEBERT.

Tout autre à ma place se serait peut-être indigné... mais moi, je suis sans ambition, comme sans préjugés... nous sommes tous égaux maintenant... l'égalité avant tout... et je viens, à la place de mon fils, vous demander en son nom et au mien (Montrant Jeanne.) la main de mademoiselle.

GALUCHET.

Est-il possible !
(Regardant Jeanne, qui chancelle, et la soutenant dans ses bras.)

COQUEBERT.

Qu'a-t-elle donc ?

GALUCHET.

Rien... rien... c'est la joie...

COQUEBERT.

A condition que nous nous occuperons du contrat sans bruit, sans éclat, et le plus tôt possible.

JEANNETON.

Dès demain.

GALUCHET.

A midi !...

COQUEBERT.

Non pas !... de meilleure heure... car demain un de mes clients, qui m'a fait l'honneur de m'inviter, se marie à midi précis... M. le duc de Blansac.

JEANNETON, chancelant.

Octave !...

GALUCHET, à Jeanneton.

Hein !... elle aussi, qu'a-t-elle donc ?...

JEANNE.

C'est de joie, mon père... la joie de mon bonheur... (A Jeanneton.) Ma sœur...

GALUCHET, à Jeanneton.

Ma fille... reviens à toi...

COQUEBERT.

Quel tableau ! et c'est là mon ouvrage !

ACTE DEUXIÈME

Un salon élégant. — Porte au fond. Portes latérales. Deux fenêtres, sur le devant, une table à droite.

SCÈNE PREMIÈRE.

COQUEBERT, ANATOLE, UN NOTAIRE (écrivant à la table, à droite.

ANATOLE.
Quoi! mon père, ce matin même ? Je ne puis y croire.
COQUEBERT.
Quand les choses sont résolues, on ne peut trop se hâter de conclure... voilà comme je suis... On fera une publication, on achètera l'autre, et dans huit jours le mariage.
ANATOLE.
Ah ! quel bonheur !

COQUEBERT.
En attendant, occupons-nous du contrat... c'est l'important, c'est l'essentiel... surtout dans une pareille affaire.
ANATOLE.
Je ne vois pas cela, car la pauvre Jeanne n'a rien.
COQUEBERT.
Qu'importe ? elle peut avoir... (Montrant le notaire qui écrit.) Et monsieur rédige cela selon mes intentions. (S'adressant au

notaire.) Vous avez mis : « Tout ce qui pourra lui revenir, n'importe à quel titre? » (Le notaire fait un signe affirmatif.) Si ça ne fait pas de bien, ça ne peut pas faire de mal. (A Anatole.) C'est de la prévoyance... un père de famille est obligé de penser à tout.

ANATOLE.

Ah! vous avez pensé à mon bonheur! c'est le principal.

COQUEBERT.

Ton bonheur! ton bonheur! tout n'est pas encore dit... et il faudra voir...

ANATOLE.

Tenez! le voilà qui arrive.

SCÈNE II.

COQUEBERT, JEANNETON, GALUCHET, JEANNE, ANATOLE, un Notaire.

GALUCHET, en habit des dimanches, entre en tenant sous le bras ses deux filles en toilette, et habillées exactement de même.

AIR : Tra la la, tra la la.

Je n'ai rien,
Je n'suis rien,
Oui, rien qu'un homme de bien !
Que de gens, à présent,
N'en pourraient pas dire autant !
(Au notaire.)
Vous, monsieur, qui, par état,
Allez dresser le contrat,
Vous pouvez, et d'un seul mot,
Etablir ici la dot !
(Montrant Jeanne.)
Elle n'a rien ; (Bis.)
Mais c'est une fille de bien !
Que d'bell's dam's en se mariant

N'en apportent pas autant !
Pourtant elle a deux beaux yeux,
Fraîcheur et traits gracieux,
Une taille et des appas
Que pour de l'or on n'a pas !
V'là son bien,
C'est le sien,
Celui-là n'lui coûte rien.
Que d'beautés de haut rang
N'en pourraient pas dire autant !

COQUEBERT.

Qu'est-ce que c'est, Galuchet ?... qu'est-ce que c'est ?... vous voilà en habit de noce... comme si c'était le mariage, e ce n'est que le contrat... je vous l'avais dit.

GALUCHET.

C'est égal... vivent la joie et les amours !... et comme dit la chanson : « Dansons avant la noce, on ne danse pas toujours après... » (A Anatole et à Jeanne.) Ce n'est pas pour vous que je dis ça, mes enfants... parce que je suis sûr qu'avec ma petite Jeanne ça ira toujours bien... (A Anatole.) Et toi aussi, mon garçon... Vous me permettez de te tutoyer ?...

ANATOLE, lui tendant la main.

Certainement.

GALUCHET.

Je tutoie tous mes enfants, d'abord... et c'en est un de plus, un garçon, ça ne fait pas de mal... moi qui n'avais que des filles. Mais maintenant, il va nous en arriver, des moutards !

JEANNETON, lui faisant signe de se taire.

Mon père !

GALUCHET.

Qu'est-ce que tu veux donc que je me gêne ?... Nous sommes ici en famille, entre amis. (Montrant le notaire.) Est-ce à cause de monsieur le notaire ?... il sait ce que c'est que des moutards... il signe tous les jours des passeports et des permis pour en avoir. Ainsi, vivent la joie et les amours !

COQUEBERT.

Silence, Galuchet!... Je vous ai recommandé et vous recommande, ainsi qu'à mon fils, le secret, le plus grand secret.

GALUCHET.

C't'idée!... moi qui, au contraire, voudrais apprendre à tout le monde notre bonheur et l'honnêteté de vos procédés.

JEANNE et ANATOLE.

Et votre générosité!

COQUEBERT.

C'est justement pour cela... J'aurais l'air de me vanter de ce que je fais, et de quêter des éloges pour une chose si naturelle... le bonheur de nos enfants.

GALUCHET, lui frappant sur le ventre.

Compris et approuvé : on se taira. (Tendant la main à Coquebert.) Touchez là, mon ancien ; vous êtes un brave homme et un bon père... moi aussi, et c'est pour ça qu'entre nous il n'y a que la main. Ah ça ! et pendant que ce monsieur griffonne, est-ce qu'il n'y aurait pas moyen de... (Il fait le signe de boire. — A Coquebert.) Un petit verre à la santé de ces enfants !...

ANATOLE.

Qu'à cela ne tienne, monsieur Galuchet.

(Il court ouvrir une armoire, et place sur la table, à gauche, un plateau et des liqueurs.)

JEANNETON, bas, à Galuchet.

Mon père!

GALUCHET.

On ne marie pas sa fille tous les jours, et j'espère bien que le papa Coquebert me tiendra tête. (A Anatole.) Verse, mon garçon, verse plein!... je te rendrai cela le jour de tes noces. Qu'est-ce que c'est que cela ? du parfait-amour ou de l'anisette ?

COQUEBERT.

Du rhum qui a plus de cent ans.

GALUCHET, buvant.

Il a assez vécu... (A Anatole.) Verse du même! (A Coquebert.) Il pince encore, et je doute qu'à son âge vous et moi soyons aussi gaillards... A la vôtre!... (Montrant le notaire.) Voyez donc un peu si ça avance, là-bas... C'est étonnant comme ça vous ranime et ça vous égaie... surtout quand il y a longtemps!... Ça et le bonheur, je n'y étais plus habitué. (Jeanneton enlève la bouteille qui est sur la table.) Mais on renouvelle aisément connaissance. (Il va pour se verser un troisième verre, et ne trouve plus la bouteille.) Hein!... qui a supprimé la bouteille?

JEANNETON.

Moi, mon père, et pour cause!

GALUCHET.

C'est vrai, j'allais perdre la tête... mais Jeanneton conserve toujours la sienne. Quel trésor qu'une femme comme ça pour un mari!... aussi je t'en trouverai un... un autre tout pareil... (Montrant le notaire.) Et nous nous adresserons à monsieur... quoiqu'il n'aille pas vite.

COQUEBERT.

Je crois bien, on ne s'entend pas! (A Anatole.) Ferme donc ces fenêtres! c'est un tapage dans la rue...

ANATOLE.

C'est la file des voitures qui entrent en face, dans l'hôtel Blansac.

JEANNETON, avec émotion.

Chez M. Octave?

ANATOLE.

Qui se marie aujourd'hui à midi.

JEANNETON, regardant la pendule.

Il n'est que dix heures!

ANATOLE.

Il y a déjà un monde!... Je l'ai vu ce matin à neuf heures, en lui portant les diamants qu'il attendait.

JEANNETON.

Et il est bien heureux

ANATOLE.

Ça doit être... Mais il n'en avait pas l'air... Il était si pâle!

JEANNETON, vivement.

Il est malade?

ANATOLE.

Non... mais sombre et triste.

AIR : Ce que j'éprouve en vous voyant. (ROMAGNESI.)

A ses regards, je m'en souvien,
Lorsque j'offrais cette parure,
Quel nuage sur sa figure!
Il soupirait...

JEANNETON, à part.

Octav', c'est bien!

JEANNE.

Quoi! vraiment?...

ANATOLE.

Ce n'est encor rien.
Sur cet écrin, d'où jaillit l'étincelle,
J'ai vu tomber une larme, je croi...

JEANNETON, à part.

Ah! merci, merci!... je le voi,
Les diamants étaient pour elle
Mais cette larme était pour moi.

ANATOLE, à qui Coquebert présente une plume.

C'est à moi de signer?... (Il s'approche de la table tout en parlant.) Dans ce moment est entrée une de nos pratiques, Mme la marquise d'Aubervilliers...

COQUEBERT et GALUCHET, vivement.

Eh bien?

ANATOLE.

La tête haute et fière... « A merveille, mon neveu! qu'elle a dit. Puisqu'enfin vous renoncez aux grisettes et vous vous rendez au vœu de votre famille, je vous apporte ma bénédiction... car c'est très-bien de se marier. » (Signant et présentant la plume à son père, tout en continuant de parler.) A ce mot-là, je me suis avancé et lui ai fait part de mon mariage.

COQUEBERT, qui tenait la plume et qui allait signer, s'avançant précipitamment.

Comment! tu lui as dit?...

ANATOLE.

Que j'allais me marier avec Mlle Galuchet.

COQUEBERT.

O ciel!... moi qui t'avais recommandé le silence!

ANATOLE.

Pas avec une pratique comme celle-là.

COQUEBERT, à voix basse.

Avec elle, au contraire!... (Haut.) Et qu'a-t-elle répondu?

ANATOLE.

Rien!... Elle s'est écriée brusquement : « Mes gens! ma voiture!... » et elle est partie sans dire adieu à son neveu, qui n'y a pas même fait attention.

COQUEBERT.

Imprudent que tu es!... Dieu sait ce qui va arriver!

GALUCHET, ramassant la plume.

Eh bien! signez donc...

SCÈNE III.

LES MÊMES; UN DOMESTIQUE, présentant une lettre à Coquebert.

LE DOMESTIQUE.

Pour monsieur Coquebert.

(Il remet la lettre à Coquebert et sort.)

COQUEBERT.

Que disais-je ?... l'écriture de la marquise ! une lettre pour moi... (Tirant de la lettre une feuille de papier.) Et un papier timbré pour vous, Galuchet !

GALUCHET.

Pour moi ? (A Jeanneton.) Tiens, fille, déchiffre-moi ça, si tu peux.

COQUEBERT, lisant.

« Le peu de mots que je vous ai dits, monsieur, auraient « dû vous faire penser que celle que vous allez marier à « votre fils était d'une naissance... au moins douteuse... »

TOUS.

O ciel !

ANATOLE.

Qu'est-ce que cela veut dire ?

COQUEBERT, avec indignation.

Propos calomnieux et mensongers !... Et à supposer même qu'ils soient vrais, qu'en résulterait-il ? que mademoiselle Jeanne est d'une naissance incertaine.

JEANNE.

Que dites-vous ?

COQUEBERT.

Inconnue... Tranchons le mot, illégitime !... Qu'est-ce que ça me fait à moi ? Au diable les préjugés !... qu'elle soit ce qu'elle voudra... Nous sommes tous égaux... l'égalité avant tout !... Ces jeunes gens s'aiment, cela me suffit... je n'écoute rien, je ne regarde rien... Unissons-les d'abord, nous examinerons après... Signez...

JEANNE, se jetant dans ses bras.

Ah ! l'excellent homme !

ANATOLE, de même.

Ah ! le bon père !

GALUCHET, allant à lui et lui prenant la main.

Monsieur, ce que vous venez de faire là est une belle et bonne action; mais vous en serez récompensé : Jeanne est à moi, Jeanne est bien ma fille !

JEANNE et ANATOLE.

Quel bonheur !

COQUEBERT, effrayé, à part.

O ciel !

GALUCHET.

Et je défie à personne au monde de prouver qu'elle n'est pas à moi.

COQUEBERT, à part.

Tout est perdu ! (A haute voix.) Ne signez pas !

TOUS.

Et pourquoi ?...

COQUEBERT, avec embarras.

Pourquoi ?

JEANNETON, montrant le papier qu'elle vient de lire.

Parce que voilà une opposition qui arrive au mariage.

GALUCHET, vivement.

Une opposition !... Donne, donne !... (Lisant avec peine.) « Attendu... attendu qu'une fille ne peut se marier sans le « consentement de son père... attendu que ledit Galuchet « ne peut prouver qu'il est le père de ladite demoiselle « contractante... les requérants s'opposent audit mariage, « et, sous toutes réserves de droit, dépens, dommages et « intérêts, font défense au sieur Galuchet de disposer d'au- « cune des deux jeunes filles dont il est actuellement dé- « tenteur, avant d'avoir prouvé à la justice laquelle des « deux est réellement la sienne... » (Avec colère.) Par exemple ! celui qui a fait cet acte est timbré.

COQUEBERT.

Et le papier aussi... C'est en règle !

GALUCHET.

M'empêcher de marier mes deux filles !

COQUEBERT.

Avant que vous n'ayez choisi et reconnu celle qui vous appartient... c'est clair !

GALUCHET.

Eh ! non, ça ne l'est pas !... puisque je n'en sais rien moi-même.

COQUEBERT.

Alors vous ne pouvez pas figurer comme père.

GALUCHET.

C'est-à-dire que parce que j'ai deux enfants... je n'en ai pas... Allons donc, c'est absurde !

COQUEBERT.

C'est la loi... c'est-à-dire, au contraire... vous comprenez... Non, je m'embrouille... la loi ne reconnaît qu'un père par enfant, pas plus ! c'est absurde, comme vous dites... mais enfin ! nous n'y pouvons rien. Vous avez vu, mon cher ami, que je ne tenais ni au rang, ni à la fortune... je suis par mon caractère au-dessus des préjugés... mais non pas au-dessus des lois ! Je suis obligé de m'y soumettre comme citoyen, comme bijoutier et comme électeur... Dès ce moment mon parti est pris.

ANATOLE.

Mais, mon père..

COQUEBERT, à part.

Si elle est fille de la grande dame, on ne voudra pas de nous ; si elle est fille de l'ouvrier, je ne veux pas d'elle... De toutes les manières... c'est fini ! (Haut, à son fils.) Partons !...

ANATOLE.

Et où allons-nous ?

COQUEBERT.

Rétablir les faits et adresser mes excuses à madame d'Aubervilliers... Si tu perds ta fiancée... ce n'est pas une raison pour que je perde mes pratiques, et la famille de la marquise est de mes meilleures. Je vais lui écrire une lettre que tu lui porteras à l'instant.

(Galuchet pendant ce qui précède, est tombé dans un fauteuil, tenant à la main le papier timbré, et absorbé dans ses réflexions; ses deux filles sont debout près de lui. — Le notaire sort. — En entendant Coquebert qui va sortir, Galuchet revient à lui.)

GALUCHET, à Coquebert.

Mais permettez, monsieur...

COQUEBERT.

Vous voyez comme je suis : la franchise même... Je ne dis pas oui, je ne dis pas non... Décidez vous-même laquelle des deux est à vous... sinon pas de mariage possible... ni pour l'une... ni pour l'autre... (A Anatole.) Venez, mon fils, suivez-moi...

(Il l'entraîne.)

SCÈNE IV.

JEANNE, GALUCHET, JEANNETON.

JEANNE et JEANNETON.

Qu'est-ce que cela signifie, mon père?

GALUCHET.

Ça signifie... que vous êtes bien mes enfants toutes les deux! et, quoi qu'il arrive, je vous regarderai toujours comme telles... Ça me serait impossible autrement.

JEANNE et JEANNETON.

Et à nous aussi.

GALUCHET.

Je le sais bien! mais par la force des choses et des circonstances... trop longues à vous expliquer, on veut que je renonce à l'une de vous deux.

JEANNE.

Et vous le pourriez?...

JEANNETON.

Vous auriez ce cœur-là?...

GALUCHET.

Il le faut... pour votre bonheur... pour votre avenir... Mais je ne peux pas... Aussi... voyez, mes enfants... décidez vous-mêmes!

JEANNE.

Nous, mon père?

JEANNETON.

Ne plus être vos enfants!

GALUCHET.

Je dois vous dire... pour vous consoler, que celle qui m'abandonnera...

JEANNE, avec force.

Sera maudite!

GALUCHET.

Non... elle deviendra une grande dame, elle sera noble, elle sera riche... tandis que l'autre...

JEANNETON.

Ah! je suis l'autre!

JEANNE.

Moi aussi!

JEANNETON.

Nous le sommes toutes deux!

GALUCHET.

C'est bien! c'est bien! vous êtes de bonnes filles... qui me rendez bien heureux... mais qui m'embarrassez beaucoup... parce qu'il ne s'agit pas d'être faible et de pleurer... Il faut du courage... entends-tu, Jeanne?... (Regardant Jeanneton, qui se détourne aussi pour essuyer ses yeux.) Entends-tu, Jeanneton, toi qui d'ordinaire as de l'énergie pour toute la fa-

19.

mille? (Avec force.) Je te répète qu'il faut choisir... (Avec colère.) Il le faut!

JEANNETON.

Eh bien! mon père, ne nous grondez pas!

JEANNE.

Ce serait la première fois.

JEANNETON.

Ma sœur et moi sommes résignées... N'est-il pas vrai, sœur?...

JEANNE.

Oui, je le jure.

JEANNETON, avec fermeté.

Choisissez donc... décidez vous-même...

GALUCHET, effrayé.

Moi!...

JEANNE.

Nous obéirons sans plainte... sans murmure...

JEANNETON, essuyant ses yeux sans être vue.

Oui... nous obéirons!

GALUCHET se place entre elles en silence, puis lève les yeux au ciel.
— L'orchestre joue en sourdine l'air de la *Juive*: Rachel quand du Seigneur, etc.

Toi qui sais la vérité... Marie-Jeanne, ma pauvre femme... envoie-moi de là-haut quelque bonne inspiration!... Dis-moi là... par un seul battement du cœur... laquelle est notre sang... laquelle est notre vraie fille... Tu ne voudrais pas me tromper... n'est-ce pas?... Et c'est toi... toi seule que je croirai. (Il regarde l'une après l'autre et attentivement ses deux filles.) Ah! j'ai le même plaisir à les regarder!... je lis dans leurs yeux la même tendresse... (Il embrasse Jeanne, qu'il presse sur son cœur, puis Jeanneton.) Le cœur me bat de même!... Ah! c'est le Ciel qui prononce!... toutes les deux sont à moi.

JEANNE et JEANNETON.

Oui... oui!... vous l'avez dit.

JEANNE.

Restons toujours ensemble.

JEANNETON.

Ne nous quittons plus!

GALUCHET.

Mais la fortune qui vous attendait peut-être...

JEANNE.

Nous y renonçons!

JEANNETON.

Nous nous en passerons!

GALUCHET.

Ah! je savais bien qu'elles m'aimeraient mieux que de l'argent!... Ainsi, mes chères enfants, vous croyez donc qu'en s'aimant bien on peut vivre dans une mansarde, sans beaux habits et sans diamants?

JEANNE et JEANNETON.

Oui, mon père.

GALUCHET.

Mais les amoureux, les fiancés, ceux qui peut-être vous auraient épousées?...

JEANNE.

S'ils ne nous épousaient que pour cela...

JEANNETON.

La perte ne serait pas grande!

JEANNE.

Ils attendront... et on verra!

GALUCHET, gaiement.

C'est ça... avec le temps on verra!

JEANNETON, gaiement.

Quant à moi... c'est tout vu!... je n'y tiens pas... je ne me marierai jamais... Ça a toujours été mon idée.

GALUCHET.

Vraiment?

JEANNETON.

Je resterai avec vous... je vivrai avec vous.

GALUCHET.

En garçons !

JEANNETON.

Je tiendrai le ménage... et nous aurons au logis...

GALUCHET.

Travail et plaisir !

JEANNE.

Bonheur et santé !

JEANNETON.

Et nous rirons !

JEANNE.

Nous danserons !

GALUCHET.

Nous nous aimerons tous les trois...

JEANNE et JEANNETON.

Toujours ! toujours !

GALUCHET, au comble de l'ivresse.

Assez ! assez, mes enfants !

AIR : Dieu m'éclaire. (*La Juive.*)

Douce étreinte !
Plus de plainte !
Oui, sans crainte,
 Moi,
 Je voi
Les tempêtes
Sur nos têtes,
Quand vous êtes
Avec moi !

JEANNETON.
Dans le sentier de la vie,
L'un sur l'autre l'on s'appuie.
GALUCHET.
Et nous ferons le chemin
En nous donnant la main.
JEANNE, JEANNETON et GALUCHET.
Douce étreinte! etc.

SCÈNE V.

Les mêmes; ANATOLE.

ANATOLE.
J'arrive toujours courant... et tout essoufflé.
JEANNE.
D'où ça?
ANATOLE.
De l'hôtel de la marquise, où mon père m'avait envoyé porter moi-même... en son nom... une lettre d'excuse.
JEANNE, JEANNETON et GALUCHET.
Eh bien?...
ANATOLE.
Eh bien! on m'a fait dire par un valet de chambre : « Madame va répondre, attendez... » Et j'ai attendu dans une espèce de boudoir qui tenait au salon... et dans ce salon étaient la marquise et des hommes de loi... qui de temps en temps élevaient la parole, et, ma foi... je ne sais pas si c'est mal d'écouter...
JEANNETON.
Du tout! quand c'est pour rendre service à des amis.
ANATOLE.
C'est ce que je me suis dit... Aussi j'avais l'oreille collée contre la porte, et l'un s'écriait : « Oui, je réponds du pro-

cès... procès qui le ruinerait s'il était riche... et il n'a rien... il ne pourra jamais le soutenir. — Alors, et s'il n'y a pas d'autre moyen, faisons le procès, a répondu la marquise, mais c'est contre mon gré... — Attendez donc! attendez donc! » disait une autre personne. Et il se fit un grand silence... Je n'entendais plus que le bruit des papiers ou des parchemins que l'on feuilletait... puis tout à coup un grand cri... comme un cri de joie, et l'on disait : « Qu'il le veuille ou non maintenant... il est en notre pouvoir... il ne peut plus nous échapper. »

GALUCHET.

Qu'est-ce que ça peut être?

ANATOLE.

« A moins, s'écria la marquise, qu'il ne les enlève, qu'il ne les emmène... tout serait perdu! »

GALUCHET.

C'est une idée, ça!

ANATOLE.

« Bah! disaient les autres, il ne peut se douter du coup qui le menace... Et, d'ailleurs, nous avons assez de pouvoir et de crédit... pour l'empêcher... et même, s'il le faut, pour le faire arrêter. »

JEANNE.

Vous arrêter!

JEANNETON.

Vous, mon père!... Ah! bien, oui!... qu'ils y viennent! qu'ils s'en avisent!...

GALUCHET.

Bien, ma fille... bien, Jeanneton... Cette enfant-là était née pour être un garçon.

ANATOLE.

Voilà ce que j'ai entendu... et, sans attendre plus longtemps la réponse à ma lettre, je suis venu tout vous dire.

JEANNE.

Merci, merci... monsieur Anatole... Et votre avis?...

ANATOLE.

Mon avis... est qu'il faut ici de la tête et du courage... Il faut partir.

JEANNETON.

Allons donc !

ANATOLE.

Ils sont puissants, ils ont de l'or, du crédit, des amis... vous n'avez rien de tout cela... excepté moi... qui ne peux rien... que vous aimer, mademoiselle Jeanne... et si on commence par vous séparer!... (A Galuchet.) Vous avez raison... vous le prouverez plus tard... je le sais... Mais, en attendant, que deviendront vos filles... qui les protégera?

GALUCHET.

C'est juste!... Je ne les quitte pas...

ANATOLE.

On se défend de loin... Partez avec elles, partez!

GALUCHET.

Et si l'on s'oppose à ce départ!... où trouver appui et protection?... à qui nous adresser?

JEANNETON, avec énergie.

Je le sais.

GALUCHET.

Toi, Jeanneton?

JEANNETON.

Oui, mon père... et à l'instant même... (Elle se met à la table, et écrit.) Je réponds de tout.

GALUCHET.

A qui diable écrit-elle?... (Lisant par-dessus son épaule.) « Monsieur le duc... » Tu connais des ducs, Jeanneton?

JEANNETON.

Oui, mon père.

GALUCHET, lisant toujours par-dessus l'épaule de Jeanneton.

« Monsieur le duc... ou plutôt mon ami. » (Avec étonnement.) C'est ton ami ?

JEANNETON, essuyant une larme.

Oui... mon père.

GALUCHET, de même.

« Vous m'avez dit : Dans le malheur... venez à moi!... J'y viens... » C'est donc un honnête homme, Jeanneton ?

JEANNETON.

Oui... mon père.

GALUCHET, lisant toujours.

« Je vous prie... car c'est très-pressé, de vouloir bien tout de suite... tout de suite m'enlever... » (Avec colère.) Hein ?

JEANNETON, achevant d'écrire.

« Avec mon père et ma sœur... »

GALUCHET.

C'est différent.

JEANNETON, écrivant toujours.

« Le porteur vous dira pourquoi. »

GALUCHET.

Le porteur ?

JEANNETON.

Ce sera vous, mon père... « A M. le duc de Blansac, à son hôtel. » Courez... c'est à deux pas... Il ne sera pas encore parti pour la mairie... car c'est seulement à midi qu'il se marie.

GALUCHET.

Et tu veux qu'il nous enlève... lui-même ?

JEANNETON.

Non... mais qu'il vous donne les moyens de partir... C'est ce que j'ai voulu dire... vous le lui expliquerez... Partez vite, seulement.

GALUCHET.

Et si, dans un moment comme celui-là, il refuse de m'écouter ?

JEANNETON.

Vous direz que c'est de la part de Mlle Jeanneton.

GALUCHET.

Et ce beau marié... ce jeune seigneur... ce duc ?...

JEANNETON.

Vous accueillera à l'instant.

GALUCHET.

Tu crois ?

JEANNETON.

J'en suis sûre !

GALUCHET, avec défiance et reproche.

Mais une telle protection ?...

JEANNETON.

Vous pouvez l'accepter, mon père, elle ne nous coûte rien.

GALUCHET.

Bien vrai ?

JEANNETON.

Je ne la réclamerais pas avec tant de confiance, si je l'avais payée !

GALUCHET.

C'est juste !... tu es une digne et brave fille... Attendez-moi, mes enfants... Je serai de retour ici avant midi ! Veillez sur elles, monsieur Anatole...

ANATOLE, montrant la porte à gauche.

Là... dans le bureau de mon père... je ne les quitterai pas... je vous le promets...

GALUCHET, à Anatole, qui entre dans l'appartement à gauche avec les deux jeunes filles.

Moi, je cours chez notre protecteur... Grâce à lui, j'em-

mène mes enfants, je les enlève! et après cela je me moque de la marquise et de tous les grands seigneurs!
(Il sort par la porte du fond. — Coquebert est entré, par la porte à droite, pendant ces dernières paroles, qu'il a entendues.)

SCÈNE VI.

COQUEBERT, regardant sortir Galuchet.

Hein!... se moquer des grands seigneurs!... Ce gaillard-là se fera quelques mauvaises affaires!... Ça le regarde; et pourvu que je conserve mes pratiques... (Apercevant la marquise, qui entre.) Ah! madame la marquise, qui me fait l'honneur de venir!...

SCÈNE VII.

COQUEBERT, LA MARQUISE.

LA MARQUISE.
J'ai reçu votre lettre, et j'accours!

COQUEBERT.
Mais, depuis que je vous l'ai écrite, cela ne va pas mieux. Ce Galuchet est plus obstiné que jamais, et ne cédera pas!

LA MARQUISE.
C'est ce que nous verrons! Je suis tranquille maintenant; aussi, pendant que tous nos parents sont rassemblés à l'hôtel de Blansac pour le mariage de mon neveu, je veux, sous le nom et les habits qui lui appartiennent, présenter moi-même ma petite-fille à sa nouvelle famille... Mes femmes de chambre sont là qui l'attendent!

COQUEBERT.
Vous avez donc quelques preuves?

LA MARQUISE.
Oui, une lettre de quelques lignes, retrouvée ce matin seu-

lement au milieu des papiers du général, et qui, en 1815, lors du retour de l'île d'Elbe, lui avait été adressée par sa femme.

COQUEBERT.

Et cette lettre vous dit laquelle de ces deux jeunes filles est votre enfant?

LA MARQUISE.

Non! mais elle me donne du moins un moyen de la reconnaître!... Où est Galuchet?... Vous m'avez écrit qu'il était ici...

COQUEBERT.

Il n'y est plus!... Et même, d'après ce que j'ai entendu là, tout à l'heure, grâce à des protections qu'il a, je ne sais comment, il compte enlever ses deux filles!

LA MARQUISE, avec effroi.

Ah!... tout serait perdu!... et s'il les emmène... s'il les dérobe à mes regards...

COQUEBERT.

Elles sont encore là... dans mon cabinet...

LA MARQUISE, bas et vivement, à Coquebert.

Courez chez M. de Blansac, mon neveu... dites-lui qu'une importante affaire m'empêche d'assister à son mariage! Mais que l'on parte sans moi!... Je le lui demande... je l'en prie en grâce!

COQUEBERT, s'inclinant.

Oui, madame.

(Il sort par la porte du fond.)

SCÈNE VIII.

JEANNE, LA MARQUISE.

JEANNE, à la cantonade.

Oui, Jeanneton, oui, ma sœur... je vais voir... (Revenant sur le devant du théâtre.) C'est madame la marquise!

LA MARQUISE, allant à elle, avec bonté.

Ne craignez rien, mon enfant!... je ne veux que votre bonheur.

JEANNE, tristement et baissant la tête.

Oh!... il est impossible... il y a trop d'obstacles!

LA MARQUISE.

Et lesquels?

JEANNE, timidement.

Mais... la fortune, d'abord!

LA MARQUISE, avec joie.

N'est-ce que cela? (D'un ton affectueux.) Parlez-moi avec confiance... comme à une mère! Est-ce là le seul vœu que forme votre cœur?

JEANNE, baissant les yeux.

Non, madame, il y a quelqu'un que j'aime!

LA MARQUISE, avec douleur.

Ah!

JEANNE.

Quelqu'un... bien au-dessus de moi!

LA MARQUISE, vivement.

C'est bien... c'est bien, mon enfant!

JEANNE.

Le fils de votre joaillier, M. Coquebert!...

LA MARQUISE, à part, avec douleur.

Une telle inclination!... ah!... (Haut, à Jeanne.) Et croyez-vous que les conseils de la raison ou de l'amitié parviennent un jour à bannir de votre cœur un pareil sentiment?

JEANNE, vivement.

Non, madame, plutôt mourir que d'y renoncer!

LA MARQUISE, à part.

Comme sa mère!... Je n'étais pas assez punie, et Dieu veut me châtier encore dans mon orgueil... Mais, dussé-je en mourir de honte... je connaîtrai du moins mon enfant!...

(A Jeanne, lui remettant une lettre.) Tenez!... cette lettre fut écrite par ma fille, à son mari, qui était un militaire... un général... Lisez!

JEANNE, lisant, avec émotion.

« Bruxelles, juin 1815... »

LA MARQUISE.

Oui, c'était dans les Cent-Jours !

JEANNE, lisant.

« Mon ami, tu désirais un fils qui, comme toi, un jour
« fût soldat, car l'empereur et la France, disais-tu, ont be-
« soin de défenseurs... Mais le ciel n'a pas exaucé tes
« vœux, je viens d'avoir une fille... »
(Jeanne s'arrête et regarde la marquise.)

LA MARQUISE.

Continuez !

JEANNE, continuant.

« Mais le retour de l'île d'Elbe, et vos signes de rallie-
« ment, dont tu m'as si souvent parlé, ont fait sans doute
« trop d'impression sur moi... car ta fille, je t'en préviens,
« porte près du cœur... une violette... » (S'interrompant.) Ah! mon Dieu!
(Elle relit la lettre tout bas, avec la plus grande émotion.)

LA MARQUISE, l'examinant.

Ce trouble... cette émotion... c'est donc vrai?... vous connaissez?...

JEANNE, toujours lisant.

Oui... c'est bien cela!

LA MARQUISE.

C'est elle !...

JEANNE.

Oui... c'est elle !... c'est Jeanneton!... c'est ma sœur !...
(Montrant la porte à gauche.) Ma sœur !...

LA MARQUISE, s'élançant par la porte à gauche.

Sa sœur!

SCÈNE IX.

JEANNE, seule.

Ah! qu'ai-je fait? Et mon père qui va venir chercher ses deux filles!... Mon père!... il en mourra de douleur!

(On entend sonner midi.)

SCÈNE X.

JEANNETON, sortant de la porte à gauche, suivie de LA MARQUISE, JEANNE, ANATOLE.

JEANNETON.

Midi! midi! (Avec désespoir.) Il est marié! (Se jetant dans les bras de sa sœur.) Tout est fini pour moi!

LA MARQUISE, s'approchant d'elle.

Mon enfant!

JEANNETON.

Merci, madame, merci de tous les biens que vous m'offrez, et dont je ne suis pas digne!...

LA MARQUISE.

Que voulez-vous dire?

JEANNETON.

Que Jeanneton figurerait mal dans vos salons dorés... et ferait rougir vos aïeux!

LA MARQUISE.

Ce sont les tiens.

JEANNETON.

Raison de plus pour ne pas les humilier.

AIR : Soldat français né d'obscurs laboureurs.

Je dois des égards, je le sens,
A ces aïeux dont je tiens la naissance,

Comme à vous, madame, en tout temps,
Je dois respect, reconnaissance ;
Mais j' suis enfant du peuple au fond du cœur,
De l'ouvrier je suis la fille !
Ce titr' suffit à mon bonheur,
Et la famille où j'ai trouvé ma sœur
Restera toujours ma famille !

(Elle se jette dans les bras de Jeanne.)

JEANNE.

C'est bien !... c'est bien !... tu restes avec nous !

LA MARQUISE.

Elle refuse !...

SCÈNE XI.

Les mêmes ; COQUEBERT, entrant par la porte du fond.

COQUEBERT.

Ah ! madame !... ah ! quel scandale ! Votre neveu... M. Octave...

JEANNETON.

Octave !...

LA MARQUISE.

Eh bien !... son mariage ?...

COQUEBERT.

Il ne veut plus en entendre parler...

JEANNETON, vivement.

J'accepte ! Oui, madame, j'accepte.

JEANNE.

O ciel, que dis-tu ?...

LA MARQUISE.

Est-il possible !... (A Coquebert.) Veuillez faire avancer ma voiture...

COQUEBERT.
À l'instant, madame la marquise.

(Il sort.)

LA MARQUISE, à Jeanneton.
Venez...

JEANNETON.
A une condition...

ANATOLE, regardant par la fenêtre.
Voilà M. Galuchet.

JEANNETON, voulant s'élancer vers lui.
Mon père !...

LA MARQUISE, l'entraînant.
Venez !... venez !...

(Elles sortent.)

SCÈNE XII.

ANATOLE, JEANNE.

JEANNE.
Mon père !... mon pauvre père !... Comment lui dire maintenant... comment lui apprendre que sa fille lui est enlevée ?...

ANATOLE.
Ah ! c'est vrai !...

JEANNE.
Silence ! c'est lui !...

SCÈNE XIII.

JEANNE, GALUCHET, ANATOLE; puis JEANNETON et LA MARQUISE.

GALUCHET, entrant en chantant.

Tra la la la la la la... Ah! le brave jeune homme!... le noble seigneur!... Voilà un seigneur comme je les aime; car il ne l'est pas du tout... N'ayez plus peur, mes enfants. Pourquoi donc que vous avez un air comme ça tous les deux?... Je suis joyeux... je suis content... Jeanneton disait vrai : à son nom seul, toutes les portes m'ont été ouvertes, et j'arrivai à un boudoir tout en soie et en dorure, où je trouvai M. le duc en beau costume, costume de marié. — « C'est Jeanneton qui vous envoie, monsieur? — Oui, monsieur le duc... Je suis son père... » Il m'a tendu la main... il me l'a tendue... lui-même... Ce qui fait que je lui ai remis la lettre de Jeanneton, en lui expliquant ce dont il s'agissait... — « Si je vous défendrai! si je vous protégerai!... s'est-il écrié. Comptez sur moi... je ne vous quitterai plus... je partirai avec vous... — Et votre mariage, que je lui ai répondu... ça n'est pas possible... — Tu dis vrai... attends-moi là... » Il est parti... et quelques instants après il a reparu, le front serein, l'air joyeux... le sourire sur les lèvres... — « C'est fini! qu'il s'est écrié, je ne me marie plus! Venez, partons! allons chercher Mlle Jeanneton et sa sœur... » Et nous voilà... Tout est prêt... la voiture de M. le duc est en bas et lui aussi... Il nous attend!

JEANNE.

Il nous attend?...

ANATOLE.

Lui-même?

GALUCHET.

Toujours lui-même... Ainsi, hâtons-nous... parce qu'un

grand seigneur, quelque bon enfant qu'il soit... ne peut pas comme ça faire antichambre dans sa voiture... Avertis ta sœur... (À Anatole.) Et maintenant, je défie bien madame la marquise de m'enlever aucun de mes enfants... Ils sont à moi... je les garde... je les emmène toutes deux... je pars avec tout mon bonheur!... (Se retournant vers Jeanne.) Eh bien! où est donc Jeanneton?... Est-ce que tu ne l'as pas avertie?...

JEANNE.

Si, mon père... mais...

GALUCHET.

Eh bien!... quoi donc?... qu'avez-vous tous deux?

ANATOLE.

Rien, monsieur Galuchet... c'est que...

GALUCHET.

C'est que... c'est que... Eh! parbleu! je vais la chercher moi-même...

(Il va pour se précipiter dans la chambre à gauche.)

JEANNE, le retenant.

Non, mon père, n'y allez pas.

GALUCHET.

Et pourquoi? Je veux voir Jeanneton... je veux voir ma fille.

JEANNE.

Mon père!...

GALUCHET.

Eh bien!... ma fille?

JEANNE.

Vous n'en avez plus qu'une!

GALUCHET.

Et l'autre... l'autre?...

ANATOLE.

Elle est à la marquise.

GALUCHET.

Qui a dit cela ?...

JEANNE.

Moi ! (Lui tendant la lettre.) Tenez !

GALUCHET, parcourant la lettre.

O ciel !... Jeanneton... Jeanneton, ma fille bien-aimée ! mon seul bonheur... Non, non !... pardonne-moi, mon enfant... ça n'est pas vrai... mais celle qu'on perd, vois-tu bien... (Sanglotant.) Jeanneton !... ma pauvre Jeanneton... si bonne fille et si joyeuse !... elle qui me faisait oublier mes peines... qui me faisait rire... et qui me fait pleurer maintenant... ils en ont fait une grande dame... ils me l'ont enlevée... Ça n'est pas possible !... (Tombant dans le fauteuil, à gauche.) Je veux revoir mon enfant ! Rendez-moi ma fille !... Où est-elle ?

(La porte s'ouvre, paraît Jeanneton habillée en grande dame, la marquise la suit. — Jeanneton s'avance vers Galuchet et fléchit le genou devant lui.)

JEANNETON.

La voilà !

GALUCHET, poussant un cri et la relevant.

Ah ! (La regardant pour la reconnaître.) Sous ces riches étoffes... ces dentelles et ces diamants... est-ce vous... est-ce toi, Jeanneton ?

JEANNETON.

Toujours !... Madame la marquise a daigné accepter mes conditions, et les voici...

SCÈNE XIV.

Les mêmes ; COQUEBERT, un Domestique.

COQUEBERT.

La voiture de madame est en bas... et puis une autre encore... celle de M. le duc de Blansac...

ANATOLE.

Qui venait pour enlever Mlle Jeanneton.

JEANNETON, au domestique.

Priez-le d'attendre, s'il vous plaît. A toi, ma sœur, pour épouser celui que tu aimes... (Regardant la marquise.) on me permet de te donner deux cent mille francs.

JEANNE et ANATOLE.

Est-il possible!... (Se retournant tous deux vers Coquebert.) Consentez-vous... monsieur?...

COQUEBERT.

Est-ce que j'ai jamais dit autre chose?... Elle a deux cent mille francs... toi aussi... il y a égalité : et qu'est-ce que je voulais?... l'égalité.

GALUCHET, regardant Jeanne, qui est près d'Anatole, et Jeanneton, qui est près de la marquise.

C'est ça!... elles vont partir toutes les deux... elles me quittent toutes les deux... Et moi!...

(Jeanne et Jeanneton se rapprochent de lui et lui prennent la main.)

JEANNETON.

Vous, mon père!... Nous ne nous quitterons pas!

JEANNE.

Vous habiterez avec nous.

JEANNETON.

Et moi, je viendrai vous voir tous les jours...

GALUCHET.

Tous les jours... une fois...

JEANNETON.

Et vous aussi...

GALUCHET.

Ça fera deux!... C'est égal... ça n'est pas la même chose !

JEANNE et JEANNETON, le caressant.

Mon père!

GALUCHET, essuyant une larme.

Ah! je suis un père égoïste! Mais rassurez-vous, je m'y ferai... Je m'habituerai à votre bonheur et je finirai par vous le pardonner.

COQUEBERT, à qui un domestique est venu dire un mot à l'oreille.

Monsieur le duc attend toujours.

JEANNETON.

Pauvre Octave! (Se regardant.) Heureusement il n'aura pas perdu pour attendre !

LA MARQUISE, au domestique.

Nous descendons... (A Jeanneton.) Venez, ma fille.

JEANNETON, à Galuchet.

A bientôt, mon père!...

GALUCHET, tenant le bras de Jeanne et saluant Jeanneton.

Adieu, madame la duchesse!... (A part, et soupirant pendant qu'elle s'éloigne.) Ah! je crois que décidément c'était celle-là que j'aimais le... (Regardant Jeanne qui fait un geste vers lui.) Non... non... toutes deux de même!

(Jeanne, à gauche du théâtre, donne un bras à Anatole et l'autre à son père. — Coquebert est à droite du théâtre. — Jeanneton et la marquise, au fond et prêtes à partir.)

TABLE

	Pages
LES SURPRISES.	1
BABIOLE ET JOBLOT	57
REBECCA.	139
L'IMAGE.	219
JEANNE ET JEANNETON.	275

www.ingramcontent.com/pod-product-compliance
Lightning Source LLC
Chambersburg PA
CBHW050733170426
43202CB00013B/2275